国家社科基金
GUOJIA SHEKE JIJIN HOUQI ZIZHU XIANGMU
后期资助项目

政府补贴与中国制造业企业竞争力研究

A Study on Chinese Government Subsidy and Competitiveness of Manufacturing Firms

许家云　著

中国财经出版传媒集团
经济科学出版社
Economic Science Press

图书在版编目（CIP）数据

政府补贴与中国制造业企业竞争力研究/许家云著
. —北京：经济科学出版社，2021. 10
国家社科基金后期资助项目
ISBN 978－7－5218－2684－5

Ⅰ.①政…　Ⅱ.①许…　Ⅲ.①政府补贴-影响-制造
工业-企业竞争-研究-中国　Ⅳ.①F426.4

中国版本图书馆 CIP 数据核字（2021）第 132681 号

责任编辑：王柳松
责任校对：杨　海
责任印制：王世伟

政府补贴与中国制造业企业竞争力研究
许家云　著
经济科学出版社出版、发行　新华书店经销
社址：北京市海淀区阜成路甲 28 号　邮编：100142
总编部电话：010-88191217　发行部电话：010-88191522
网址：www. esp. com. cn
电子邮箱：esp@ esp. com. cn
天猫网店：经济科学出版社旗舰店
网址：http：//jjkxcbs. tmall. com
北京季蜂印刷有限公司印装
710×1000　16 开　11.75 印张　210000 字
2021 年 10 月第 1 版　2021 年 10 月第 1 次印刷
ISBN 978－7－5218－2684－5　定价：59.00 元
（图书出现印装问题，本社负责调换。电话：010－88191510）
（版权所有　侵权必究　打击盗版　举报热线：010－88191661
QQ：2242791300　营销中心电话：010－88191537
电子邮箱：dbts@ esp. com. cn）

国家社科基金后期资助项目
出版说明

　　后期资助项目是国家社科基金设立的一类重要项目，旨在鼓励广大社科研究者潜心治学，支持基础研究多出优秀成果。它是经过严格评审，从接近完成的科研成果中遴选立项的。为扩大后期资助项目的影响，更好地推动学术发展，促进成果转化，全国哲学社会科学工作办公室按照"统一设计、统一标识、统一版式、形成系列"的总体要求，组织出版国家社科基金后期资助项目成果。

全国哲学社会科学工作办公室

前　言

当前，中国经济正处于由高速增长阶段向高质量发展阶段转变的攻坚期，同时，发达国家"逆全球化"思潮和保护主义倾向抬头的严峻国际形势。在新的国内外形势下，推动制造业提质升级，对中国制造业国际竞争力的提升、经济增长的新旧动能转换、经济发展质量与经济效益的提高具有重要意义。全面开展质量提升行动，推进与国际先进水平对标达标，弘扬劳模精神和工匠精神，建设知识型、技能型、创新型劳动者大军，来一场中国制造的品质革命。[①] 2018 年底召开的中央经济工作会议进一步将推动制造业高质量发展作为 2019 年的重点工作任务之一。[②] 而制造业高质量发展的实质，是制造业企业竞争力的提升，当前制造业企业的竞争力升级问题已经得到学术界和政策层的极大关注，成为亟待研究和解决的重大课题。

我们注意到，为了鼓励企业积极融入全球分工体系，提高制造业企业的竞争力，中国政府加大了对制造业企业的扶持力度，尤以政府补贴最为典型。据中国工业企业数据库统计，2013 年获得政府补贴的企业是 1998 年的 5.3 倍，2013 年工业企业获得补贴的金额是 1998 年的 5.5 倍，政府补贴在引导产业发展和企业竞争力升级中发挥了举足轻重的作用。目前，中国正处于产业转型升级和全球竞争激烈的重要历史时刻，面对新形势，如何发挥政府补贴在提高中国制造业企业竞争力中的作用成为需要研究的重要课题。

政府补贴对中国制造业企业竞争力的影响究竟如何？在此背景下，本书全面、系统地考察了政府补贴对中国制造业企业竞争力的微观影响，分别从制造业企业市场存活、企业创新、企业风险承担、企业进口绩效以及企业出口国内附加值率（domestic value-added rate，DVAR）五个方面展开

---

① 2018 年政府工作报告全文：http：//www.gov.cn/zhuanti/2018lh/2018zfgzbg/zfgzbg.htm.

② 2018 年底召开的中央经济工作会议：http：//news.cctv.com/2018/12/22/ART/4iEi/8TspDUkduwA2g2M181222.shtml？spm = C94212.PZmRfaLbDrpt.S82300.73.

研究。其中，企业市场存活、企业创新、企业风险承担反映了企业的技术水平，企业进口绩效和企业出口国内附加值率反映了企业的全球价值链嵌入水平，从而囊括了制造业企业的技术水平与全球价值链嵌入水平两个角度，可以更全面地体现企业的竞争力状况。另外，本书对中国工业企业数据库和中国海关贸易数据库进行样本匹配，可以更准确地考察政府补贴对制造业企业竞争力的影响。

基于系统的理论分析和实证研究，本书得到如下五点主要结论。

1. 政府补贴在总体上降低了企业退出市场的风险，即倾向于延长企业的持续经营时间；进一步研究发现，适度的政府补贴显著地延长了企业的持续经营时间，而高额度补贴则提高了企业退出市场的风险。进一步地，通过中介效应模型进行传导机制检验发现，创新激励的弱化是高额度政府补贴抑制企业市场存活的重要渠道。最后，本书引入地区治理环境指数，发现良好的地区治理环境不仅对企业生存具有直接的促进作用，而且能强化政府补贴对企业生存的改善作用。上述结论意味着，制定合理的补贴政策和优化地区治理环境，对于促进中国企业生存、提升政府补贴的效率具有重要意义。

2. 政府补贴对中国制造业企业的创新活动具有显著的促进作用，不过，只有适度的政府补贴才能显著地激励企业新产品创新，高额度补贴却抑制了企业新产品创新。本书进一步考察了补贴的创新激励效应在不同知识产权保护程度地区的差异，发现好的知识产权保护制度强化了政府补贴对企业新产品创新的激励作用。最后，本书采用生存分析方法考察政府补贴对企业创新持续时间的影响，发现政府补贴在总体上延长了企业新产品创新的持续时间，但主要体现在适度补贴上，而高额度补贴则倾向于缩短企业新产品创新的持续时间。上述结论为中国制造业企业创新活动的动态演变提供了新的解释，同时，也为事后客观评估中国政府补贴的经济效果及完善政府补贴政策的设计提供了微观证据。

3. 政府补贴并未在总体上明显提高企业的风险承担水平。进一步检验发现，不同额度的政府补贴对企业风险承担的影响存在显著的异质性，即只有适度的政府补贴才会提高企业风险承担水平，而高额度补贴则会降低企业风险承担水平。最后，我们还构建了中介效应模型，对此进行影响机制分析，发现创新激励的弱化是高额度补贴降低企业风险承担水平的重要影响渠道。该结论为深入理解中国企业风险承担水平的变动提供了新的思路，同时，也为事后客观评估中国政府补贴的经济效果及完善政府补贴政策的设计提供了微观证据。

4. 政府补贴不仅提高了企业进口的可能性，而且显著地促进了企业进口额、进口产品种类及进口产品质量的提高。进一步地，我们采用生存分析方法考察政府补贴对企业进口持续时间的影响，发现政府补贴在总体上延长了企业进口持续时间，但对纯中间品进口企业的积极影响大于纯资本品进口企业和混合型进口企业。此外，政府补贴显著缩短了进口低质量产品的企业的进口持续期，但延长了进口高质量产品的企业的进口持续期。作用机制检验表明，"融资约束缓解"是政府补贴促进企业进口的一个重要渠道。最后，我们进一步考察了政府补贴通过进口对企业绩效的影响，发现政府补贴对企业绩效的影响主要反映为进口的规模效应，而进口的质量效应并不显著。

5. 政府补贴显著提高了企业出口的国内附加值率（DVAR），与没有获得政府补贴的企业相比，获得政府补贴的企业出口国内附加值率增长了20%，并且，创新激励效应在其中发挥了重要作用。政府补贴对企业出口国内附加值率的影响具有显著的异质性，在贸易方式方面，政府补贴对纯一般贸易企业出口国内附加值率的影响大于混合型贸易企业和纯加工贸易企业；在企业所有制方面，政府补贴促进了民营企业出口国内附加值率的提升，但是，对国有企业和外资企业出口国内附加值率的影响并不显著。最后，我们对行业出口国内附加值率的增长进行动态分解，发现企业内效应的贡献度为49%，资源再配置效应贡献了51%，进一步计量分析表明，资源再配置效应是政府补贴促进行业出口国内附加值率增长的重要途径。该结论不仅有助于深入理解近年来中国企业出口国内附加值率提升的政策动因，而且为在全球价值链分工体系下如何利用政府补贴政策调整来提高贸易利益与出口竞争力提供了有益的参考依据。

本书从政府补贴视角为中国制造业企业的市场存活、技术创新、企业风险承担、企业进口绩效以及企业出口国内附加值提高提供了全方位的诠释。从某种程度上来说，本书丰富了政府补贴与异质性企业竞争力的研究，对中国继续推进和完善政府补贴制度以助力制造业企业竞争力升级具有重要的政策含义。

许家云

2020 年 1 月

目　　录

第一章 导 论

本章主要就全书的主要研究内容进行相关说明。第一节介绍本书的研究思路、篇章结构安排以及使用的相关研究方法；第二节围绕本书可能的创新和突破进行描述。

第一节 研究思路、结构安排与研究方法

一、研究思路和结构安排

中国政府对制造业企业补贴的广度和深度不断扩大，例如，在 1998 年获得政府补贴的企业只有 1.3 万家，而 2013 年获得政府补贴的企业高达 7 万家；政府对企业的补贴金额在 1998 年不足 200 亿元，随后逐渐增长，到 2013 年，政府对企业的补贴金额突破了 1000 亿元。在政府补贴的支持和带动下，企业成长加快，并迅速地融入全球价值链分工体系。根据世界贸易组织 2015 年发布的《世界贸易报告》，中国参与全球价值链的程度已经接近 50%。① 融入全球分工体系带来的一个积极影响是中国的出口贸易规模得到迅速扩张，货物出口贸易额年均增长超过 20%，并在 2009 年超越德国成为世界第一大货物贸易出口国，截至 2018 年底，中国已连续 10 年保持全球货物贸易第一大出口国地位。

庞大的出口贸易体量反映了中国制造业的巨大生产规模和制造业企业的迅速成长。但是，在世界经济论坛发布的《2017～2018 年全球竞争力报告》中，中国的全球竞争力仅列第 27 位，这与中国的经济总量和贸易投资地位形成鲜明对比。同时，"中国制造"往往与低价格、低质量联系起

---

① 世界贸易组织采用库普曼等（Koopman et al.，2014）构建的国内附加值方法测算全球价值链的参与水平。

来，中国制造业企业仍然处于全球价值链中的中低端位置。而上述问题的实质是制造业企业竞争力不足，这一问题得到学术界和政策层的极大关注，成为亟待研究和解决的重大课题。一国制造业的竞争优势已不再取决于规模和体量，而是在全球价值链中的位置和融入全球分工体系的能力（Koopman et al.，2012；盛斌和陈帅，2015；任保全等，2016）。全面开展质量提升行动，推进与国际先进水平对标达标，弘扬劳模精神和工匠精神，建设知识型、技能型、创新型劳动者大军，来一场中国制造的品质革命。[①] 2018 年底召开的中央经济工作会议进一步将推动制造业高质量发展作为 2019 年的重点工作任务之一。[②]

基于上述背景，本书全面系统地考察政府补贴对中国制造业企业竞争力的微观影响，分别从制造业企业的"技术水平"与"全球价值链嵌入水平"两个角度来综合刻画制造业企业的竞争力。其中，"技术水平"包括企业市场存活、企业创新、企业风险承担三个方面，"全球价值链嵌入水平"包括企业进口绩效和企业出口国内附加值两个方面，从而更为全面地体现企业的竞争力状况。

本书主要包括八章内容。

第一章概述了研究思路和方法以及主要创新点。

第二章至第八章为本书的核心章节。其中，第二章是本书的理论基础，主要围绕与本书内容紧密相关的重要理论——政府补贴的相关概念，企业竞争力研究的主要观点及演变过程，政府补贴对企业市场存活、企业创新、企业风险承担、企业进口绩效以及企业出口国内附加值的影响机理进行详细梳理，以为本书的后续研究提供理论基础。

第三章考察了政府补贴对制造业企业市场存活的影响效应，该章采用倾向得分匹配与生存分析方法系统研究了政府补贴对企业生存的微观影响，在分析政府补贴对企业经营持续时间影响的基础上，进一步基于中介效应模型实证检验了政府补贴对企业市场存活的具体作用机制，最后，就治理环境、政府补贴与企业生存之间的关系做进一步研究。

研究发现：第一，政府补贴在总体上降低了企业退出市场的风险，即倾向于延长企业的经营持续时间；第二，我们还考察了不同强度的政府补贴对企业生存的异质性影响，考察后发现，只有适度的政府补贴才会显著地延长企业经营的持续期，而高额度补贴则提高了企业退出市场的风险，

---

① 2018 年政府工作报告全文：http：//www. gov. cn/zhuanti/2018lh/2018zfgzbg/zfgzbg. htm.

② 2018 年底召开的中央经济工作会议：http：//news. cctv. com/2018/12/22/ART/4iEi/8TspDUkduwA2g2M181222. shtml？ spm = C94212. PZmRfaLbDrpt. S82300. 7.

即倾向于抑制企业的市场存活;第三,我们进一步采用中介效应模型进行了传导机制检验,发现创新激励的弱化是高额度政府补贴抑制企业市场存活的重要渠道;第四,在治理环境越好的地区,政府补贴对企业生存的平均促进作用越大,并且高额度补贴对企业生存也能起到一定的促进作用,也即治理环境强化了政府补贴对企业生存的改善作用。此外我们还发现,生产率高、规模大的企业具有更长的经营持续时间。

第四章从企业新产品创新的角度考察了政府补贴对制造业企业竞争力的影响。首先,目前已有研究在评估政府补贴对中国企业创新的影响时,基本上利用宏观层面的加总数据(如时间序列数据、行业或地区层面面板数据),进而采用普通最小二乘法(OLS)进行估计,这不可避免地会产生样本选择偏差和内生性偏差问题。而本章则是以中国工业企业数据为样本,采用基于倾向得分匹配的倍差法(PSM-DID)进行研究,较好地处理和控制了样本选择偏差和内生性问题,所得结论具有稳健性和可信性。其次,尽管部分国外文献与本章采用的估计方法较为类似,但他们在研究中没有区分不同强度的政府补贴对企业创新影响的差异性。本章不仅考察了政府补贴对企业新产品创新的平均影响效应,而且评估了不同强度的政府补贴对企业新产品创新的激励效应,评估后发现,只有适度的政府补贴才会显著地激励企业新产品创新,而高额度补贴会抑制企业新产品创新。在此基础上还进一步采用中介效应模型揭示了背后可能的影响机制。再次,本章基于中国知识产权保护制度存在显著的地区差异这一特征性事实,进一步研究了知识产权保护对政府补贴的创新激励效应的影响,结果表明,良好的知识产权保护制度不仅对企业新产品创新具有直接的促进作用,而且还强化了政府补贴对企业新产品创新的激励效应。而这一点是之前的同类研究所忽略的。最后,本章在有关政府补贴与企业创新问题的研究中,首次引入基于倾向得分匹配的生存分析模型考察政府补贴对企业新产品创新持续时间的影响,从而丰富和拓展了这类文献的研究视角。总而言之,本章为中国制造业企业创新活动的动态演变提供了新的解释,更为重要的是,本章的研究还可以为事后客观评估中国政府补贴的经济效果和完善补贴政策的设计提供微观证据。

本章研究的另一个主要发现是,好的知识产权保护制度不仅对企业新产品创新具有直接的促进作用,而且还强化了政府补贴对企业新产品创新的激励效应。最后,我们采用基于倾向得分匹配的生存分析方法,进一步考察政府补贴对企业新产品创新持续时间的影响。结果表明,政府补贴在总体上延长了企业新产品创新的持续时间,但这主要是体现在适度补贴上，而高额度补贴倾向于缩短企业新产品创新的持续时间。此外，我们还发现，在知识产权保护制度越完善的地区，政府补贴对企业新产品创新持续时间的延长效应也越明显。

第五章全面、系统地考察了政府补贴对制造业企业风险承担的影响。第一，本章深化和拓展了企业风险承担的相关研究。现有文献大多从所有权结构、管理者特征、公司治理机制等角度来分析企业风险承担问题，本章则系统地评估了政府补贴对企业风险承担的因果效应，进而从政府补贴这一政策因素的视角为理解企业风险承担水平的变动提供了新思路。第二，本章也丰富了有关评估政府补贴经济效果的研究文献。不同于既有文献主要从企业出口、企业生产率等角度来评估政府补贴的经济效果，本章首次从企业投资决策中的风险承担视角对政府补贴的经济效果进行了深入评估。第三，在研究方法上，本章以中国工业企业的大型微观数据为样本，采用前沿性的 PSM-DID 方法进行研究，较好地处理、控制了样本选择偏差和内生性问题，所得结论具有稳健性和可信性。另外，本章还考察了不同强度的政府补贴对企业风险承担异质性的影响，在此基础上，还通过引入中介效应模型进行影响机制检验，从而深化了政府补贴与企业风险承担之间关系的理解，同时，也为今后政府补贴政策的优化调整提供了有益的启示。

研究发现：第一，政府补贴并未在总体上明显提高中国企业的风险承担水平；第二，不同额度的政府补贴对企业风险承担的影响存在显著的异质性，即只有适度的政府补贴才会提高企业风险承担水平，而过高的政府补贴则会降低企业风险承担水平，这一核心结论在采用因变量的其他衡量方法、改变测算时段长度、使用不同的估计模型以及使用其他方法对样本进行配对之后依然稳健；第三，中介效应模型检验表明，创新激励的弱化，是高额度补贴降低企业风险承担水平的重要影响渠道。

第六章采用基于倾向得分匹配的倍差法与生存分析方法，系统地评估了政府补贴对企业进口的微观效应。第一，在研究视角上，一方面，与既有文献多数探讨政府补贴对企业出口、企业生产率等的影响视角有所不同，本章从企业进口行为角度探讨政府补贴的经济效果，并从资本品和中间品进口两个差异性的角度分别探讨政府补贴对企业进口行为的影响效应，进而丰富了有关评估政府补贴经济效果的研究文献；另一方面，现有涉及企业进口影响因素的文献，基本上忽略了政府补贴这一政策性因素的作用，本章则基于中国政府给予企业补贴的规模不断扩大的现实背景，系统地考察了政府补贴对企业进口行为的微观效应，进而为理解中国企业的进口活动提供新的思路。第二，在研究方法上，为了克服样本选择性偏差对研究结论可能带来的影响，我们先采用倾向得分匹配（propensity score matching，PSM）方法为补贴企业寻找到最合适的非补贴企业作为对照组，在匹配样本的基础上，使用倍差法全面分析政府补贴对企业进口行为的影响；进一步地，我们还采用基于匹配样本的 cloglog 生存模型考察了政府补贴对企业进口持续时间的影响，从而丰富了企业进口动态方面的研究视角。第三，本章在分析政府补贴对企业进口行为影响的基础上，通过引入中介效应模型进行影响机制检验，从而深化了我们对于政府补贴与企业进口之间关系的理解。第四，在考虑政府补贴因素的基础上，进一步深入考察了企业进口的经济绩效（包括企业生产率、企业出口规模以及企业出口产品质量三个方面）。这有助于更深入地理解政府补贴与中国制造业企业绩效之间的内在联系。

研究发现，政府补贴不但提高了企业进口的可能性，而且显著促进了企业的进口额、进口产品种类以及进口产品质量的提高。进一步地，引入生存分析方法研究表明，政府补贴在总体上延长了企业的进口持续时间，但是，对纯中间品进口企业的积极影响大于纯资本品进口企业和混合型进口企业。本章研究的另一个主要发现是，政府补贴主要通过缓解企业进口的融资约束来促进企业的进口参与。最后，我们还考察了政府补贴通过进口对企业生产率、企业出口规模和企业出口产品质量的影响，发现政府补贴对企业绩效的作用主要通过进口的规模效应起作用，而进口的质量效应并不显著。

第七章以中国全面融入全球价值链为背景，深入研究了政府补贴对中国企业出口国内附加值率（DVAR）变动的微观影响及其作用渠道。第一，为了克服样本选择性偏差对研究结论可能带来的影响，本章先采用倾向得分匹配方法为补贴企业寻找到最合适的非补贴企业作为对照组，在匹配样本的基础上进行考察，发现政府补贴显著提高了中国制造业企业出口国内附加值率。这在一定程度上丰富和深化了有关政府产业政策与企业出口竞争力的研究文献。第二，本章比较研究了政府补贴对不同贸易方式和不同所有制企业出口国内附加值率的差异性影响。第三，通过构建中介效应模型深入检验了政府补贴影响企业出口国内附加值率的作用机制，从而加深了对政府补贴政策变动与企业出口国内附加值率之间关系的认识。第四，本章还采用格里利兹和雷格夫（Griliches and Regev，1995）的分析框架对行业出口国内附加值率进行动态分解，并在此基础上从资源再配置的角度进一步研究了政府补贴与行业出口国内附加值率之间的关系。

研究发现，政府补贴显著提高了企业出口的国内附加值率，与没有获得政府补贴的企业相比，获得政府补贴的企业其出口国内附加值率增长了20%。并且，政府补贴对一般贸易企业出口国内附加值率的影响最大，混合贸易企业次之，而加工贸易企业最小。在所有制方面，政府补贴对民营企业出口国内附加值率具有显著的促进作用，而对国有企业、外资企业出口国内附加值率的影响并不显著。我们进一步检验了政府补贴影响企业出口国内附加值率的作用机制，发现创新激励效应是可能的影响渠道。最后本章还对行业出口国内附加值率的增长进行动态分解，发现资源再配置效应是政府补贴促进行业出口国内附加值率增长的重要途径。

第八章是本书的结论部分，对本书内容进行了全面的归纳和总结，提出了相应的政策启示，并对本书研究存在的不足和未来的研究方向进行了分析。

二、研究方法

本书基于异质性企业分析视角，全面考察政府补贴对制造业企业竞争力的微观影响。为了增强结论的准确度和可信性，本书综合使用了多种研究方法。

（一）对比分析法的使用

为了更为全面地考察政府补贴对制造业企业竞争力的微观影响，本书充分使用了对比分析法，即不仅考察政府补贴对异质性企业市场存活、企业创新、企业风险承担、企业进口绩效以及企业出口国内附加值率等的影响，还通过对样本分组的方式进行分组回归，从而可以对各组回归进行对比。具体地说，在企业所有权方面，我们将总样本分为外资企业和民营企业两类子样本；在贸易方式方面，我们将总样本分为加工贸易企业和一般贸易企业两类子样本。在进口类型方面，我们将总样本分为纯中间品进口企业、纯资本品进口企业以及混合型进口企业三种类型。在上述分组基础上，深入对比考察政府补贴对不同类型企业竞争力的异质性影响，然后，结合我们对现实问题的把握，就上述差异性结论进行深入探讨，以求丰富本书的研究结论和理论内涵。

（二）定性分析和定量分析的结合使用

在搜集、梳理和解析已有国内外文献的基础上，基于企业异质性理论分析框架，构建政府补贴影响企业竞争力的内生模型，并提出理论假说。然后，结合现实数据量化企业竞争力指标，并通过实证分析验证理论假说。为了更好地处理内生性问题和样本选择偏误问题，在实证分析中采用倾向得分匹配的倍差法深入考察政府补贴对企业竞争力的微观效应及其作用机制。同时，利用各种曲线图展示并考察政府补贴与制造业企业竞争力之间的关系，通过描绘风险曲线与生存曲线考察政府补贴对制造业企业市场存活的影响等问题。采用定性分析和定量分析相结合的方式，本书可以更系统、全面地考察政府补贴对中国制造业微观企业竞争力的影响。

（三）多种计量方法的综合运用

基于提高本书研究结论可信度和准确度的考虑，本书综合使用了多种不同的计量方法来应对各个研究主题。本书采用两阶段最小二乘法（2SLS）来处理政府补贴变量可能存在的内生性问题；在考察企业进口绩效的影响因素时，拟采用赫克曼（Heckman，1979）两阶段选择模型来克服制造业企业的非随机分布问题；为了更好地处理内生性问题和样本选择偏误问题，在全书的实证分析中，采用倾向得分匹配的倍差法深入考察了政府补贴对企业竞争力的微观效应及其异质性；在研究政府补贴对制造业企业竞争力的影响时，本书采用中介效应模型来检验具体的作用机制，并利用估计结果进一步揭示相应作用渠道的影响程度。另外，本书还多次使用非参数估计法和生存分析法来考察政府补贴对微观制造业企业市场存活的影响。

（四）一般均衡分析方法和局部均衡分析方法相结合

一般均衡方法会考虑到经济内部不同变量间的复杂关系，不同经济主体间的自利行为经过多方博弈后形成一个联系紧密的内部经济逻辑系统，相比较而言，局部均衡方法更加注重内部不同经济主体的自身变动对其他经济要素的影响。接下来，本书的实证研究部分，我们重点关注政府补贴及其与企业其他相关经济变量的相互影响，因此，该部分隶属于局部均衡方法的研究范畴。但是，针对实证部分先前的理论模型分析框架来说，本书的研究是在一般均衡模型的基础上进一步地论证了实证模型中不同变量间是否存在因果关系。

第二节　主要创新点

基于新新贸易理论关于企业异质性的分析，本书将政府补贴和企业竞争力问题的研究进一步细化到微观企业层面，这样一来，我们的分析可以控制企业的异质性特征，从而我们得到的结论比已有的宏观研究会更准确。以下是本书可能的四个创新点。

第一，研究视角方面。丰富和发展了新新贸易理论的研究视角。目前，大多数文献采用单一维度的指标来刻画企业竞争力，比这些文献更进一步的是，本书分别从企业市场存活时间、企业创新、企业风险承担、企业进口绩效以及企业出口国内附加值率五个角度来综合刻画中国制造业企业的竞争力情况，从而囊括了制造业企业的技术水平与全球价值链嵌入水平两个角度。其中，技术水平方面，我们主要选取企业市场存活时间、企业创新以及企业风险承担三个维度。若仅从企业技术水平角度界定企业竞争力升级，则本质上是从企业内部生产能力和定价能力的视角进行探讨，而未涉及开放经济条件下企业参与全球价值链分工并获取附加价值的能力升级问题，因而是不全面的。因此，本书还将企业的全球价值链嵌入水平纳入指标体系，主要包括企业进口绩效以及企业出口国内附加值率。在此基础上，本书重点剖析政府补贴究竟如何影响中国制造业企业竞争力，以及其制约因素的作用，试图为推动中国贸易方式转型及制造业企业振兴提供理论上的支持，研究视角具有较强的创新性。

第二，研究方法方面。本书综合采用理论分析和实证分析相结合的方式来进行分析。本书分析政府补贴对企业竞争力的影响是建立在严密的逻辑推演和数理模型构建基础之上的，并在此基础上提出待检验的理论假说。本书在基和唐（Kee and Tang，2013）的企业异质性理论基础上，进一步将政府补贴内生化，从而不但可以分析政府补贴对企业竞争力的作用，而且深入分析了政府补贴对企业竞争力的影响机制，丰富和扩展了关于政府补贴与异质性企业的相关理论研究视角。

第三，计量方法方面。采用微观计量的前沿技术进行实证研究，是本书的另一个创新点。具体体现在，本书采用两阶段最小二乘法（2SLS）来处理政府补贴变量可能存在的内生性问题；在考察企业进口绩效的影响因素时，拟采用赫克曼（Heckman，1979）两阶段选择模型来克服制造业企业的非随机分布问题；为了更好地处理内生性问题和样本选择偏误问题，本书的实证分析中，采用倾向得分匹配的倍差法深入考察了政府补贴对企业竞争力的微观效应及其异质性；在研究政府补贴对制造业企业竞争力的影响时，本书采用中介效应模型来检验具体的作用机制。

第四，研究结论方面。本书全面、系统地考察了政府补贴对中国制造业企业竞争力的影响，并揭示了政府补贴对企业竞争力的积极影响和作用渠道。首先，本书发现了政府补贴对企业竞争力的非线性影响，即只有适度的政府补贴才会显著地激励企业的竞争力提升，而高额度补贴会抑制企业竞争力升级。其次，我们在研究中还特别强调了地区制度环境的重要性，发现在制度越完善的地区，政府补贴对企业竞争力的提升作用就越大。再次，本书基于中国知识产权保护制度存在显著的地区差异这一特征性事实，进一步研究了知识产权保护对政府补贴创新激励效应的影响。结果表明，良好的知识产权保护制度不仅对企业新产品创新具有直接的促进作用，而且强化了政府补贴对企业新产品创新的激励效应。最后，本书采用格里利兹和雷格夫（Griliches and Regev，1995）的分析框架对行业出口国内附加值进行动态分解，并从资源再配置的角度深入研究政府补贴与行业出口国内附加值率之间的关系。以上几点是之前的同类研究所忽略的。更为重要的是，本书的研究结论对客观评估中国政府补贴的经济绩效和中国制造业强国战略的实现具有重要的现实意义。

第二章　政府补贴与企业竞争力：理论分析

第一节　政府补贴的相关概念

  政府补贴是政府干预中最重要的手段之一。而政府干预属于政府的宏观调控，是一国中央政府和各级地方政府经济功能的综合体现，是国家在整体经济运行中参与、控制、调节整体经济运行的行为，其目的是实现本国总体经济的稳定、持续和协调发展，其主要手段包括财政政策手段、货币政策手段、贸易政策手段以及资源配置手段等方式。国家需要根据本国所处的国情现状，同时，在考虑国家近期发展目标和远期发展目标的情况下，尊重市场规律，制定相关政策来引导经济的良性发展。国家是政府干预和实施宏观调控的主体，在综合考量社会整体利益的前提下，政府干预主要体现在对一国经济政策和经济事务的影响方面。具体方式方面，政府干预一般包括颁布促进经济体系不断完善和促进经济平稳健康发展的法律法规、促进正外部性（如提供国防、治安稳定、公共卫生和医疗服务等公共物品和公共服务）、消除负外部性（如保护知识产权等无形资产、保护环境、降低环境污染的消极影响）、引导经济平稳健康发展、降低并消除经济波动可能会产生的危害、合理制定税收和补贴政策、扶持新兴产业、引导企业竞争力升级等多种方式。

  作为最重要的政府干预手段之一，政府补贴能从多个方面影响宏观经济的发展。政府补贴概念的提出由来已久，虽然关于政府补贴的相关研究已经经历了相当长的历史时期，但当前关于政府补贴的研究在研究角度和侧重点方面仍然各有不同，并没有形成定论。

  当前，关于政府补贴含义的研究已经比较成熟。其中，一类文献将政府补贴定义为企业等生产者从政府部门获得的现期转移支付，这一观点与2008年世界银行、欧盟、经济合作与发展组织等的界定标准较为相近。其基于国民经济核算体系，将补贴的计算公式定义为，按要素收入计算的国内生产总值减去按购买者价值计算的国内生产总值，再加上间接税额所得到的值。不过，该定义方式对于政府补贴的政策研究意义不大，而在国民经济数据统计方面更有价值。此外，还有一类文献从赋税论角度定义政府补贴。《国际社会科学百科全书》指出，政府补贴可以视为税率小于零的赋税，是政府部门利用税收工具对经济的调节。通常认为，税收和补贴作为政府干预的重要手段，在本质上是相通的。这样的解释有利于分析补贴的经济效益，但也存在诸多问题。比如，其并不全面，并不是所有的政府补贴都可以用该理论进行解释。

按照世界贸易组织的《补贴与反补贴措施协定》，补贴可以分为禁止性补贴和可诉性补贴两种类型。禁止性补贴中最典型的是直接的出口补贴，这种形式的补贴已经被禁止使用；但是，政府仍然可以使用各种可诉性补贴，比如，研发创新补贴，这种补贴形式具有专项性和非贸易扭曲型特征，因此，世界贸易组织原则上是允许使用的（苏振东等，2012）。综合上述观点，本书将政府补贴定义为，在考虑政策需要的前提下，政府部门依据企业发展的现实状况，合理地分配和利用财政的杠杆作用，对企业实行的补助与津贴。需要强调的是，本书中的政府补贴主要是指，政府给予生产性企业的现期无偿支付，包括了与企业生产相关的多种补贴，区别于无偿划拨非货币性资产等其他补贴形式。

第二节　企业竞争力的相关研究

外文文献对企业竞争力的研究主要包括资源、能力和市场结构三个学派。资源学派认为，企业中有形的资源和无形的资源是企业竞争优势的来源，是企业获得收益、提高竞争力的基础（Wenerfelt，1984）；能力学派强调，以企业生产经营行为和过程中的独特能力为出发点，制定和实施企业的竞争策略（Prahalad and Hamel，1990）；市场结构理论认为，产业市场结构对企业竞争优势起主要作用（Porter，1990）。在中文文献中，金碚（2003）将企业竞争力定义为，在市场经济中一个企业能够比其他企业更有效地向消费者（市场）提供产品或者服务，并且能够使自身得以发展的能力或者综合素质。当前，已有大量学者围绕企业竞争力进行了深入分析，不过，大多都是围绕企业竞争力的指标量化和评价进行分析，通过选取大量的子指标，人为赋予权重的办法得到的指标，这种衡量方法得到的估计指标具有很大主观性，很容易导致实证研究结果出现比较严重的度量误差和二次偏误等问题，也大大削弱了实证结论的准确性。综合来看，一方面，既有文献大多采用传统企业内部竞争优势角度来刻画企业竞争力，其更多地反映了企业的技术水平，而少有文献在全球价值链分工背景下系统研究企业竞争力问题，从而难以从全球化角度衡量中国制造业企业的竞争力水平；另一方面，大多数文献是从企业生产率、企业产品质量或者企业技术创新的单一角度来刻画企业竞争力，并不能全面体现企业的竞争力状况。

其一，企业生产率。生产率是衡量一个生产单位（国家、地区、产业或企业）竞争力的最重要因素（Krugman，1994；金碚，2003）。当前，关于全要素生产率的文献可谓浩如烟海。比如，贸易自由化与企业生产率（Amiti and Konings，2007；毛其淋和盛斌，2013；Yu，2015）、汇率与企业生产率（Fung and Liu，2009；Tomlin，2010；许家云等，2015）以及要素配置与企业生产率（Hsieh and Klenow，2009；Brandt et al.，2009；聂辉华和贾瑞雪，2011）等。其中，人力资本是企业生产率增长不可或缺的关键因素。生产率与人力资本存在深刻关联。首先，创新和技术转移在全球化时代使得技术引进企业对熟练技能劳动力的需求不断上升，熟练技能劳动力与非熟练劳动力之间的工资差距在贸易开放、全球化加深的背景下不断扩大。这为人力资本提升提供了必备的大环境，也为产业转型和生产率提升做了充分准备（Amiti and Cameron，2012）。其次，国际贸易因素和贸易自由化的一个重要内容无疑是市场自由化，劳动力学习国外技术的成本大幅度降低，技术工人的劳动回报迅速提升；不同产业间贸易开放程度的差异化会造成劳动力资源部门间流动，从而推动产业结构转型和企业优胜劣汰，且大量外资企业的进入也会为工人提供技能提升的机会。

其二，企业产品质量。哈德威克和窦（Hardwick and Dou，1998）认为，企业竞争力主要体现在企业的产品质量上。当前，大量中外文文献就产品质量问题进行了深入研究（Schott，2004；Hummels and Klenow，2005；Hallak，2006）。综合来看，关于产品质量问题研究的重点集中在产品质量的测算方面，但截至目前还未出现能被大家普遍认可的方法，这再次为关于产品质量方面研究的缓慢进展提供了解释。肖特（Schott，2004）用产品的单位价值量来衡量产品质量指标，首次使用美国十分位进口数据，测算并比较了美国与其所有进口来源国之间交易的产品单位价值量的不同。随后，胡梅尔斯和克莱诺（Hummels and Klenow，2005）、阿拉（Hallak，2006）等普遍采用该方法考察了产品质量问题。但是，单位价值量更多体现的可能是产品的成本，并不能准确衡量出口产品的质量（施炳展，2013）。以阿拉和肖特（Hallak and Schott，2011）为代表，学者们开始使用事后推理方法考察产品质量，从而打破了以往使用单位价值量考察产品质量的传统。不过，阿拉和肖特（Hallak and Schott，2011）测算的并不是企业层面的产品质量，而是行业层面或产品层面的产品质量，从而严格来讲，并不能准确地反映产品质量在企业之间的异质性。在此逻辑下，以热尔韦（Gervais，2009）和马克等（Mark et al.，2012）为代表的研究，尝试在上述方法基础上反推企业层面的产品质量数据。其中，马克等（2012）通过对中国工业企业数据库和中国纺织业海关贸易数据进行合并，考察了产品质量和生产率对企业贸易行为的异质性影响，但是，该文献重点是考察纺织业的产品质量，并没有关注企业出口产品质量的异质性问题，结论的普遍性值得怀疑。

在指标测算基础上，埃米蒂和科林斯（Amiti and Konings，2007）、巴斯和斯特劳斯－卡恩（Bas and Strauss-Kahn，2015）、王永进和施炳展（2014）等分别从贸易自由化、人民币汇率以及行业上游垄断的角度考察了企业产品质量的影响因素。上述研究有助于增强我们对产品质量升级影响因素方面的认识，但他们均没有考虑一国或地区尤其是微观企业是怎样实现产品质量升级的，以及政府补贴在企业产品质量升级中的具体作用。

其三，企业成本加成率。成本加成率反映了企业将价格维持在边际成本之上的能力，是企业动态竞争能力的重要标志。当前，已有不少学者使用企业成本加成率来衡量企业竞争力，并进行了大量相关研究（任曙明和张静，2013；毛其淋和许家云，2017）。库格勒和菲尔霍根（Kugler and Verhoogen，2012）从产品品质角度对企业的成本加成率问题进行考察，认为出口商往往生产高品质的产品，在其他因素相同的情况下，出口商品的加成率就会较高。科萨尔等（Cosar et al.，2009）构建的一般均衡贸易模型也表明，随着出口机会的出现和消失，厂商需要相应地对其生产能力进行调整，而要素市场的摩擦使其无法自由调整。为此，出口厂商的加成率较高。

在上述理论研究基础上，也涌现了大批该领域的实证研究。其中，科林斯等（Konings et al.，2005）利用保加利亚、罗马尼亚企业层面数据，考察了私有化和市场竞争对企业加成率的影响，结果发现，私有化促进了企业加成率的提高，并且，行业的竞争性会强化这种促进效应。随后，德勒克尔和沃钦斯基（De Loecker and Warzynski，2012）利用1994～2000年斯洛文尼亚的企业数据研究了出口状态与企业加成率之间的关系，结果表明，出口企业具有更高的加成率，而且，企业加成率会随其进入出口市场而提高，随其退出出口市场而降低。与上述研究不同，盛丹和王永进（2012）使用中国工业企业数据库的实证研究发现，与大多数外文文献研究相反，中国出口企业的加成率要普遍低于非出口企业。此外，卡塞利等（Caselli et al.，2014）首次将汇率因素纳入多产品出口企业加成率问题研究的分析框架，考察了墨西哥比索贬值对该国多产品出口企业加成率的影响，发现本国货币贬值提高了墨西哥出口企业的加成率。进一步地，许家云和毛其淋（2016）考察了人民币汇率变动对企业加成率的影响，发现人民币升值显著降低了出口企业的加成率，并且出口依赖度越高的企业，人民币升值对其加成率的负面影响越大。盛丹和刘竹青（2017）的研究也得到了类似结论。

与上述研究不同，还有部分文献从加成率分布视角，考察了贸易自由化对行业加成率离散度的影响。以帕累托分布为前提假设，伯纳德等（Bernard et al.，2003）研究发现，贸易自由化通过影响存续企业的加成率和企业在市场上的进入行为、退出行为来影响行业加成率的离散度。陆和余（Lu and Yu，2015）将中国在2001年加入WTO作为一个自然实验，使用中国1998~2005年行业层面的数据考察了贸易自由化对行业加成率离散度的影响。研究发现，贸易自由化降低了行业加成率的离散化程度，其通过改善行业资源配置的渠道促进了行业福利水平的提升。毛其淋和许家云（2016）考察了跨国公司进入对行业成本加成率分散度的影响，发现跨国公司进入在总体上显著降低了行业成本加成率分散度，有利于改善行业资源配置效率。

其四，创新驱动与企业（产业）升级。创新驱动与企业升级这一问题目前也引起了国内外学者的普遍关注，并从不同视角考察了创新对产业升级的影响效应。其中，大部分中文文献从逻辑上论述了创新与企业（产业）升级之间的关系（郑新立，2010；郭元和常晓鸣，2010；李宇和林菁菁，2013；潘宏亮，2015；张银银和黄彬，2015）。这些文献均认为，创新有助于促进企业（产业）升级。比上述文献更进一步的是，还有一部分学者从理论与实证两个维度就创新与企业（产业）升级的关系进行更为严谨的分析。例如，莫里森（Morrison，2008）系统地考察了帮助企业实现在全球价值链上攀升的影响因素，结果表明，创新与学习能力显著提高了企业产品的附加值，进而促进了企业升级。哈肯松（Haakonsson，2009）研究了产品进口、创新与产业升级之间的关系，结果认为，产品进口通过促进知识外溢渠道提升企业的创新水平，进而实现企业升级。

在中文文献中，巫强和刘志彪（2007）专门从进口国产品质量管制角度分析了出口国企业创新和被动产业升级的内在机制，通过构建数理模型揭示了进口国产品质量管制构成出口国出口企业的市场进入障碍，认为后者必须通过工艺创新来达到最低质量标准并降低成本保持优势，进而促进被动性产业升级。王文涛等（2012）利用1998~2010年中国医药类上市公司和相关调研数据，实证检验了企业创新与价值链扩张之间的互动关系对企业盈利的影响，结果表明，医药制造企业通过创新实现价值链上的业务扩张可以改善其盈利能力。赵红岩和田夏（2013）基于价值链理论与创新体系理论，使用1995~2011年面板数据实证考察了创新能力和跨国资本技术溢出对长三角高技术产业升级的影响，结果表明，内生创新能力是高技术产业升级的决定性因素。基于江苏省1984~2013年的样本数据，童毛弟和童业冬（2015）实证分析了金融深化、科技创新与产业结构升级之间的关系，研究发现，金融深化和科技创新显著促进了产业结构升级。纪玉俊和李超（2015）利用中国2003~2012年省级面板数据，采用空间计量方法实证考察了创新驱动与产业升级之间的关系，发现地区创新显著促进了产业升级，并且，空间溢出效应在中国各地区产业升级中也起到了不容忽视的作用。可以看到，尽管目前已有不少文献从多个维度研究了创新驱动与企业（产业）升级之间的关系，但多数研究仅从逻辑上进行阐述；其余的实证研究文献也基本上是基于行业层面或地区层面的宏观样本进行分析，这类研究潜在的不足在于可能存在加总样本偏差，同时，也可能无法准确地处理内生性问题，导致以此得到的研究结论值得商榷。

整体来看，关于企业竞争力的相关研究，已有文献或者从企业生产率、企业产品质量或者企业成本加成率的单一角度来刻画企业竞争力，或者是采用传统企业内部竞争优势的角度来刻画企业竞争力，其更多反映了企业的技术水平。但是，在当前全球价值链分工日益深化的背景下，单一维度或者企业内部资源优势的指标显然难以全面、准确地揭示企业竞争力的真实效应。基于此，本书进一步将企业的全球价值链嵌入水平纳入指标体系。本书最终从企业市场存活、企业创新、企业风险承担、企业进口绩效以及企业出口国内附加值率五个角度来综合刻画中国制造业企业的竞争力情况。其中，企业市场存活、企业创新、企业风险承担反映了企业的技术水平，企业进口绩效和企业出口国内附加值率反映了企业的全球价值链嵌入水平，从而包括了制造业企业的技术水平与全球价值链嵌入水平两个角度，以更为全面地体现企业的竞争力状况。

第三节　政府补贴对企业竞争力的影响：理论基础

一、政府补贴与企业生存

本节就政府补贴与企业市场存活之间的关系进行简要的理论分析并提出理论假说，进而为第三章的经验研究提供理论基础和可能的传导机制。

能否在市场上持续生存是每个企业需要解决的头等大事，直接关系到企业家的成败、员工的生活保障乃至社会的稳定（逯宇铎等，2014）。因此，一直以来备受政界、商界和学术界的关注。企业能否在市场上持续生存，财务上表现为是否具备"以收抵支"和"偿还到期债务"的能力。一是企业获得的收益不小于支出（即在盈亏临界点之上）；二是需要企业通过有效地回笼资金以偿还到期债务。政府补贴作为企业总利润的一部分，在本质上可以通过增加企业的收益进而影响"以收抵支"和"偿还到期债务"的能力。在其他条件不变的情况下，企业在获得政府补贴之后，由于资金拥有量增加，无疑会改善其"以收抵支"的状况和增强"偿还到期债务"的能力，进而在总体上对企业的市场存活产生正向影响。此外，一些文献还发现，融资约束对中国企业的市场存活已构成了实质性的威胁（陈勇兵和蒋灵多，2012；叶宁华和包群，2013），小型企业的生存受其影响尤为显著。而政府补贴作为地方政府对企业的一项无偿的资金转移，可以通过增加企业的资金拥有量来缓解其融资约束的程度，从这一角度而言，政府补贴也有利于企业的市场存活。

企业的市场存活能力还受到自身创新行为的影响（Geroski，1995；Cefis and Marsili，2006），而且，创新行为对企业生存的影响具有长期性。丰塔纳和内丝塔（Fontana and Nesta，2009）对高科技企业样本的一项实证研究发现，企业的技术前沿位置是企业生存的重要决定因素，即研发创新显著地提高了企业的生存能力。此外，科克布恩和瓦格纳（Cockbur and Wagner，2007）对互联网企业的研究也发现，研发创新对企业的市场存活概率具有显著的促进作用。可以说，创新是企业生存的内在动力，也是企业在市场上保持竞争优势和持续经营的前提。然而，高额度的政府补贴可能会弱化企业的创新活动，这是因为，当企业成功地获得高额的政府补贴时，即表现为企业从中获得了超额利润，这或许会弱化企业通过研发创新改进生产效率获取超额利润的动力。而创新激励的弱化则不利于企业的市场存活。

基于以上分析，我们提出如下理论假说。

理论假说 H2－1：政府补贴能否改善企业的市场存活与补贴强度有关，适度的政府补贴有助于改善企业的市场存活率，而高额度补贴则可能会降低企业的市场存活率。

理论假说 H2－2：高额度的政府补贴会削弱创新激励，进而降低企业的市场存活率，即创新激励的弱化是高额度补贴抑制企业市场存活的重要渠道。

在治理环境越好的地区，政府对企业的补贴决定与补贴额度则更多地取决于企业的实际经营绩效与发展规划。在现阶段，中国各地区在政府干预、政府服务质量等治理环境方面存在显著差异，根据以上论述提出理论假说 H2－3。

理论假说 H2－3：在治理环境越好的地区，政府补贴对企业生存的平均促进作用就越大，而且，高额度补贴对企业生存的抑制作用也越小，反之则反是。

二、政府补贴与企业创新

众所周知，企业若要进行研发创新活动需要购买相关的设备、引进高技术研发人员等，因此，企业需要为此投入大量资金。除了需要高额的前期研发资金投入之外，企业创新活动还是一项较长期的投资项目，创新产出往往还面临很大的不确定性（Hall，2002），进而难以在短期内准确地衡量创新回报。小型企业由于自身资金积累以及承担风险的能力有限，难以承担创新活动所需的高额前期投入，大部分企业只能对创新活动望洋兴叹。即便是大中型企业，由于创新活动具有高投入和高风险性，也通常会事先对创新活动的成本和潜在的收益进行综合评估，然后，再谨慎地做出是否进行新产品创新的决策。政府补贴作为企业总利润的一部分，在本质上可以通过增加企业的收益进而为创新活动提供资金支持。尤其是那些专门针对新产品开发和科研创新方面的专项补贴可以直接降低企业进行新产品创新的成本和面临的风险，提高企业新产品创新的回报率，进而激励企业从事创新活动的动机。除此之外，其他类型的政府补贴因为可以增加企业利润，企业的内源融资约束就会在企业获得补贴后得到缓解。卡尼茨基和宾兹（Czarnitzki and Binz，2008）对德国企业、布朗等（Brown et al.，2012）对欧洲企业以及张杰等（2012）对中国企业的研究发现，内源融资是企业创新所需资金的主要来源，即内源融资约束的降低可以促进企业创新。因此，其他类型的政府补贴可以通过缓解企业内源融资约束的途径间接地对企业创新产生影响。

理论假说 H2 - 4：政府补贴能否激励企业新产品创新与补贴强度有关，其中，适度的政府补贴可以有效地促进企业新产品创新，而高额度补贴可能会抑制企业新产品创新。

如前所述，企业创新具有较高的风险性，不仅是因为研发过程本身存在失败的可能，另外，即便是一项成功的研发，但由于创新技术与产品具有公共品的溢出特征，企业无法完全独占创新技术知识的收益，因此，企业的创新活动就会不可避免地面临投资不足的困境（Tassey，2004）。而知识产权保护通常被认为是降低创新技术知识被模仿风险和提高创新收益的有效手段，进而有利于企业进行创新（Kanwar and Evenson，2003）。其主要的原因在于，良好的知识产权保护提高了创新技术的专有性，即提升了创新企业将创新收益内部化的能力（Cohen，2010）。一方面，良好的知识产权保护可以有效地降低创新技术知识被他人模仿、侵权的可能性；另一方面，即使在侵权事件发生的情况下，创新企业还可以通过法律渠道来获得相应赔偿，这些均有利于提高创新技术知识的专有性。而创新技术知识专有性的提高可以提升创新企业的预期收益，进而激励企业创新（Klemperer，1990；尹志锋等，2013）。在企业获得政府补贴之后，企业是否愿意利用手中的补贴资金投入创新活动则主要取决于创新能否给企业带来足够的经济回报。由于在知识产权保护制度不完善的地区，企业进行创新活动将面临很大的被模仿风险和被侵权风险，导致企业可能无法得到正常的创新收益回报，进而抑制了企业通过研发创新提高生产效率和获得超额利润的激励；而良好的知识产权保护有助于提高创新技术的可专有性，即创新的预期经济回报可以得到有效的保证，因此，在知识产权保护制度越完善的地区，企业会更有动力利用补贴资金进行研发创新的投资。基于以上分析，我们提出理论假说 H2 - 5。

理论假说 H2 - 5：地区的知识产权保护强化了政府补贴对企业新产品创新的激励效应。

三、政府补贴与企业风险承担

风险承担可以反映企业在投资决策过程中对预期收益和预期现金流充满不确定性的投资项目的选择情况，任何理性的企业决策者应当选择所有预期净现值为正的投资项目以最大化企业价值和股东财富（Fama and Miller，1972；余明桂等，2013）。然而，企业管理者在进行风险性投资项目的决策时会受到诸多因素的影响，其中之一便是企业的财务状况和资金持有量。这是因为任何投资项目都需要相应的资金支持，特别是风险性越高的项目对资金的前期需求越大。此外，尽管高风险性项目比低风险项目带来更高的预期回报（Acemoglu and Zilibotti，1997），但与此同时，也面临更高的失败概率，这也需要企业拥有足够的资金来应对和控制不利投资事件的发生。因此，对于那些自身资金积累量有限的企业而言，其管理者在投资决策中可能会采取更稳健的策略，即只选取那些低风险性的投资机会。约翰等（John et al.，2008）利用跨国面板数据的一项实证研究也表明，资金持有因素或融资约束因素会显著地影响企业决策者对待风险的态度。补贴作为地方政府对企业的一项无偿的资金转移，在本质上可以通过增加企业的资金拥有量进而影响企业对风险性投资项目的选择。在其他条件不变的情况下，企业在获得政府补贴之后，由于资金拥有量增加，相应地，更有能力去承担一些净现值为正的风险投资项目。此外，政府补贴还会影响企业家的信心和情绪（蔡卫星和高明华，2013），受到政府补贴的企业的决策者往往较补贴前拥有更多的安全感和自信心。余明桂等（2013）对中国的研究表明，若管理者越自信，其在投资决策中会更积极地选择风险性项目，而更少放弃高风险但预期净现值为正的投资机会，最终显著提高企业的风险承担水平。据此，政府补贴还能够通过影响管理者的自信心，进而对企业风险承担产生影响。

除此之外，高额度的政府补贴还可能会弱化企业的研发激励，这是因为，当企业获得高额的政府补贴时，即表现为企业从中获得了超额利润，这或许会弱化企业通过研发投入改善生产效率的方式来获取超额利润的动力（Gwartney et al.，1998；邵敏和包群，2012），从而弱化了企业的研发激励。

基于以上机制，高额度的政府补贴会对企业风险承担产生如下影响：当企业获得高额的政府补贴时，即表现为企业从中获得了超额利润，这不仅会直接弱化企业的风险偏好，使企业缺乏承担风险性投资项目的积极性，而且还可能会弱化企业的研发激励。而企业研发与其风险承担水平存在紧密的联系（Dewett，2007；Banholzer and Vosejpka，2011），通常情况下，研发投入越大的企业，其风险承担水平往往越高。

综合上述分析，我们提出以下理论假说。

理论假说 H2 - 6：政府补贴是否能够提高企业的风险承担水平与补贴强度有关，适度的政府补贴有助于企业提高风险承担水平，而高额度补贴可能会降低企业的风险承担水平。

理论假说 H2 − 7：高额度的政府补贴会弱化创新激励，进而降低了企业的风险承担水平，即创新激励的弱化是高额度补贴抑制企业风险承担的可能渠道。

四、政府补贴与企业进口绩效

与企业的出口行为类似，企业进入进口市场也要面临各种信息不对称和交易风险问题，同时，进口完成之后的生产环节也需要企业足够的运营基金来支持。而政府补贴作为企业总利润的一部分，在本质上可以通过增加企业的收益进而为进口活动提供资金支持。尤其是那些专门针对国外先进技术和核心机器设备的专项补贴可以直接降低企业进入进口市场的成本和面临的风险，进而激励企业进口的动机。

除此之外，由于政府补贴可以增加企业利润，企业的内源融资约束就会在企业获得补贴后得到缓解，而内源融资是企业经营所需资金的主要来源，即内源融资约束的降低可以促进企业进口活动的顺利开展。所以，政府补贴可以通过缓解企业内源融资约束的方式，间接地对企业进口产生积极影响。

但是，值得注意的是，政府补贴也可能会对企业的进口行为产生不利影响。当企业获得高额的政府补贴时，即表现为企业从中获得了超额利润，这或许会弱化企业通过进口中间品和资本品进而改善生产经营的方式来获取超额利润的动力。综上所述，政府补贴对企业进口行为的影响，可能是上述两种正负效用的综合。

综合上述分析，我们提出理论假说 H2 − 8。

理论假说 H2 − 8：政府补贴会通过融资约束缓解的方式促进企业的进口活动，同时，会通过创新激励的弱化抑制企业的进口活动，因此，政府补贴对企业进口行为的影响是上述两种正负效用的综合。

五、政府补贴与企业出口国内附加值率

本部分通过构建一个理论模型来探讨政府补贴对企业出口 DVAR 的影响以及可能的影响机制。我们借鉴基和唐（Kee and Tang，2013）的做法，将企业 i 的生产函数设定为：

$$Y_{it} = \varphi_{it} K_{it}^{\alpha_K} L_{it}^{\alpha_L} M_{it}^{\alpha_M} \qquad (2-1)$$

$$M_{it} = \left(M_{it}^{D \frac{\sigma-1}{\sigma}} + M_{it}^{I \frac{\sigma-1}{\sigma}} \right)^{\frac{\sigma}{\sigma-1}}, \ \alpha_K + \alpha_L + \alpha_M = 1 \qquad (2-2)$$

在式（2-2）中，Y_{it} 表示企业 i 在 t 期的产出；φ_{it} 为企业生产率；K、

L 和 M 分别表示企业的资本、劳动与中间品投入，它们对应的平均价格分别可表示为 r_t、w_t 和 P_t^M；M_{it}^D 和 M_{it}^I 分别表示本国中间品总量与进口中间品总量，对应的平均价格分别为 P_t^D 和 P_t^I。σ 表示本国中间品与进口中间品的替代弹性，且 $\sigma > 1$。假设本国中间品种类数与进口中间品种类数分别为 V_t^D 和 V_t^I，那么，中间品总量与各中间品种类之间的关系可表示为：$M_{it}^D = \left[\sum_{v_i=1}^{V_i^D} (m_{v_i}^D)^{\frac{\lambda-1}{\lambda}} \right]^{\frac{\lambda}{\lambda-1}}$，$M_{it}^I = \left[\sum_{v_i=1}^{V_i^I} (m_{v_i}^I)^{\frac{\lambda-1}{\lambda}} \right]^{\frac{\lambda}{\lambda-1}}$。类似地，我们可以进一步刻画中间品的平均价格与每一种类中间品价格之间的关系，假设本国中间品种类与进口中间品种类的价格分别为 p_{vt}^D 和 p_{vt}^I，那么，有 $P_t^D = \left[\sum_{v=1}^{V_i^D} (p_{vt}^D)^{1-\lambda} \right]^{\frac{1}{1-\lambda}}$，$P_t^I = \left[\sum_{v=1}^{V_i^I} (p_{vt}^I)^{1-\lambda} \right]^{\frac{1}{1-\lambda}}$。其中，$\lambda$ 表示任意两种进口中间品或任意两种本国中间品之间的替代弹性。

在给定式（2-2）的情况下，企业 i 所用中间品的价格指数可表示为以下常替代弹性（CES）函数：

$$P_t^M = \left((P_t^D)^{1-\sigma} + (P_t^I)^{1-\sigma} \right)^{\frac{1}{1-\sigma}} \qquad (2-3)$$

企业根据利润最大化原则或成本最小化原则安排生产，据此，我们得到以下关系式：

$$C_{it}(r_t, w_t, P_t^D, P_t^I, Y_{it}) = \frac{Y_{it}}{\varphi_{it}} \left(\frac{r_t}{\alpha_K}\right)^{\alpha_K} \left(\frac{w_t}{\alpha_L}\right)^{\alpha_L} \left(\frac{P_t^M}{\alpha_M}\right)^{\alpha_M} \qquad (2-4)$$

$$\frac{P_t^M M_{it}}{C_{it}} = \alpha_M \qquad (2-5)$$

由式（2-4）可计算企业 i 生产最终品的边际成本，得到 $c_{it} = \frac{\partial C_{it}(\cdot)}{\partial Y_{it}}$ $= \frac{1}{\varphi_{it}} \left(\frac{r_t}{\alpha_K}\right)^{\alpha_K} \left(\frac{w_t}{\alpha_L}\right)^{\alpha_L} \left(\frac{P_t^M}{\alpha_M}\right)^{\alpha_M}$。与基和唐（Kee and Tang，2013）的做法类似，我们将进口中间品占企业总收益的比重表示为[①]：

$$\vartheta_{it} = \frac{P_t^I M_{it}^I}{P_{it} Y_{it}} = \alpha_M \frac{1}{\psi_{it}} \frac{P_t^I M_{it}^I}{P_t^M M_{it}} \qquad (2-6)$$

---

① 具体推导方法为：$\frac{P_t^I M_{it}^I}{P_{it} Y_{it}} = \frac{P_t^I M_{it}^I}{P_t^M M_{it}} \frac{P_t^M M_{it}}{C_{it}} \frac{C_{it}}{P_{it} Y_{it}}$（a1），由于 $\alpha_M = \frac{P_t^M M_{it}}{C_{it}}$ 和 $c_{it} = \frac{C_{it}}{Y_{it}}$，将它们代入（a1）可得 $\frac{P_t^I M_{it}^I}{P_{it} Y_{it}} = \frac{P_t^I M_{it}^I}{P_t^M M_{it}} \alpha_M \frac{c_{it}}{P_{it}}$（a2）。根据价格成本加成定义式 $\psi_{it} = \frac{P_{it}}{c_{it}}$，（a2）可进一步表示为 $\frac{P_t^I M_{it}^I}{P_{it} Y_{it}} = \frac{P_t^I M_{it}^I}{P_t^M M_{it}} \alpha_M \frac{1}{\psi_{it}}$。

在式（2-6）中，$\psi_{it} = \dfrac{P_{it}}{c_{it}}$ 表示企业 i 在 t 期的成本加成。此外，为了得到进口中间品成本占原材料总成本的比重 $\dfrac{P_t^I M_{it}^I}{P_t^M M_{it}}$，可通过求解如下成本最小化问题：

$$\min \quad P_t^I M_{it}^I + P_t^D M_{it}^D$$

$$\text{s. t.} \quad M_{it} = \left(M_{it}^{D\frac{\sigma-1}{\sigma}} + M_{it}^{I\frac{\sigma-1}{\sigma}} \right)^{\frac{\sigma}{\sigma-1}} \qquad (2-7)$$

对式（2-7）求解，不难得到进口中间品成本占原材料总成本的比重的表达式：

$$\frac{P_t^I M_{it}^I}{P_t^M M_{it}} = \frac{1}{1 + (P_t^I / P_t^D)^{\sigma-1}} \qquad (2-8)$$

我们将式（2-8）代入企业出口 DVAR 的定义式 $DVAR_{it} = 1 - \dfrac{P_t^I M_{it}^I}{P_{it} Y}$，经过整理可得[①]：

$$DVAR_{it} = 1 - \alpha_M \frac{1}{\psi_{it}} \frac{1}{1 + (P_t^I / P_t^D)^{\sigma-1}} \qquad (2-9)$$

由式（2-9）可知，企业出口 DVAR 的变化依赖于进口中间品与国内中间品的相对价格 P_t^I / P_t^D，通过一阶求导可得：$\dfrac{\partial DVAR_{it}}{\partial (P_t^I / P_t^D)} = (\sigma - 1) \alpha_M$ $\dfrac{1}{\psi_{it}} \dfrac{(P_t^I / P_t^D)^{\sigma-2}}{(1 + (P_t^I / P_t^D)^{\sigma-1})^2} > 0$。这表明，进口中间品相对价格的提高，有利于提升企业出口 DVAR。其背后的基本逻辑是，若进口中间品与国内中间品的相对价格 P_t^I / P_t^D 提高，根据成本最小化原则，企业会更多地使用国内中间品来代替进口中间品，从而提高了其出口 DVAR。

接下来，我们讨论政府补贴是如何通过 P_t^I / P_t^{D}[②] 进而影响企业的出口 DVAR 的。

---

① 具体推导方法为：$DVAR_{it} = 1 - \dfrac{P_t^I M_{it}^I}{P_{it} Y_{it}} = 1 - \dfrac{P_t^M M_i}{P_{it} Y_{it}} \dfrac{P_t^I M_{it}^I}{P_t^M M_i} = 1 - \dfrac{P_t^M M_i}{C_{it}} \dfrac{C_{it}}{P_{it} Y_{it}} \dfrac{P_t^I M_{it}^I}{P_t^M M_i}$，然后，将 $\alpha_M = \dfrac{P_t^M M_{it}}{C_{it}}$ 和 $\psi_{it} = \dfrac{P_{it}}{c_{it}}$ 代入即可。

② 需要说明的是，由于在已有数据库中难以获得进口中间品平均价格与本国中间品平均价格的相关信息，为了与后文的经验研究保持一致，在此，使用研发创新来间接地刻画进口中间品与本国内中间品的相对价格。这样处理的主要依据是，如果研发创新越多，那么，本国内中间品种类与数量就会增加，本国中间品的平均价格会下降，进而进口中间品与本国内中间品的相对价格就会随之上升，即研发创新与 P_t^I / P_t^D 之间存在较强的相关性。

创新激励效应。具体的传导机制为：政府补贴→企业融资约束缓解→创新水平提高→国内企业中间品供应增加→使用国内中间品替代进口中间品→出口国内附加值率提高。由于创新活动具有高投入和高风险性，企业通常会事先对创新活动的成本和潜在收益进行综合评估，然后，再谨慎地做出是否进行新产品创新的决策。政府补贴可以通过增加企业收益的方式进而为创新活动提供资金支持，尤其是那些专门针对新产品开发和科研创新方面的专项补贴可以直接降低企业进行新产品创新的成本和面临的风险，提高企业新产品创新的回报率，进而激励企业从事创新活动的动机。同时，内源融资约束的降低，可以促进企业创新（Czarnitzki and Binz，2008；Brown et al.，2012；张杰等，2012）。在通常情况下，本国企业研发创新的增加有利于扩大本国企业的生产范围，国内市场可提供的中间品种类也由此增加（Grossman and Helpman，1991；黎欢和龚六堂，2014），同时，国内中间品种类的增加会提高进口中间品与国内中间品之间的相对价格 P_t^I/P_t^D（Kee and Tang，2013）。进一步结合前文的分析结论 $\partial DVAR_{it}/\partial(P_t^I/P_t^D) > 0$，即表明，政府补贴通过缓解企业融资约束引致的创新激励效应，会促使企业使用国内中间品替代进口中间品，并最终提高企业的出口国内附加值率。

综合上述分析，我们提出理论假说 H2 - 9。

理论假说 H2 - 9：在其他条件不变的情况下，政府补贴通过创新激励效应可能会提高企业的出口国内附加值率。

在中国转型经济的背景下，政府给予不同企业的补贴动机存在差异，不同企业获得政府补贴的规模和数量也存在明显差异，从而导致政府补贴对不同特征企业出口国内附加值率的影响可能存在显著差异。中国对外贸易的一个典型特征是加工贸易所占比例很高，与一般贸易企业不同的是，加工贸易企业主要是利用国外一方提供原材料和零部件，然后，对其进行加工组装之后再出口到原材料或零部件的进口国（Manova and Zhang，2009；钱学锋等，2013），即其用以加工生产成品的原材料与零配件或生产设备购自国外，而加工生产的成品又销往国外，因此，加工贸易是由"大进口"和"大出口"的贸易形式来驱动的。由于加工贸易企业大多从事简单的加工组装和贴牌生产，效率和创新密集度相对较低（戴觅等，2014），在一定程度上限制了政府补贴通过创新激励效应对其出口国内附加值率积极影响的发挥。根据这一逻辑，从事加工贸易程度越低的企业，其出口国内附加值率受到政府补贴创新激励效应的影响也就越大。

就不同所有制企业而言，制度替代假说认为，在制度不完善的环境下，政府补贴是政府对民营企业支持的一种制度替代机制（余明桂等，2010）。与其他企业相比，民营企业的资本相对更具流动性、管理体系更具灵活性和创新性，但是其发展却往往面临着较大的资源、资金等方面的约束，长期受到资源匮乏和融资难问题的困扰（Chen et al.，2012），而政府补贴可以极大地缓解民营企业的融资约束，激励企业创新的积极性和动机，较好地改善企业的生产效率，使企业可以用较少的进口中间品生产出更多的出口最终品，并最终提高企业的出口国内附加值率。与之相比，国有企业承担了较多的政策性负担和社会职责（林毅夫等，1997），政府补贴的创新激励效应较为有限。对于外资企业而言，由于外资企业在中国从事加工贸易生产活动，而加工贸易企业大多从事简单的加工组装和贴牌生产，同时，外资企业出于核心技术垄断和技术保护的考虑，往往将技术含量和创新密集度低的生产环节设在中国，导致中国的政府补贴对外资企业的研发激励效应较为微弱。这在一定程度上限制了政府补贴通过创新激励效应对外资企业出口国内附加值率积极影响的发挥。据此，我们得到理论假说 H2 – 10。

理论假说 H2 – 10：政府补贴对加工贸易企业出口国内附加值率的积极影响可能小于其他贸易方式；政府补贴对民营企业出口国内附加值率的积极影响可能大于其他所有制类型。

此外，值得注意的是，从微观基础来看，行业总体出口国内附加值率的变动是由存续企业内部出口国内附加值率的变动、存续企业市场份额的变动以及企业在出口市场上的进入行为和退出行为构成的，而存续企业市场份额的变动以及企业在出口市场上的进入行为和退出行为引致的出口 DVAR 变动体现为资源配置效应。张杰和郑文平（2015）研究了中国政府补贴对企业出口集约边际和扩展边际的影响效应，发现政府补贴对出口集约边际作用有限，但是与出口扩展边际呈倒"U"形关系，即政府补贴对存续企业市场份额变动的影响较为显著。许家云和毛其淋（2016）研究发现，政府补贴在总体上降低了企业退出市场的风险，有利于延长企业的持续经营时间，即政府补贴对企业的市场进入有显著影响。而存续企业市场份额的变动和企业在市场上的生存状况，都是企业出口国内附加值率变动中资源配置效应的重要组成部分。据此，我们提出理论假说 H2 – 11。

理论假说 H2 – 11：资源再配置效应在政府补贴影响行业出口国内附加值率中可能具有重要作用。

第三章　政府补贴与制造业企业的市场存活

近年来，中国政府对企业的补贴与日俱增，本章在此背景下，综合采用倾向得分匹配与生存分析方法深入考察政府补贴对企业生存的微观效应。研究表明，政府补贴在总体上降低了企业退出市场的风险，即倾向于延长企业的经营持续时间；但进一步研究发现，只有适度的政府补贴才会显著地延长企业的经营持续时间，而高额度补贴则提高了企业退出市场的风险。进一步说，本章采用中介效应模型进行传导机制检验，发现创新激励的弱化是高额度政府补贴抑制企业市场存活的重要渠道。最后，本章还在研究中引入地区治理环境指数，发现良好的地区治理环境不仅对企业生存具有直接的促进作用，而且，能强化政府补贴对企业生存的改善作用。上述结论意味着，制定合理的补贴政策和优化地区治理环境，对于促进中国企业生存和提升政府补贴的效率具有重要意义。

第一节　问题的提出

能否在市场上持续经营（市场存活）是每个企业需要解决的头等重要问题，同时，也是各级地方政府关注的焦点。根据国家工商总局企业局和信息中心（2013）发布的《全国内资企业生存时间分析报告》，接近五成的企业生存时间不足 5 年；另外，普华永道会计师事务所发布的《2011 年中国企业长期激励调研报告》显示，中国中小企业的平均寿命仅为 2.5 年，集团企业的平均寿命也只有 7~8 年，而欧美企业的平均寿命为 40 年，日本企业平均寿命也高达 30 年。显而易见，中国企业的市场存活情况并不乐观，特别是与发达国家企业相比具有很大差距。随之而来的一个问题是，究竟哪些因素会影响企业的市场存活？我们注意到，为了促进企业成长和有序经营，近年来，我国地方政府纷纷出台相关的扶持政策，其中，最引人关注的一项就是政府对企业的补贴日益增加。据统计，获得政府补贴的企业数量从 1998 年的 13200 家上升到 2007 年的 39400 家，补贴金额也从 1998 年的 196.9 亿元增长到 2007 年的 777.5 亿元。[①]政府补贴作为企业总利润的一部分，在本质上可以增加企业收益，那么，政府补贴究竟能否改善中国企业的市场存活，不同强度的政府补贴对企业生存的影响是否具有异质性，其背后可能的影响机制是什么？这正是本章要探究的核心问题。

鉴于企业生存对于提供就业岗位、保持平稳增长乃至社会和谐稳定具有至关重要的作用，因此，中外文文献长期以来对企业生存问题一直保持关注，并取得了较为丰富的研究成果。早期研究主要关注企业自身规模对企业生存的影响（Acs and Audretsch，1989；Audretsch et al.，1999；Agarwal and Audretsch，2001），均发现，若企业成立时的初始规模越大，则企业的存续时间就越长。随后，大量研究考察了所有权结构与企业生存之间的关系，但所得结论不尽一致。其中，格尔克和施特罗布尔（Görg and Strobl，2003）对爱尔兰的研究、佩雷斯等（Pérez et al.，2004）对西班牙的研究发现，外资所有权企业比内资企业更容易退出市场。而科隆博和德尔马斯特罗（Colombo and Delmastro，2000）对意大利的研究、鲍德温和扬（Baldwin and Yan，2011）对加拿大的研究则指出，外资所有权企业的市场存活时间更长。还有一部分文献研究创新行为对企业生存的影响（Cockbur and Wagner，2007；Fontana and Nesta，2009），其分析发现，研发创新显著地提高了企业的生存能力。此外，瓦格纳（Wagner，2011）进一步分析了国际贸易对德国企业生存的影响，将国际贸易划分为进口贸易、出口贸易和双向贸易三种类型并进行了比较研究，结果表明，进口贸易和双向贸易均有利于促进企业生存，但出口贸易对企业生存没有明显的作用。王（Wang，2013）还利用加拿大制造业企业层面数据专门实证考察 FDI 对内资企业市场存活的影响，结果发现，一方面，FDI 加剧了行业内竞争，进而缩短内资企业的生存时间；另一方面，FDI 会通过构建与当地企业的上下游产业关联进而延长内资企业的生存时间。并且，FDI 在总体上有利于内资企业的市场存活。随着微观数据可获得性的提高，近年来，中文文献也开始对中国企业生存的影响因素进行实证研究。例如，史宇鹏等（2013）利用中国微观企业数据库，就产权保护制度与企业生存之间的关系进行了研究，结果均认为，产权保护制度对企业生存具有显著的积极作用。邓子梁和陈岩（2013）、吴小康和于津平（2014）分析了外商直接投资对企业生存的影响。邓子梁和陈岩（2013）研究发现，外资进入带来的竞争加大了国有企业面临的生存风险；在邓子梁和陈岩（2013）的基础上，吴小康和于津平（2014）不仅考察外资直接参与和企业存活之间的关系，而且检验了外资间接溢出对企业生存的影响。此外，叶宁华和包群（2013）、逯宇铎等（2014）分别就信贷配置、国际贸易与企业生存的关系进行了较为深入的分析。可以看到，尽管目前国内外针对企业生存问题的研究取得了一定进展，但是政府补贴这一政策性因素的作用却大多被忽略了。

与本章紧密相关的另一类文献，研究并评估政府补贴的经济效果。其中，一些文献评估了政府补贴对企业出口的影响（Eckaus，2006；Görg et al.，2008；苏振东等，2012；施炳展等，2013），这些文献的研究结论基本相同，均认为政府补贴对企业出口具有积极的影响效应。另外一些文献探讨了政府补贴与企业生产率之间的关系（Harris and Robinson，2004；Bernini and Pellegrini，2011；邵敏和包群，2012），但在总体上并未发现政府补贴会带来企业生产率的显著提高。特别是贝尔尼尼和佩列格里尼（Bernini and Pellegrini，2011）对意大利企业的研究甚至发现，政府补贴降低了企业生产率的增长率。近年来，也有一些文献开始研究政府补贴与企业创新之间的关系，例如，格尔克和施特罗布尔（Görg and Strobl，2007）利用爱尔兰制造业层面的数据进行实证研究发现，政府补贴与企业创新之间的关系因企业所有制的不同而存在差异，即政府补贴对内资企业研发投入具有显著影响，但对外资企业则没有明显影响。陈林和朱卫平（2008）采用时间序列分析方法的研究发现，政府补贴没有显著地提高创新产出。此外，刘海洋等（2012）、任曙明和张静（2013）分别考察了政府补贴对中国工业企业购买行为和企业加成率的影响。但遗憾的是，目前仍未有文献专门从企业生存的角度来评估政府补贴的经济效果。

本章的研究建立在上述文献的基础上，但在研究视角和研究方法上有本质的不同。具体而言，本章的研究特色可能体现在三方面。第一，在研究视角上，不同于既有文献主要从企业出口、企业生产率等角度来评估政府补贴的经济效果（Eckaus，2006；Görg et al.，2008；Bernini and Pellegrini，2011；邵敏和包群，2012；苏振东等，2012；施炳展等，2013），本章从企业生存视角进行深入评估，丰富了有关评估政府补贴经济效果的研究文献。另外，现有涉及企业生存影响因素的文献，基本上忽略了政府补贴这一政策性因素的作用，本章则基于中国政府给予企业补贴的数额这一典型事实，系统地评估了政府补贴对企业生存的微观效应，进而为理解中国企业的市场存活提供了新思路。第二，在研究方法上，为了克服样本选择性偏差可能对研究结论带来的影响，我们先采用倾向得分匹配（propensity score matching，PSM）方法为补贴企业寻找到最合适的非补贴企业作为对照组，在匹配样本基础上，进一步采用离散时间 Cloglog 生存模型进行估计，即基于匹配样本的 Cloglog 生存估计比通常的生存分析可以得到更为可靠的结果。第三，本章不仅分析了政府补贴对企业生存的平均影响效应，而且考察了不同强度的政府补贴对企业生存的异质性影响，在此基础上，进一步引入中介效应模型进行影响机制检验，从而深化了我们对于政府补贴与企业生存之间关系的理解。第四，考虑到中国不同地区存在显著的治理环境差异，而这一特征事实可能会影响政府补贴对企业生存的作用，本章还进一步分析了治理环境、政府补贴与企业生存之间的关系，这对于提高政府补贴的效率具有重要的启示作用。

基于 1998～2007 年的中国工业企业数据库，本章综合采用倾向得分匹配与生存分析方法进行深入的实证研究。结果表明，政府补贴在总体上降低了企业退出市场的风险，即倾向于延长企业的持续经营时间；但进一步研究表明，只有适度的政府补贴才会显著地延长企业的持续经营时间，而高额度补贴则提高了企业退出市场的风险。在此基础上，本章还采用中介效应模型进行了传导机制检验，发现创新激励的弱化是高额度政府补贴抑制企业市场存活的重要渠道。最后，通过进一步分析发现，良好的地区治理环境不仅对企业生存具有直接的促进作用，而且，能强化政府补贴对企业生存的改善作用。上述结论对于事后客观评估中国政府补贴的经济效果、完善补贴政策的设计和促进企业生存具有重要的政策启示意义。

第二节　模型、方法和数据

一、模型和方法

本章采用生存分析方法考察政府补贴对企业市场存活的影响效应。在现实经济生活中，企业能否获得生产性补贴并非是随机的，会受到企业自身市场生存能力和经营绩效的影响（邵敏和包群，2011）。并且，生产性补贴和企业进口行为还会受到诸如企业生产率水平、企业利润率等因素的共同影响，从而导致本章样本选择的内生性以及由此产生的估计偏误。为了克服样本选择偏差给本章估计结果产生的不良影响，我们借鉴经典文献的做法，使用倾向得分匹配方法得到本章的分析样本，在此基础上，构建生存模型进行实证研究。①

在本章分析框架中，处理组为首次受到政府补贴的企业，对照组为从未受到政府补贴的企业。之所以将首次受到政府补贴的企业作为处理组，主要是考虑在面板数据情形下可以避免错误匹配问题，② 德勒克尔（De Loecker，2007）以及包群等（2011）都采用了类似的做法，设定政策处理变量。为了简单起见，具体地，我们设定二元虚拟变量 $Subsidy_i = \{0,1\}$，如果企业 i 属于首次受到补贴的企业，$Subsidy_i = 1$；否则，$Subsidy_i = 0$。倾向得分匹配的基本思路是，构建一个与补贴企业（即处理组）在受到政府补贴之前的主要特征尽可能相似的非补贴企业组（即对照组），然后，将处理组中企业与对照组中企业进行匹配，使得匹配后的两个样本组的配对企业之间仅在是否受政府补贴方面有所不同，而其他方面相同或十分相似，这样，就可以在很大程度上降低样本的选择偏差。

具体而言，我们采用最近邻匹配（nearest neighbor matching）为处理组企业寻找相近的对照组企业。根据既有理论与经验研究文献，我们选取的匹配变量 X_{it-1} 包括如下几个：企业生产率（tfp），采用阿克贝里等（Ackerberg et al.，2015）的分析框架来测算企业全要素生产率，以更有效地处理潜在的内生性问题和样本选择偏差，同时，借鉴余淼杰等（2018）的做法，在计算生产率时考虑产能利用率的调整偏误；企业规模（size），采用企业销售额取对数来衡量，企业销售额采用以 1998 年为基期的工业品出厂价格指数进行平减；企业年龄（age），用当年年份与企业开业年份的差来衡量；资本密集度（klr），用固定资产与从业人员数的比值取对数来衡量，其中，固定资产使用以 1998 年为基期的固定资产投资价格指数进行平减处理；企业利润率（profit），用营业利润与企业销售额的比值来衡量；融资约束（finance），采用利息支出与固定资产的比值来衡量，如果该值越大则表明企业面临的融资约束程度越小；出口密集度（exp），用出口交货值与企业销售额的比值来衡量；国有企业虚拟变量（state）、外资企业虚拟变量（foreign），用来反映企业的所有制结构特征。接下来，我们采用 logit 方法估计如下模型：

$$P = Pr\{Subsidy_{it} = 1\} = \Phi\{X_{it-1}\} \qquad (3-1)$$

① 这里主要借鉴了 PSM-DID 方法中第一步匹配的思想，即通过倾向得分匹配来解决样本选择性偏差问题，然后，对匹配后的样本进行生存分析，这比通常的生存分析方法可以得到更可靠的结果。

② 具体而言，在面板数据情形下，由于同一个体存在多期观测，如果仅仅以是否接受政府补贴的虚拟变量作为政策处理变量，通常使用的 PSM 匹配程序会将数据中所有个体重新编号，整体作为截面数据考虑，进而不同时期的同一企业被视为不同的企业而可能出现相互匹配。

通过估计式（3-1）我们可以得到概率预测值（倾向得分值）$\hat{p}$，$\hat{p}_i$ 表示处理组的倾向得分值，$\hat{p}_j$ 表示对照组的倾向得分值，最近邻匹配原则表示如下：

$$\Omega(i) = \min_j \| \hat{p}_i - \hat{p}_j \|, \ j \in (\text{Subsidy} = 0) \tag{3-2}$$

在式（3-2）中，$\Omega(i)$ 表示对照组企业的匹配集合，其与处理组企业一一对应。通过最近邻匹配方法，我们可以得到与处理组企业相对应的对照组企业集合 $\Omega(i)$，从而 $E(\Delta y_{it}^0 \mid \text{Subsidy}_i = 0, \ i \in \Omega(i))$ 可以作为 $E(\Delta y_{it}^0 \mid \text{Subsidy}_i = 1)$ 的较好替代。

在上述倾向得分匹配样本的基础上，我们构建离散时间 cloglog 生存模型考察政府补贴对企业市场存活的影响，[①] 与史蒂文等（Esteve et al., 2012）类似，具体的模型设定如下：

$$\begin{aligned}
\text{clog} \log(1 - h_{it}) &= \log\left[-\log(1 - h_{it}) \right] \\
&= \varphi_0 + \varphi_1 \text{Subsidy}_{it} + \varphi \cdot \vec{Z}_{ijkt} + \\
&\quad \tau_t + \nu_j + \nu_k + \nu_t + \varepsilon_{ijkt}
\end{aligned} \tag{3-3}$$

在式（3-3）中，$h_{it} = \Pr(T_i < t+1 \mid T_i \geq t, x_{it}) = 1 - \exp\left[-\exp(\varphi' x_{it} + \tau_t) \right]$ 表示离散时间风险，如果被解释变量 $\text{cloglog}(1 - h_{it})$ 越大，则表明企业的风险越高或生存概率越低；τ_t 为基准风险，它是时间的函数，可用于检验时间依存性的具体形式；x_{it} 为协变量，包括政府补贴哑变量 Subsidy 和控制变量向量 $\vec{Z}_{ijkt}$；ν_j、ν_k 和 ν_t 分别表示行业固定效应、地区固定效应和年份固定效应，ε_{ijkt} 表示随机扰动项。具体地，控制变量包括企业生产率（tfp）、企业规模（size）、企业年龄（age）、资本密集度（klr）、企业利润率（profit）、融资约束（finance）、出口密集度（exp）、国有企业虚拟变量（state）和外资企业虚拟变量（foreign），它们的定义与上文类似。

二、数　据

本章使用的数据来自国家统计局中国工业企业数据库，时间跨度为 1998~2007 年，[②] 其统计调查的对象涵盖了全部国有工业企业以及"规模

[①] 这主要是考虑到相对于连续时间生存模型（如 Cox 模型）而言，离散时间生存模型具有可以有效地处理结点问题、易于控制不可观测的异质性，以及无须满足"比例风险"的假设条件等优势。赫斯和佩尔松（Hess and Persson, 2012）对这两种模型的优劣势进行了详细阐述。

[②] 由于 2008 年及之后的中国工业企业数据库并没有提供企业中间品投入等关键数据，因此，为了提高研究的准确性，这一章的主体实证分析我们选用了 1998~2007 年的数据进行分析，在后文我们还使用 1998~2013 年的数据进行了一组稳健性检验。

以上"（主营业务收入大于 500 万元）的非国有企业。中国工业企业数据库包含了丰富的企业层面信息。例如，企业名称、法人代码、企业登记注册类型、行业类别代码、开业时间、营业利润、补贴收入、总资产、固定资产、销售额、工业增加值、出口交货值等上百个指标，可以说是目前国内可获得的最为全面的微观企业样本数据。

为了提高样本的可靠性，我们先借鉴勃兰特等（Brandt et al.，2012）的做法将 1998~2007 年共 10 年的横截面数据合并成面板数据集，即根据企业的法人代码、企业名称、电话号码、地址等信息对不同年份企业进行识别，然后再进行合并。[①] 与现有中外文文献保持一致，我们选取其中的制造业进行研究，即在原始样本中删除采矿业、电力、燃气及水的生产和供应业数据。由于中国在 2002 年颁布了新的《国民经济行业分类》并于2003 年开始实施，为了统一口径，我们依照新的行业标准对 1998~2002年企业的行业代码进行了调整。由于本章是考察政府补贴对企业市场存活的影响，因此，如何准确地界定企业的存活状态（或与之相对应的退出状态）就显得尤为重要，这里，我们借鉴毛其淋和盛斌（2013）的方法进行识别。还有一点值得注意的是，如果直接利用 1998~2007 年的全样本进行生存分析，将面临数据左侧删失（left censoring）、右侧删失（right censoring）问题。[②] 特别是当忽略左侧删失问题时，将倾向于低估企业经营的持续时间，我们的处理方法是去掉左侧删失的样本，即只选取在1999~2007 年新进入的企业作为最后的分析样本。对于右侧删失问题，其不会对估计结果产生干扰，这是因为通常的生存分析方法适用于这一数据特征的样本（Hess and Persson，2011；Esteve et al.，2012；陈勇兵等，2012）。

对于样本中可能存在的异常值，我们根据谢千里等（2008）和余淼杰（2011）的方法进行了以下处理：第一，删除重要财务指标（如工业增加值、总产值、固定资产净值、企业销售额等）中有缺失的样本；第二，删除雇员人数小于 10 的企业样本。此外，我们还进一步参照芬斯特拉等（Feenstra et al.，2013），遵循一般会计准则（GAAP），剔除了流动资产超过固定资产、总固定资产超过总资产以及固定资产净值超过总资产的企业。

---

① 具体的方法和程序，可进一步参照勃兰特等（Brandt et al.，2012）。
② 其中，左侧删失指，无法获知比样本数据时间更早年份的企业经营状态。例如，如果某个企业在 1998 年正常经营，但实际上我们并不清楚该企业开始经营的确切年份；右侧删失指，无法获得样本期之后年份的企业经营状态信息。例如，如果某个企业在 2007 年正常经营，我们则无法知道企业在下一年是否仍然正常经营。

第三节　基本估计结果与分析

一、倾向得分匹配

为了确保本章倾向得分匹配结果的准确性和可靠性，我们的匹配变量需要满足匹配平衡性条件，即 $Subsidy_i \perp X_i \mid P(X_i)$。表3-1汇报了2000年处理组企业与对照组企业匹配变量的平衡性检验结果。[①] 观察表3-1，不难发现，本章选择的匹配变量在匹配后其t统计量的相伴概率均大于10%，即处理组企业与对照组企业在样本匹配后，其在匹配变量方面不存在显著差异。此外，表3-1中的结果表明，各匹配变量匹配后的标准偏差绝对值几乎都小于5%，按照罗森鲍姆和鲁宾（Rosenbaum and Rubin，1985）20%的标准值，可以认为本章的匹配效果越好。总体而言，匹配满足了平衡性假设，即本章对匹配变量和匹配方法的选取是恰当的。此外，

表3-1　　　　　　　　　　匹配变量的平衡性检验结果

变量名称	处理	均值		标准偏差（%）	标准偏差减少幅度（%）	t统计量	t检验相伴概率
		处理组企业	对照组企业				
tfp	匹配前	5.5680	5.2699	23.7	99.5	16.98	0
	匹配后	5.5680	5.5666	0.1		0.06	0.953
size	匹配前	9.9277	9.4318	35.2	98.4	26.2	0
	匹配后	9.9277	9.9355	-0.6		-0.29	0.774
age	匹配前	14.8260	13.4080	10.7	89.6	7.8	0
	匹配后	14.8260	14.9740	-1.1		-0.56	0.573
klr	匹配前	3.4965	3.2433	20.4	98.5	14.32	0
	匹配后	3.4965	3.4927	0.3		0.16	0.871
profit	匹配前	-0.0098	-0.0448	2	87.6	1.05	0.293
	匹配后	-0.0098	-0.0055	-0.2		-0.75	0.451
exp	匹配前	0.1962	0.1480	14.3	90.4	10.49	0
	匹配后	0.1962	0.1916	1.4		0.69	0.491
state	匹配前	0.2060	0.2025	0.9	58.4	0.62	0.533
	匹配后	0.2060	0.2074	-0.4		-0.19	0.85
foreign	匹配前	0.1912	0.1875	0.9	-77.4	0.68	0.499
	匹配后	0.1912	0.1978	-1.7		-0.87	0.385

资料来源：笔者根据样本数据整理而得。

[①]　我们也检验了其余年份处理组与对照组在配对前后的主要指标变化情况，发现均得到了可靠的配对效果。

图 3 - 1 还进一步绘制了最近邻匹配后的倾向得分的分布情况,[①] 其中,横轴为倾向得分值,纵轴表示概率密度分布。从中可以看到,样本企业中处理组的倾向得分值分布和对照组的倾向得分值分布基本相似,这进一步表明匹配效果比较理想。整体来看,本章的样本匹配满足了平衡性假设,即本章选择的匹配变量和匹配方法是合适的。下文将利用匹配后的样本进行生存分析,以考察政府补贴对企业生存的微观影响。

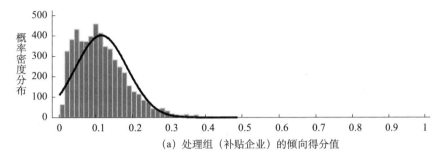

(a) 处理组(补贴企业)的倾向得分值

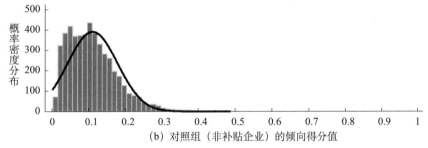

(b) 对照组(非补贴企业)的倾向得分值

图 3 - 1 倾向得分概率分布

资料来源:笔者根据中国工业企业数据库相关数据运用 Stata 软件计算绘制而得。

二、基于倾向得分匹配(PSM)样本的生存分析基本估计结果

在生存分析方法中,常用生存函数(survivor function)来描述生存时间的分布特征。这里,将企业的生存函数定义为企业在样本中持续经营时间超过 t 年的概率,表示为:

$$S(t) = Pr(T > t) = \prod_{k=1}^{t} (1 - h_k) \qquad (3-4)$$

在式(3-4)中,T 表示企业保持存活状态的时间长度,h_k 为风险函数,表示企业在第 t-1 期正常经营的条件下,在第 t 期退出市场的概率。进一步地,生存函数的非参数估计,通常由 Kaplan-Meier 乘积项的方式给出:

---

① 这里也只给出 2000 年经最近邻匹配后的倾向得分的分布情况。

$$\hat{S}(t) = \prod_{k=1}^{t} \left[(N_k - D_k)/N_k \right] \qquad (3-5)$$

在式（3-5）中，N_k 表示在 k 期中处于风险状态的持续时间段的个数，D_k 表示在同一时期观测到的"失败"对象的个数。

在采用式（3-3）进行正式的 cloglog 生存估计之前，我们先采用 Kaplan-Meier 估计式（3-5）初步考察政府补贴与企业生存持续时间的关系。在图 3-2（a）中，我们绘制了补贴企业（即 Subsidy = 1）与非补贴企业（即 Subsidy = 0）的经营持续时间的 Kaplan-Meier 生存曲线。从中可以看到，补贴企业的 Kaplan-Meier 生存曲线位于较高的位置。这表明，与非补贴企业相比，补贴企业面临着相对更低的市场退出风险，即补贴企业的经营持续时间相对更长。进一步地，我们以补贴强度的四分位数为临界点，将补贴企业划分为四种类型（SIDum1 ~ SIDum4）。其中，SIDum1 表示补贴额度最低的补贴企业组，SIDum4 表示补贴额度最高的补贴企业组。对它们的经营持续时间的 Kaplan-Meier 生存估计，绘制在图 3-2（b）中。可以直观地看到，高额度补贴企业（SIDum4）的 Kaplan-Meier 生存曲线与非补贴企业的 Kaplan-Meier 生存曲线非常接近，并总体上位于非补贴企业的下方；除此之外，其余补贴企业的 Kaplan-Meier 生存曲线则位于相对较高的位置。这初步反映了政府补贴和企业持续经营时间的关系如何还依赖于政府补贴的强度，即与非补贴企业相比，高额度补贴企业的经营持续时间相对较短，而其余补贴企业的经营持续时间则相对较长。当然，图 3-2 只是较为初步地描述政府补贴与企业经营持续时间之间的可能关系，因为除了政府补贴之外，还有其他因素也会影响企业经营持续时间，下面，我们将进一步对式（3-3）进行更为严谨的估计。

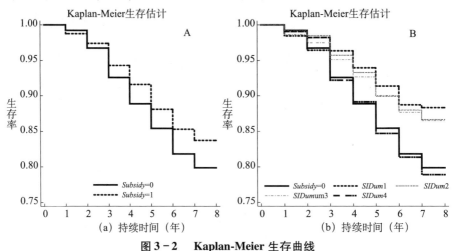

图 3-2　Kaplan-Meier 生存曲线

资料来源：笔者根据中国工业企业数据库相关数据运用 Stata 软件计算绘制而得。

表 3 - 2 报告了基于匹配样本的离散时间 cloglog 生存模型估计结果。其中，第（1）列~第（3）列是对基准模型式（3-3）进行估计。在第（1）列中，只控制企业层面的影响因素，第（2）列在此基础上控制了非观测的地区效应和年份效应，第（3）列则进一步控制了行业效应。我们发现，核心解释变量 Subsidy 的估计系数符号和显著性水平没有发生实质性变化，这说明，回归结果具有较好的稳健性。下面，以第（3）列最为完整的回归结果为基础进行分析。从中可以看到，变量 Subsidy 的估计系数为负，并通过 1% 水平的显著性检验，这表明，政府补贴在总体上倾向于降低企业退出市场的风险，即延长了企业的经营持续时间。对此可能的解释是，正如本章理论分析部分所指出的，政府补贴作为企业总利润的一部分，可通过增加企业的收益以改善其"以收抵支"状况和增强"偿还到期债务"的能力，进而在总体上有利于企业的市场存活。

表 3 - 2 　　　　　　　　　　基于匹配样本的生存估计结果

变量名称	（1）	（2）	（3）	（4）	（5）	（6）
Subsidy	-0.2987 *** (-8.82)	-0.3236 *** (-9.53)	-0.3248 *** (-9.56)			
Subsidy × SIDum1	—	—	—	-0.0680 *** (-5.08)	-0.0671 *** (-5.01)	-0.0660 *** (-4.92)
Subsidy × SIDum2	—	—	—	-0.4192 *** (-5.81)	-0.4445 *** (-6.15)	-0.4484 *** (-6.21)
Subsidy × SIDum3	—	—	—	-0.3398 *** (-5.07)	-0.3680 *** (-5.49)	-0.3698 *** (-5.51)
Subsidy × SIDum4	—	—	—	0.1307 ** (2.30)	0.1745 *** (3.06)	0.1782 *** (3.12)
tfp	-0.0118 ** (-2.39)	-0.0109 ** (-2.30)	-0.0096 * (-1.90)	-0.0123 ** (-2.45)	-0.0113 ** (-2.35)	-0.0099 * (-1.94)
size	-0.1606 *** (-18.68)	-0.1551 *** (-18.15)	-0.1656 *** (-17.62)	-0.1592 *** (-18.50)	-0.1540 *** (-17.99)	-0.1645 *** (-17.49)
age	0.0141 *** (17.46)	0.0109 *** (13.39)	0.0121 *** (14.74)	0.0141 *** (17.44)	0.0109 *** (13.38)	0.0121 *** (14.73)
klr	-0.0329 *** (-5.87)	-0.0327 *** (-5.82)	-0.0320 *** (-5.53)	-0.0332 *** (-5.91)	-0.0329 *** (-5.86)	-0.0322 *** (-5.56)
profit	-0.1709 *** (-11.09)	-0.1635 *** (-10.42)	-0.1539 *** (-9.68)	-0.1698 *** (-11.02)	-0.1628 *** (-10.37)	-0.1531 *** (-9.63)
exp	-0.0406 * (-1.77)	0.0349 (1.48)	0.0129 (0.52)	-0.0376 (-1.64)	0.0373 (1.58)	0.0151 (0.61)
state	0.7353 *** (23.30)	0.5672 *** (17.73)	0.5608 *** (17.40)	0.7325 *** (23.20)	0.5655 *** (17.67)	0.5591 *** (17.35)
foreign	-0.0110 (-0.55)	-0.0806 *** (-3.83)	-0.0809 *** (-3.82)	-0.0092 (-0.46)	-0.0789 *** (-3.75)	-0.0793 *** (-3.74)
常数项	-1.2819 *** (-19.46)	-0.8471 *** (-10.07)	-0.6500 *** (-7.15)	-1.2928 *** (-19.59)	-0.8567 *** (-10.17)	-0.6585 *** (-7.23)

变量名称	（1）	（2）	（3）	（4）	（5）	（6）
年份效应	No	Yes	Yes	No	Yes	Yes
地区效应	No	Yes	Yes	No	Yes	Yes
行业效应	No	No	Yes	No	No	Yes
对数似然值	−69922.6	−68712.1	−68621.7	−69916.2	−68706.9	−68616.5
观察值	367029	366132	366132	367029	366132	366132

注：圆括号内数值为纠正了异方差后的 t 统计量； *** 、** 和 * 分别表示在 1%、5% 和 10% 的显著性水平上显著，"—"表示无数据。

从控制变量的估计结果可以看到，企业生产率（tfp）的估计系数显著为负，说明企业的生产率越高，其经营的持续时间越长，这与通常的预期是相符的，因为生产率水平可以在很大程度上体现一个企业的核心竞争力。企业规模（size）的估计系数为负且通过 1% 水平的显著性检验，表明规模越大的企业具有相对更长的持续经营期，其原因可能是大型企业往往拥有雄厚的资本、丰富的管理经验和较强的科研实力，因此，抵御外部市场不利冲击的能力往往较强。企业年龄（age）的估计系数显著为正，这表明年龄越大的企业退出市场的风险越高，这似乎与年龄越大的企业拥有越丰富的生产经营经验的特征不吻合。对此可能的解释是，尽管通常认为年龄越大的企业其生产经营经验越丰富，但年代久远的企业往往背负着更严重的财务负担以及面临着硬件、创新和激励弱化的挑战，而后者无疑会对企业的市场存活产生负面影响。此外，企业年龄与企业存活的负相关关系还可能与中国企业生存的典型特征有关。根据国家工商总局发布的《全国内资企业生存时间分析报告》，中国企业生存时间普遍较短，企业成立后 3 ~ 7 年为退出市场高发期，在此年龄段的企业死亡率较高。这就在一定程度上意味着，随着企业年龄的增加，其退出市场的风险也变大。资本密集度（klr）的估计系数在 1% 水平上显著为负，表明资本密集度越高的企业具有较低的退出市场风险，这或许与高资本密集度的企业往往拥有雄厚资本、更重视研发投入与设备更新有关。企业利润率（profit）的估计系数也显著为负，即利润率越高的企业具有更长的经营持续期，这也与通常的预期是一致的。出口密集度（exp）的估计系数未能通过常规水平的显著性检验，这反映了出口贸易还不是当前影响企业生存的重要因素。最后我们还发现，国有企业虚拟变量（state）的系数显著为正，而外资企业虚拟变量（foreign）的系数显著为负，这说明政府补贴显著缩短了国有企业的持续经营期，而延长了外资企业的持续经营期，这与逯宇铎等（2014）以及吴小康和于津平（2014）的研究结论是一致的。对这一结果的可能解释是，外资企业通常具有较高的生产效率，同时，享有较多的政策优惠与政策保护，它们在华投资的固定成本也往往比内资企业投资的固定成本更高（吴小康和于津平，2014），因此，比内资企业具有更高的市场存活率。

以上分析考察了政府补贴对企业市场存活的平均影响，但正如本书理论分析所指出的，政府补贴对企业市场存活的影响效应还可能因政府补贴强度的不同而存在差异。为了更深入地揭示政府补贴与企业市场存活之间的关系，我们在基准模型式（3-3）的基础上进一步引入政府补贴强度的异质性。具体的做法是，在那些补贴收入大于0的企业中，先用补贴收入与企业销售额的比值来衡量政府补贴强度，然后，将政府补贴强度按由小到大排序的四分位数为临界点，将这部分企业进一步划分为四种类型（SIDumρ，ρ=1，2，3，4）。其中，Subsidy×SIDum1 表示政府补贴强度最小的企业类型，Subsidy×SIDum2 和 Subsidy×SIDum3 表示中度政府补贴强度的企业类型，Subsidy×SIDum4 表示最高政府补贴强度的企业类型。为了检验不同强度政府补贴对企业市场存活的异质性影响，对式（3-3）式的基准模型进行扩展，得到：

$$\text{cloglog}(1 - h_{it}) = \varphi_0 + \sum_{\rho=1}^{4} \phi_\rho \times \text{Subsidy}_{it} \times \text{SIDum}\rho + \phi$$
$$\vec{Z}_{ijkt} + \tau_t + \nu_j + \nu_k + \nu_t + \varepsilon_{ijkt} \qquad (3-6)$$

我们可以通过比较系数 φ_ρ 来识别不同强度的政府补贴对企业市场存活的异质性影响效应。表3-2后3列报告了对式（3-6）扩展模型的估计结果。其中，第（4）列只控制企业层面的影响因素，第（5）列在此基础上控制了非观测的地区效应和年份效应，第（6）列则进一步控制了行业效应的完整回归结果。从表3-2中的第（6）列可以看到，交叉项 Subsidy×SIDum4 的估计系数为正并通过1%水平的显著性检验，表明高额度补贴提高了企业退出市场的风险，即倾向于缩短企业的经营持续时间，结合本章第二节的分析，我们认为导致这一结果的可能原因是：企业从政府获得的补贴收入是企业利润总额的一部分，如果政府给予企业高额度补贴，那么，意味着企业无须通过寻求节约生产成本和提高经营效率的途径就能获得超额利润，这显然会弱化企业进行创新的积极性，而创新激励的弱化则不利于企业的市场生存。上述作用机制将在本章第四节做更进一步检验。除此之外，其他三个交叉项的估计系数均显著为负，不过，它们的系数绝对值存在显著差异。其中，交叉项 Subsidy×SIDum1 的系数绝对值最小，这表明低额度的政府补贴对企业市场存活的促进作用较为微弱。其可能的原因是，由于企业在接受低额度的政府补贴之后，其收益增加量十分有限，难以明显地提高"以收抵支"和"偿还到期债务"的能力，因此，对企业市场存活的促进作用就较为微弱。相比较而言，适度的政府补贴显著地降低了企业退出市场的风险，进而延长了企业的经营持续时间。总体而言，以上回归结果较好地支持了第二章中的理论假说 H2-1。

　　上述估计结果中，我们使用 1998~2007 年的数据进行实证分析，出于稳健性考虑，基于 1998~2013 年的数据，使用企业劳动生产率指标（lp）替代企业的全要素生产率指标进行一组稳健性检验。具体地，我们使用工业总产值与企业就业人数的比值取对数来衡量企业劳动生产率。检验结果见表 3-3。观察表 3-3 中的估计结果，我们不难发现 Subsidy 的估计系数及其显著性均没有发生实质性变化，说明我们的估计结果较为稳健，不会受到样本时间段的限制。如果我们所在单位今后购买相关的数据，届时我们将利用最新的数据来进一步研究政府补贴与企业生存的相关问题。

表 3-3　　　　　　　使用 1998~2013 年的数据进行稳健性检验

变量名称	稳健性检验结果	变量名称	稳健性检验结果
Subsidy	-0.3042 *** (-5.83)	foreign	-0.0548 *** (-4.21)
lp	-0.0127 * (-1.79)	常数项	-0.4276 *** (-5.32)
size	-0.1426 *** (-15.82)	年份效应	Yes
age	0.0317 *** (9.31)	地区效应	Yes
klr	-0.0272 *** (-5.78)	行业效应	Yes
profit	-0.1622 *** (-6.32)	对数似然值	-60522.2
exp	0.0218 (1.31)	观察值	535835
state	0.5943 *** (13.09)	—	—

　　注：圆括号内数值为纠正了异方差后的 t 统计量；*** 、** 和 * 分别表示在 1%、5% 和 10% 的显著性水平上显著，"—" 表示无数据。

第四节　为何高额补贴抑制了企业存活：作用机制检验

　　通过上文分析，我们得到的一个有趣结论是，只有适度的政府补贴才会显著地延长企业的经营持续时间，而高额度补贴反而提高了企业退出市场的风险。那么，为何高额度补贴倾向于抑制企业的市场存活呢？下面，我们将通过构建中介效应模型对其可能的传导机制进行检验。对这一问题进行深入研究，一方面，有助于深化我们对于政府补贴与企业存活关系的认识；另一方面，可以为中国当前的政府补贴政策的优化调整提供微观基础。

中介效应模型的基本程序分三步进行：一是将因变量对基本自变量进行回归；二是将中介变量（创新密集度）对基本自变量进行回归；三是将因变量同时对基本自变量和中介变量进行回归。我们采用新产品销售额占企业总销售额的比重来衡量创新密集度（Innovation）。本章完整的中介效应模型由如下方程组构成：

$$cloglog(1 - h_{it}) = a_0 + \sum_{\rho=1}^{4} \phi_\rho \times Subsidy_{it} \times SIDum\rho + \phi \overrightarrow{Z}_{ijkt}$$

$$(3-7)$$

$$Innovation_{it} = c_0 + \sum_{\rho=1}^{4} \varphi_\rho \times Subsidy_{it} \times SIDum\rho + \varphi \overrightarrow{Z}_{ijkt} \quad (3-8)$$

$$cloglog(1 - h_{it}) = d_0 + \sum_{\rho=1}^{4} \gamma_\rho \times Subsidy_{it} \times SIDum\rho +$$

$$\kappa \times Innovation_{it} + \gamma \overrightarrow{Z}_{ijkt} \quad (3-9)$$

式（3-7）与式（3-6）相同，因此，我们将表3-2第（6）列的回归结果直接复制到表3-4第（1）列中。表3-4第（2）列是对式（3-8）和式（3-9）进行估计的结果。此外，为了稳健起见，我们将中介变量 Innovation 代入式（3-9）进行估计，结果列于表3-4第（3）列。

从表3-4第（2）列可以看出，交叉项 Subsidy × SIDum4 的估计系数显著为负，这意味着，高额度政府补贴显著地降低了企业进行创新的激励。对此可能的解释是，当企业成功地获得高额的政府补贴（表现为企业从中获得了超额利润），就会弱化企业致力于通过研发创新进而改善生产效率的方式来获取超额利润的动力。此外，我们发现，第（2）列中的其余三个交叉项的估计系数均显著为正，特别是 Subsidy × SIDum2 的系数值和 Subsidy × SIDum3 的系数值相对较大，这表明适度的政府补贴显著地激励了企业创新。这可能是由于，一方面，企业是否进行新产品创新取决于能否跨越创新的门槛条件，尤其是要有足够的资金支持，而适度的政府补贴有助于企业满足创新的门槛条件；另一方面，企业创新往往具有投资周期长、风险性高等特征（李春涛和宋敏，2010），适度的政府补贴特别是针对研发方面的补贴可以在一定程度上缓解企业遭遇创新风险的后顾之忧，增强企业家的信心（蔡卫星和高明华，2013），因此，有助于企业家克服心理压力进而加大创新强度。

表3-4第（3）列报告了因变量对基本自变量和中介变量回归的结果。可以看到，变量 Innovation 的估计系数显著为负，表明企业创新有利于提高企业经营的持续期。这与通常的预期是相符的，因为自主创新是提

高企业自身竞争力的关键，进而有创新的企业更有可能在竞争激烈的市场环境中存活下来。此外，我们还发现，与第（1）列基准的回归结果相比，在加入中介变量 Innovation［第（3）列］之后，交叉项 Subsidy × SIDum4 的估计系数值和显著性水平均出现了下降，这初步表明"创新激励"中介效应的存在，这便进一步显示，创新激励的弱化，是高额度政府补贴抑制企业市场存活的可能渠道。

为了进一步确认"创新激励"是否是高额度政府补贴抑制企业市场存活的中介变量，我们有必要对此进行更严格的检验。首先，通过检验 H_0：$\varphi_4 = 0$ 和 H_0：$\kappa = 0$，如果均受到拒绝，则说明中介效应显著，否则不显著。从表 3-4 中第（2）列 ~ 第（3）列的回归结果可以看到，Innovation 作为中介变量是显著的。接下来，我们采用第二种方法进行检验，即检验中介变量路径上的回归系数的乘积项是否显著，即检验 H_0：$\kappa\varphi_4 = 0$。如果原假设受到拒绝，表明中介效应显著，否则不显著。具体地，我们可借鉴索贝尔（Sobel，1987）的方法计算乘积项 $\kappa\varphi_4$ 的标准差：$s_{\kappa\varphi_4} = \sqrt{\hat{\kappa}^2 s_{\varphi_4}^2 + \hat{\varphi}_4^2 s_{\kappa}^2}$，其中，s 表示相应估计系数的标准差。结合表 3-4 的估计结果，可以计算得到乘积项 $\kappa\varphi_4$ 的标准差为 0.00019453，在此基础上不难得到 $Z_{\kappa\varphi_4} = 1.71$，相伴随概率小于 0.1，即在 10% 的水平上显著。

表 3-4　　　　　　　　　影响机制检验结果

变量名称	（1）	（2）	（3）
Subsidy × SIDum1	-0.0660 *** (-4.92)	0.0082 *** (3.51)	-0.0439 *** (-4.92)
Subsidy × SIDum2	-0.4484 *** (-6.21)	0.0092 *** (3.89)	-0.2987 *** (-6.20)
Subsidy × SIDum3	-0.3698 *** (-5.51)	0.0225 *** (8.11)	-0.2460 *** (-5.50)
Subsidy × SIDum4	0.1782 *** (3.12)	-0.0065 *** (-3.12)	0.0714 * (1.91)
Rscost	—		
Innovation	—	—	-0.0484 ** (-2.17)
常数项	-0.6585 *** (-7.23)	0.0210 ** (2.02)	-0.6571 *** (-7.22)
控制变量	Control	Control	Control
年份效应	Yes	Yes	Yes
地区效应	Yes	Yes	Yes
行业效应	Yes	Yes	Yes
对数似然值	-68609.5	—	-68615.1
R^2	—	0.0223	—
观察值	366132	367029	366132

注：圆括号内数值是纠正了异方差后的 t 统计量；*** 、** 和 * 分别表示在 1%、5% 和 10% 的显著性水平上显著，"—"表示无数据。

最后，我们进一步采用弗里德曼等（Freedman et al., 1992）的方法来检验"创新激励"是否是高额度政府补贴抑制企业市场存活的中介变量，具体的程序是，检验 $H_0: \varphi_4 - \gamma_4 = 0$，如果原假设受到拒绝，则说明中介效应显著，否则不显著。参照弗里德曼等（Freedman et al., 1992）的研究，$\phi_4 - \gamma_4$ 的标准差可利用 $s_{\phi_4 - \gamma_4} = \sqrt{s_{\phi_4}^2 + s_{\gamma_4}^2 - 2s_{\phi_4}s_{\gamma_4}\sqrt{1 - r^2}}$ 计算得到。其中，r 为变量 Subsidy $\times$ SIDum4 与中介变量 Innovation 的相关系数。利用表 3 - 4 的第（1）列和第（3）列的估计结果，可计算得到 $\phi_4 - \gamma_4$ 的标准差和 Z 统计量分别为 0.01515421 和 5.83。它们的相伴随概率均小于 0.01，即在 1% 的水平上显著。这就进一步验证了"创新激励"中介效应的存在性，即创新激励的弱化是高额度政府补贴抑制企业市场存活的重要渠道，理论假说 H2 - 2 在此也得到了有力的印证。

第五节　进一步研究：治理环境、政府补贴与企业生存

第四节研究的一个主要发现是，只有适度的政府补贴才能显著延长企业的经营持续时间，而高额度补贴则倾向于抑制企业的市场存活，并且，创新激励的弱化是高额度政府补贴抑制企业市场存活的重要渠道。此外，考虑到上述机制在政府治理环境较差的经济转型国家比较普遍，而在中国，不同地区的政府治理环境又存在差异。基于这一事实，本书我们进一步研究治理环境、政府补贴与企业生存之间的关系。

为了检验理论假说 H3 - 3，我们在基准模型（3 - 3）和扩展模型（3 - 6）的基础上引入治理环境变量（Institution）以及其与政府补贴的交叉项（Subsidy $\times$ Institution），将它们分别进一步扩展为如下模型：

$$
\begin{aligned}
\text{cloglog}(1 - h_{it}) = {} & \varphi_0 + \varphi_1 \text{Subsidy}_{it} + \varphi_2 \text{Subsidy}_{it} \times \text{Institution}_{kt} \\
& + \varphi_3 \text{Institution}_{kt} + \vec{\varphi}\vec{Z}_{ijkt} + \tau_t + \nu_j + \nu_k \\
& + \nu_t + \varepsilon_{ijkt}
\end{aligned} \tag{3-10}
$$

$$
\begin{aligned}
\text{cloglog}(1 - h_{it}) = {} & \varphi_0 + \sum_{\rho=1}^{4} \varphi_\rho \times \text{Subsidy}_{it} \times \text{SIDum}\rho \\
& + \sum_{\rho=1}^{4} \lambda_\rho \times \text{Subsidy}_{it} \times \text{SIDum}\rho \times \text{Institution}_{kt} \\
& + \theta \text{Institution}_{kt} + \varphi \times \vec{Z}_{ijkt} + \tau_t + \nu_j + \nu_k \\
& + \nu_t + \varepsilon_{ijkt}
\end{aligned} \tag{3-11}
$$

在式（3 - 10）和式（3 - 11）中，Institution 为治理环境变量，与既有

文献类似（如，万华林和陈信元，2010），本章将从政府干预和政府服务质量两方面进行衡量。具体而言，政府干预采用樊纲等（2010）提供的"减少政府对企业的干预"指数来表示（记为 Institution1），若该变量越大，则说明地区的治理环境越好；政府服务质量采用"与政府打交道天数"取倒数来表示（记为 Institution2），数据来自世界银行（2006）发布的《政府治理、投资环境与和谐社会：中国 120 个城市竞争力的提升》报告，若该变量取值越大则表明地区的治理环境越好。

首先，从表 3-5 第（1）列可以看到，交叉项 Subsidy × Institution 的估计系数为负并且通过 5% 水平的显著性检验，这表明，在那些政府对企业干预较少的地区，政府补贴对企业生存的促进作用就越大，即地区的治理环境强化了政府补贴对企业市场存活的改善作用。"减少政府对企业的干预"指数（Institution）的估计系数也显著为负，表明在治理环境越好的地区，企业的平均持续经营时间就越长，这与通常的预期是相符的。此外，我们还注意到，在考虑了地区的治理环境因素之后，变量 Subsidy 的估计系数绝对值比表 3-2 中的第（3）列有所下降，这恰表明一种事实，即在治理环境较差的地区，政府补贴对企业生存的影响程度较小。

进一步地，表 3-5 的第（2）列报告了考虑地区治理环境之后不同强度的政府补贴对企业市场存活的异质性影响。检验结果发现，交叉项 Subsidy × SIDum1 × Institution、Subsidy × SIDum2 × Institution 和 Subsidy × SIDum3 × Institution 的估计系数均显著为负。这表明，在政府对企业干预程度越小的地区，政府补贴对企业生存的促进作用也越强。特别地，交叉项 Subsidy × SIDum4 × Institution 的估计系数也为负且通过 5% 水平的显著性检验，这说明，在政府对企业干预程度较小的地区，高额度政府补贴也可能对企业生存产生促进作用。另外，我们还发现，在考虑地区的治理环境因素之后，变量 Subsidy × SIDum4 依然显著为正，并且系数绝对值比表 3-2 的第（6）列有较大幅度提升，这也再次印证了高额度补贴抑制企业生存的现象，主要发生在那些治理环境较差的地区。

表 3-5　　　　　　　　　　　治理环境、政府补贴与企业生存

变量名称	Institution = 减少政府对企业的干预		Institution = 政府服务质量	
	（1）	（2）	（3）	（4）
Subsidy	- 0. 2751 ***	—	- 0. 2590 ***	—
	（- 3. 34）		（- 3. 15）	
Subsidy × Institution	- 0. 0090 **	—	- 0. 2361 ***	—
	（- 2. 26）		（- 3. 70）	
Subsidy × SIDum1	—	- 0. 0537	—	- 0. 0497
		（- 1. 47）		（- 1. 34）

变量名称	Institution = 减少政府对企业的干预		Institution = 政府服务质量	
	（1）	（2）	（3）	（4）
Subsidy × SIDum2	—	−0.3313 *** （−3.47）	—	−0.3246 *** （−3.40）
Subsidy × SIDum3	—	−0.2427 （−1.47）	—	−0.2289 （−1.39）
Subsidy × SIDum4	—	0.2757 *** （4.21）	—	0.2377 * （1.86）
Subsidy × SIDum1 × Institution	—	−0.0112 ** （−2.27）	—	−0.2901 （−0.47）
Subsidy × SIDum2 × Institution	—	−0.0359 ** （−2.11）	—	−0.6682 *** （−3.05）
Subsidy × SIDum3 × Institution	—	−0.0233 * （−1.93）	—	−0.5158 ** （−2.19）
Subsidy × SIDum4 × Institution	—	−0.0082 ** （−2.18）	—	−0.2347 * （−1.92）
Institution	−0.0190 ** （−2.35）	−0.0191 ** （−2.36）	—	—
常数项	−0.5521 *** （−5.53）	−0.5606 *** （−5.62）	−0.6536 *** （−7.18）	−0.6624 *** （−7.27）
控制变量	Control	Control	Control	Control
年份效应	Yes	Yes	Yes	Yes
地区效应	Yes	Yes	Yes	Yes
行业效应	Yes	Yes	Yes	Yes
对数似然值	−68618.5	−68612.4	−68567.6	−68561.5
观察值	366132	366132	365998	365998

注：圆括号内数值为纠正了异方差后的 t 统计量；***、** 和 * 分别表示在 1%、5% 和 10% 的显著性水平上显著，"—"表示无数据。

接下来，我们从政府服务质量方面来衡量治理环境，进而对模型式（3-10）和式（3-11）重新进行估计，结果分别报告在表 3-5 最后两列。① 从表 3-5 第（3）列可以看到，交叉项 Subsidy × Institution 的估计系数显著为负，表明在政府服务质量越好的地区，政府补贴对企业生存的促进作用越大。此外，表 3-5 第（4）列的估计结果也与表 3-5 第（2）列基本类似，表明在政府服务质量越好的地区，不同额度的政府补贴对企业生存的促进作用也越强，特别是高额度补贴也能对企业生存起到一定促进作用。综合以上分析，无论是从"减少政府对企业的干预"还是从"政府

① 需要指出的是，构造政府服务质量指数的基础数据来自世界银行（2006）发布的《政府治理、投资环境与和谐社会：中国 120 个城市竞争力的提升》报告，由于该报告仅对 2005 年进行统计调查，我们构造得到的政府服务质量指数是地区层面的非时变变量，因此，在回归中会被非观测的地区效应完全吸收，这也正是表 3-5 的第（3）列和第（4）列中没有报告变量 Institution 估计结果的原因。

服务质量"方面来衡量治理环境，我们均发现，在治理环境越好的地区，政府补贴对企业生存的平均促进作用就越大，并且，高额度补贴对企业生存也能起到一定促进作用，即治理环境强化了政府补贴对企业生存的促进作用。这就较好地验证了理论假说 H3 – 3。

第六节　小　结

生存问题是每个企业需要解决的头等大事，同时，也是各级地方政府关注的焦点。近年来，为了促进企业成长和有序经营，地方政府纷纷出台相关扶持政策，特别是对企业的补贴与日俱增。本章以此为背景，利用中国工业企业数据库的相关数据系统地考察政府补贴对企业生存的微观影响。为了克服样本选择性偏差可能对研究结论带来的影响，我们先采用倾向得分匹配（PSM）方法为补贴企业（处理组）寻找到最合适的非补贴企业（控制组），在匹配样本的基础上，进一步采用离散时间 cloglog 生存模型进行估计。通过检验，我们主要有如下四点发现：第一，政府补贴在总体上降低了企业退出市场的风险，即倾向于延长企业的经营持续时间；第二，我们还考察了不同强度的政府补贴对企业生存的异质性影响，发现适度的政府补贴显著地延长了企业经营的持续期，而高额度补贴则提高了企业退出市场的风险，即倾向于抑制企业的市场存活；第三，我们进一步采用中介效应模型进行了传导机制检验，发现创新激励的弱化是高额度政府补贴抑制企业市场存活的重要渠道；第四，在治理环境越好的地区，政府补贴对企业生存的平均促进作用就越大，并且，高额度补贴对企业生存也能起到一定促进作用，即治理环境强化了政府补贴对企业生存的改善作用。此外，我们还发现，生产率越高、规模越大的企业具有更长的经营持续时间。

本章从研究视角和研究方法上丰富和拓展了政府补贴与企业生存方面的研究文献。一方面，为深入理解中国企业的市场存活问题提供新的思路；另一方面，也为事后客观评估中国政府补贴的经济效果提供了微观证据。更为重要的是，本章的研究结论具有明晰的政策含义。本章研究表明，只有适度的政府补贴才会显著地改善企业的市场存活，而高额的政府补贴则会导致企业非生产性支出的增加和创新激励的弱化，进而对企业生存产生负面影响。因此，政府制定合理的对企业的补贴政策显得尤为重要，今后的政府补贴政策可以从以下三方面进行调整：第一，政府要对企业的整体状况（如盈利情况、发展规划等）进行科学评估，以此作为是否进行补贴的依据，补贴的额度与补贴方式要与企业的现状与实际需求相挂钩；第二，补贴的资格评审机制要公开和透明，并要加强监督力度，以此切实降低不符合补贴资格的企业获得补贴这种情况的发生；第三，要对补贴企业在受补贴之后的绩效进行定期评估，并根据审核的结果决定是增加还是减少补贴力度抑或是终止补贴。此外，本章研究的另一个重要结论是，良好的地区治理环境不仅对企业生存具有直接的促进作用，而且能强化政府补贴对企业生存的改善作用。这就意味着，通过"减少政府对企业的干预"以及"提高政府服务质量"的方式来改善地区治理环境，对于促进中国企业生存和提升政府补贴的效率至关重要。

当然，本章的研究也存在一定不足。例如，在中国，目前国有企业和非国有企业获得政府支持的方式显著不同，然而，限于数据的可获得性，我们没有就此做进一步研究。在未来数据更为完善的情况下，本章的一个可拓展方向是进一步将国有企业的隐性补贴考虑进来，并深入研究国有企业与非国有企业的补贴"异质性"问题。此外，从企业生存概率角度来看，政府为了保证补贴政策的有效性，可能会偏向于向那些生存概率高的好企业给予政府补贴，从而导致逆向因果关系的内生性问题。然而遗憾的是，受计量经济学技术的限制，目前的生存分析还不能够处理内生性问题。随着计量经济学的发展与成熟，未来的一个研究方向是在考察政府补贴与企业生存的关系时应该进一步控制补贴变量的内生性问题。

第四章　政府补贴与制造业企业新产品创新

政府补贴能否激励企业新产品创新，是评价补贴效果的一个重要维度。本章以中国工业企业数据库为样本，采用基于倾向得分匹配的倍差法与生存分析方法，系统地评估了政府补贴对企业新产品创新的微观效应。实证研究发现，适度的政府补贴能显著地激励企业新产品创新，而高额度补贴却抑制了企业新产品创新。我们还进一步考察了补贴的创新激励效应在不同知识产权保护程度地区的差异，发现好的知识产权保护制度强化了政府补贴对企业新产品创新的激励作用。最后，我们还采用生存分析方法考察政府补贴对企业新产品创新持续时间的影响，发现政府补贴在总体上延长了企业新产品创新的持续时间，但主要是体现在适度补贴上，而高额度补贴则倾向于缩短企业新产品创新的持续时间。本章为中国制造业企业创新活动的动态演变提供了新的解释，同时，也为事后客观评估中国政府补贴的经济效果和完善补贴政策的设计提供了微观证据。

第一节　问题的提出

中国政府给予企业的补贴日益增加，那么，中国政府补贴的具体效果如何？特别是，政府补贴是否有助于激励中国企业进行新产品创新？众所周知，创新是国家经济增长和经济结构调整优化的动力和源泉。中国政府因此高度重视自主创新问题，明确提出了在"十二五"期间全面提高自主创新能力、建设创新型国家；十二届全国人大二次会议政府工作报告则进一步提出要把创新摆在国家发展全局的核心位置，促进科技与经济社会发展紧密结合，推动我国产业向全球价值链高端跃升。[①] 而企业正是创新的

---

① 2014 年政府工作报告全文：http：//www. npc. gov. cn/zgrdw/npc/xinwen/2014 – 03/15/content – 1855927. htm

微观主体，因此，系统地评估政府补贴对企业创新的影响效应具有重要的理论意义与现实意义。

与本章主题密切相关的第一类文献研究并评估了政府补贴的经济效果。其中，一些文献评估了政府补贴对企业出口的影响（Eckaus，2006；Görg et al.，2008；Girma et al.，2009；苏振东等，2012；施炳展等，2013），所得的研究结论基本相似，即政府补贴对企业参与出口具有积极的作用。另一些文献考察了政府补贴与企业生产率之间的关系（Harris and Robinson，2004；Bernini and Pellegrini，2011；邵敏和包群，2012），并未发现补贴会带来企业生产率的显著提高。特别是贝尔尼尼和佩列格里尼（Bernini and Pellegrini，2011）对意大利企业的研究发现，政府补贴反而减缓了企业生产率的增长。此外，刘海洋等（2012）研究了政府补贴对中国工业企业购买行为的影响，采用倾向得分匹配方法进行检验发现，受补贴企业比未受补贴企业具有更高的平均购买成本。这意味着，政府补贴会引致中国工业企业的过度购买，进而产生社会资源的非合理配置。任曙明和张静（2013）还采用倾向得分匹配法专门考察了政府补贴对中国装备制造业企业加成率的影响，发现政府补贴显著地降低了企业加成率，即政府补贴抑制了装备制造企业竞争力的提升。

与本章相关的第二类文献研究了企业创新的影响因素。大量的文献检验了企业规模与企业创新之间的关系。卡特拉（Katrak，1994）发现企业规模越小，其创新越活跃。盖尔（Gayle，2001）对美国的研究结果则表明，企业规模与企业创新之间显著正相关。而阿吉翁等（Aghion et al.，2005）、聂辉华等（2008）的研究则进一步指出，企业规模与企业创新之间存在倒"U"形关系。此外，还有文献分别从企业所有制（Falk and Falk，2006；吴延兵，2012；李春涛和宋敏，2010）、全球化（王红领等，2006；Gorodnichenko et al.，2008；王华等，2010）、融资约束（Brown et al.，2012；张杰等，2012）、要素市场扭曲（张杰等，2011）等视角，对企业创新问题进行了较为深入的研究。上述文献为企业创新的影响因素提供了广泛的证据，但不足之处在于鲜有文献关注并在实证研究中控制政府补贴对企业创新的可能影响，特别是针对中国企业的研究，如果不对政府补贴这一政策因素加以控制，那么，所得的结论将可能是有偏的。

近期，学者们也开始逐步关注政府补贴与企业创新之间的关系。格尔克和施特罗布尔（Görg and Strobl，2007）利用爱尔兰制造业层面的数据进行实证研究发现，政府补贴与企业创新之间的关系因企业所有制的不同而存在差异，即政府补贴对内资企业研发投入具有显著的影响，但对外资企业则没有显著的影响。冈萨雷斯和帕多（González and Pazó，2008）基于西班牙制造业企业数据，采用配对方法实证检验了政府补贴对企业研发投入的影响，在研究中区分了企业规模的大小和所在行业技术水平的高低，结果发现，政府补贴对规模较小的企业以及处于低技术水平行业中企业的研发投入具有更明显的促进作用。比以上两篇文献更进一步的是，卡托塞拉和维瓦雷利（Catozzella and Vivarelli，2011）不仅考察了政府补贴对企业研发投入的影响，而且研究了其对研发产出的影响。该文献对意大利企业的研究表明，政府补贴显著地提高了企业的研发投入，但并未明显提高其创新产出。中文文献针对政府补贴对企业创新的影响进行了一定研究。安同良等（2009）构建了企业与研发补贴政策制定者之间的动态不对称信息博弈模型，以此考察企业获取研发补贴的策略性行为及研发补贴的激励效应。通过理论分析发现，当存在信息不对称且用于原始创新的专用性人力资本价格较为廉价时，针对原始创新的补贴将会产生逆向激励作用。但相比之下，更多的文献则是从实证上考察政府补贴对企业创新的影响。例如，陈林和朱卫平（2008）利用 2002～2008 年的月度数据，采用时间序列分析方法进行实证检验发现，政府补贴没有显著地提高创新产出。王俊（2010）利用 1996～2007 年制造业行业层面数据，采用面板数据模型研究得到，政府补贴对企业研发投入具有显著的激励作用，但对研发产出没有影响。该结论与卡托塞拉和维瓦雷利（Catozzella and Vivarelli，2011）的研究结论具有相似之处。与王俊（2010）所用的行业样本不同，樊琦和韩民春（2011）利用中国省级面板数据实证检验了政府补贴对区域创新产出的影响，结果认为，政府补贴对区域创新产出具有显著的影响，并且，对经济相对发达地区和科研基础较好地区的创新产出的影响更大。

本章的研究建立在以上文献基础之上，但在研究方法和研究视角上有本质不同。概括起来，本章可能在以下四个方面丰富和深化了已有研究：第一，目前，在评估政府补贴对中国企业创新的影响时，基本上利用宏观层面的加总数据（如时间序列数据、行业层面或地区层面面板数据），进而采用普通最小二乘法（OLS）进行估计。这不可避免地会产生样本选择偏差问题和内生性偏差问题。而本章则是以中国工业企业数据库为样本，采用基于倾向得分匹配的倍差法（PSM-DID）进行研究，较好地处理和控制了样本选择偏差问题和内生性问题，所得结论具有稳健性和可信性。第二，尽管部分外文文献与本章采用的估计方法较为类似，但他们在研究中并没有区分不同强度的政府补贴对企业创新影响的差异性。本章不仅考察了政府补贴对企业新产品创新的平均影响效应，而且，评估了不同强度的政府补贴对企业新产品创新的激励效应，发现适度的政府补贴显著激励了企业新产品创新，而高额度补贴却抑制了企业的新产品创新。第三，本章基于中国知识产权保护制度存在显著的地区差异的特征性事实，进一步研究了知识产权保护对政府补贴的创新激励效应的影响。结果表明，好的知识产权保护制度不仅对企业新产品创新具有直接的促进作用，而且，强化了政府补贴对企业新产品创新的激励效应。这一点是之前的同类研究忽略的。第四，本章在有关政府补贴与企业创新问题的研究中，首次引入基于倾向得分匹配的生存分析模型，考察了政府补贴对企业新产品创新持续时间的影响，从而丰富和拓展了这类文献的研究视角。总而言之，本章为中国制造业企业创新活动的动态演变提供了新的解释。

第二节　数据、方法与影响机理

一、数　据

为了提高样本可靠性，我们借鉴勃兰特等（Brandt et al.，2012）的做法，将1998～2007年共10年的横截面数据合并成面板数据集，即根据企业的法人代码、企业名称、电话号码、地址等信息对不同年份企业进行识别，然后再进行合并。① 与现有中外文文献保持一致，我们选取其中的制造业进行研究，即在原始样本中删除采矿业，电力、燃气及水的生产和供应业数据。此外，我们还对样本数据进行了如下处理。第一，中国在2002年颁布了新的《国民经济行业分类》并于2003年开始正式实施，为了统一口径，我们依照新的行业标准对1998～2002年企业的行业代码进行了重新调整。第二，考虑到工业企业数据库中一些关键性指标的原始数据在统计上存在缺漏值或错误记录，我们对数据进行以下筛选：（1）删除新产品销售额存在缺漏值或负值的企业样本；（2）删除雇员人数小于10的企业样本；（3）删除出口交货值存在缺漏值或负值的企业样本；（4）删除工业增加值、中间投入额、从业人员年平均人数、固定资产净值年平均余额以及固定资产中任何一项存在缺漏值、零值或负值的企业样本；（5）删除企业销售额、平均工资存在缺漏值、零值或负值的企业样本；（6）删除1949年之前成立的企业样本，同时，删除企业年龄小于0的企业样本。

---

① 具体的方法和程序，可进一步参照勃兰特等（Brandt et al.，2012）的研究。

二、研究方法

本章的目的旨在评估政府补贴对企业新产品创新的影响效应，即揭示政府补贴与企业新产品创新之间是否存在实际因果关系。然而，在现实中，企业是否获得政府补贴可能是非随机的。这主要是基于以下考虑：一方面，政府补贴会受到企业自身创新活动的影响，即政府可能出于扶持企业创新的考虑而加大对其补贴力度；另一方面，政府补贴与企业创新决策还可能受其他因素（如，企业利润率、规模大小等）的共同影响。因此，采用 OLS 方法进行研究将会产生选择性偏差（selection bias）问题和混合性偏差（confounding bias）问题。在本章中，最理想的方法是通过比较一家受到补贴的企业在"补贴"情况下与"非补贴"情况下的新产品创新行为之间的差异，以便排除其他企业特征因素的影响，进而揭示出政府补贴对企业新产品创新的实际效应。但在实际中，我们无法观测到受到政府补贴的企业在"非补贴"情况下是否会进行创新活动，因为这种情况是反事实的（counterfactual）。

幸运的是，由赫克曼等（Heckman et al.，1997）提出的倾向得分匹配方法（propensity score matching，PSM）为处理上述问题提供了可能。其基本思想是，构建一个与补贴企业（即处理组）在受到政府补贴之前的主要特征尽可能相似的非补贴企业组（即对照组），然后，将处理组中企业与对照组中企业进行匹配，使匹配后两个样本组的配对企业之间仅在是否受政府补贴方面有所不同，而其他方面相同或十分相似，接下来，就可以用匹配后的对照组来最大限度地近似替代处理组的"反事实"，最后，比较在处理组企业受到政府补贴后两组企业新产品创新行为之间的差异，由此来确定政府补贴与企业新产品创新之间的因果关系。

首先，我们将样本分为两组，一组是受到政府补贴的企业（处理组），另一组是从未受到政府补贴的企业（对照组）。为了简单起见，我们构造一个二元虚拟变量 $Subsidy_i = \{0, 1\}$，当企业 i 为补贴企业时，$Subsidy_i$ 取值为 1，否则，取值为 0；另外，我们还构造二元虚拟变量 $After_t = \{0, 1\}$，其中，$After_t = 0$ 和 $After_t = 1$ 分别表示企业受到政府补贴前时期、后时期。定义 $innov_{it}$ 为企业 i 在 t 期的创新密集度，[①] 是我们关注的结果变量。进一步地，令 $\Delta innov_{it}$ 表示企业 i 的创新密集度在 $After_t = 0$ 和 $After_t = 1$ 两个时期的变化量。为了清晰起见，我们将补贴企业在两个时期的创新密集

---

① 与既有文献类似，用新产品销售额占企业总销售额的比重来衡量。

度变化量表示为 $\Delta innov_{it}^1$，而将非补贴企业在两个时期的创新密集度变化量表示为 $\Delta innov_{it}^0$。据此，企业 i 在受到政府补贴和没有受到政府补贴两种状态下的新产品创新行为差异（即处理组企业的平均处理效应，ATT），可用式（4-1）表示：

$$\lambda = E(\lambda_i \mid Subsidy_i = 1) = E(\Delta innov_{it}^1 \mid Subsidy_i = 1) - $$
$$E(\Delta innov_{it}^0 \mid Subsidy_i = 1) \qquad (4-1)$$

但在式（4-1）中，$E(\Delta innov_{it}^0 \mid Subsidy_i = 1)$ 表示补贴企业 i 在没有受到政府补贴情况下的新产品创新量，由上文可知，这是一种"反事实"。为了实现对式（4-1）的估计，我们采用最近邻匹配（nearest neighbor matching）为处理组（补贴企业）寻找相近的对照组（非补贴企业）。需要说明的是，选取匹配变量是进行最近邻匹配的必经步骤，根据既有理论与经验研究文献，我们选取的匹配向量 X_{it-1} 主要包括以下变量：企业生产率（tfp），采用阿克贝里等（Ackerberg et al.，2015）的分析框架来测算企业全要素生产率，以更有效地处理潜在的内生性问题和样本选择偏差，还借鉴余淼杰等（2018）的做法，在计算生产率时考虑产能利用率的调整偏误；[①] 企业规模（size），采用企业销售额取对数来衡量，这里企业销售额采用以 1998 年为基期的工业品出厂价格指数进行平减；企业年龄（age），用当年年份与企业开业年份的差来衡量；资本密集度（klr），用固定资产与从业人员数的比值取对数来衡量，其中，固定资产使用以 1998 年为基期的固定资产投资价格指数进行平减处理；企业利润率（profit），用营业利润与企业销售额的比值来衡量；融资约束（finance），采用利息支出与固定资产的比值来衡量，如果该值越大则表明，企业面临的融资约束程度越小；出口密集度（exp），用出口交货值与企业销售额的比值来衡量；国有企业虚拟变量（state）和外资企业虚拟变量（foreign）用来反映企业的所有制结构特征；此外，我们还在匹配变量向量中加入创新密集度因素（innov）以确保处理组企业和对照组企业在新产品创新行为上没有系统性差异，采用新产品销售额占企业总销售额的比重来衡量。接下来，我们采用 logit 方法估计如下模型：

$$P = Pr\{Subsidy_{it} = 1\} = \Phi\{X_{it-1}\} \qquad (4-2)$$

对式（4-2）进行估计后，可以得到概率预测值 $\hat{p}$，为方便起见，我

---

① 在这里，没有给出测算企业生产率的具体步骤，感兴趣的读者可以向笔者索取。此外，我们还采用 OP 法进行了相应的稳健性检验，结果如需备索。

们用 $\hat{p}_i$ 和 $\hat{p}_j$ 分别表示处理组、对照组的概率预测值（倾向得分），最近邻匹配的原则可表示为：

$$\Omega(i) = \min_j \| \hat{p}_i - \hat{p}_j \|, \ j \in (\text{Subsidy} = 0) \qquad (4-3)$$

在式（4-3）中，Ω（i）表示与处理组企业相对应的来自对照组企业的匹配集合，并且，对于每个处理组 i，仅有唯一的对照组 j 落入集合 Ω（i）。

经过上述最近邻匹配之后，就可以得到与处理组企业相配对的对照组企业集合 Ω（i），它们的新产品创新变化量 $E(\Delta \text{innov}_{it}^0 \mid \text{Subsidy}_i = 0, \ i \in \Omega(i))$ 可作为 $E(\Delta \text{innov}_{it}^0 \mid \text{Subsidy}_i = 1)$ 的较好的替代。因此，式（4-3）转化为：

$$\lambda = E(\lambda_i \mid \text{Subsidy}_i = 1) = E(\Delta \text{innov}_{it}^1 \mid \text{Subsidy}_i = 1)$$
$$- E(\Delta \text{innov}_{it}^0 \mid \text{Subsidy}_i = 0, i \in \Omega(i)) \qquad (4-4)$$

更进一步地，式（4-4）的一个等价性的可用于实证检验的表述为[①]：

$$\text{innov}_{it} = \alpha + \beta_1 \times \text{Subsidy}_{it} + \beta_2 \times \text{After}_{it} + \delta \times \text{Subsidy}_{it} \times \text{After}_{it} + \varepsilon_{it}$$
$$(4-5)$$

在式（4-5）中，二元虚拟变量 Subsidy 取 1 时，表示受到政府补贴的企业，即处理组；二元虚拟变量 Subsidy 取 0 时，表示与处理组相配对的非补贴企业，即配对后的对照组。下标 i、t 分别表示企业和年份，innov 表示企业新产品创新密集度，ε_{it} 表示随机扰动项。交叉项 Subsidy × After 的估计系数 δ 刻画了政府补贴对企业新产品创新的因果影响。如果估计得到 $\hat{\delta} > 0$，则意味着，在接受政府补贴前后，处理组企业的创新密集度的增长幅度大于对照组企业，即政府补贴激励了企业新产品创新。

需要指出的是，计量模型（4-5）的倍差法估计结果，可能会受遗漏变量的干扰，为了稳健起见，我们还在式（4-5）的基础上进一步引入影响结果变量 innov 的其他控制变量集合 $\vec{Z}_{it}$，具体包括企业生产率（tfp）、企业规模（size）、企业年龄（age）、资本密集度（klr）、企业利润率（profit）、融资约束（finance）、出口密集度（exp）、国有企业虚拟变量（state）和外资企业虚拟变量（foreign）。此外，我们还控制了非观测的行业特征 ν_j 和非观测的地区特征 ν_k。因此，本章将最终用于估计的倍差法模型设定为：

$$\text{innov}_{it} = \alpha + \beta_1 \times \text{Subsidy}_{it} + \beta_2 \times \text{After}_{it} + \delta \times \text{Subsidy}_{it}$$
$$\times \text{After}_{it} + \beta \vec{Z}_{it} + \nu_j + \nu_k + \varepsilon_{it} \qquad (4-6)$$

---

① 实际上，式（4-5）中的参数 δ 刻画了政府补贴对企业创新的实际影响，即式（4-4）中的 λ。限于篇幅，没有给出相应的证明过程，感兴趣的读者可以向笔者索取。

第三节 估计结果与分析

一、基准回归结果

为了确保本企业倾向得分匹配结果的准确性和可靠性，我们的匹配变量需要满足匹配平衡性条件，即 $Subsidy_i \perp X_i | P(X_i)$。表 4-1 汇报了 2000 年处理组与对照组企业匹配变量的平衡性检验结果。[①] 观察表 4-1 不难发现，本企业选择的匹配变量在匹配后其 t 统计量的相伴概率均大于 10%，即处理组企业与对照组企业在样本匹配后，其在匹配变量方面不存在显著差异。此外，表 4-1 中的结果表明，各匹配变量匹配后的标准偏差绝对值几乎都小于 5%，按照罗森鲍姆和鲁宾（Rosenbaum and Rubin，1985）设置的 20% 的标准值，可以认为本章的匹配效果较好。整体来看，这里的样本匹配满足了平衡性假设，即本章选择的匹配变量、匹配方法是合适的。

表 4-1　　　　　　　　　　匹配变量的平衡性检验结果

变量名称	处理	均值		标准偏差（%）	标准偏差减少幅度（%）	t 统计量	t 检验相伴概率
		处理组企业	对照组企业				
tfp	匹配前	5.354	5.144	16.2	97.9	11.62	0
	匹配后	5.354	5.358	−0.3		−0.18	0.861
size	匹配前	9.764	9.326	30.6	99.4	22.41	0
	匹配后	9.764	9.761	0.2		0.09	0.928
age	匹配前	15.536	13.572	14.5	97.0	10.52	0
	匹配后	15.536	15.595	−0.4		−0.22	0.827
klr	匹配前	3.431	3.163	21.9	97.1	15.18	0
	匹配后	3.431	3.439	−0.6		−0.33	0.738
profit	匹配前	−0.048	−0.070	0.9	1.9	0.51	0.612
	匹配后	−0.048	−0.028	−0.9		−1.34	0.182
finance	匹配前	0.071	0.082	−7.2	65.3	−4.48	0
	匹配后	0.071	0.067	2.5		1.54	0.125
exp	匹配前	0.182	0.152	8.8	99.1	6.31	0
	匹配后	0.182	0.181	0.1		0.04	0.968
state	匹配前	0.281	0.237	10.0	83.3	7.22	0
	匹配后	0.281	0.288	−1.7		−0.84	0.402

---

① 我们也检验了其余年份处理组与对照组在配对前后主要指标的变化情况，发现均得到了可靠的配对效果。

变量名称	处理	均值		标准偏差（%）	标准偏差减少幅度（%）	t 统计量	t 检验相伴概率
		处理组企业	对照组企业				
foreign	匹配前	0.194	0.177	4.5	82.7	3.20	0.001
	匹配后	0.194	0.197	−0.8		−0.39	0.696
innov	匹配前	0.080	0.032	2.9	59.3	4.33	0
	匹配后	0.080	0.061	1.2		0.51	0.612

注：表中数据由笔者根据中国工业企业数据库相关数据计算整理而得。

在进行配对之后，我们对式（4-6）的基准模型进行估计，结果如表
4-2所示。在表4-2的第（1）列中，我们没有加入任何控制变量，结果
显示，变量 Subsidy 的估计系数显著为正，表明初始年份处理组企业的创
新密集度明显高于对照组企业；变量 After 的估计系数为正但并不显著，意
味着无论是处理组企业还是对照组企业，其创新密集度随时间的变化趋势
不明显；交叉项 Subsidy × After 是我们最感兴趣的，反映了政府补贴对企
业新产品创新的因果效应，我们发现其估计系数为正但没有通过常规水平
的显著性检验。这初步表明，政府补贴在总体上并没有显著地激励企业进
行新产品创新。我们在第（2）列中控制企业特征变量，第（3）列和第
（4）列在此基础上进一步控制地区效应和行业效应，结果显示，交叉项
Subsidy × After 的估计系数都没有通过 10% 水平的显著性检验。这就再次
表明，当前政府补贴对中国企业新产品创新的激励作用在总体上是不明显
的。对此可能的解释是，正如本书理论分析所指出的，政府补贴对企业新
产品创新的影响与补贴额度的高低有关，而不同额度政府补贴的影响会相
互抵销，结果导致政府补贴对企业新产品创新的平均效应不显著。接下
来，我们将转向考察不同额度政府补贴对企业新产品创新的影响。

表4-2　　　　　政府补贴与企业新产品创新的基准回归结果

变量名称	（1）	（2）	（3）	（4）
Subsidy	0.0229 ***	0.0215 ***	0.0215 ***	0.0213 **
	(3.37)	(2.69)	(2.61)	(2.50)
After	0.0013	−0.0019	−0.0010	−0.0014
	(1.25)	(−1.20)	(−0.52)	(−0.95)
Subsidy × After	0.0024	0.0018	0.0015	0.0021
	(0.35)	(0.31)	(0.26)	(0.40)
tfp	—	0.0130	0.0140	0.0326 *
		(1.34)	(1.47)	(1.75)
size		−0.0066	−0.0072	−0.0201
		(−0.41)	(−0.44)	(−0.89)
age	—	0.0005 ***	0.0006 ***	0.0006 ***
		(8.53)	(9.08)	(4.84)

变量名称	（1）	（2）	（3）	（4）
klr	—	0.0116 ** (2.21)	0.0115 ** (2.11)	0.0129 ** (2.28)
profit	—	− 0.0006 (− 0.71)	− 0.0006 (− 0.71)	− 0.0006 (− 0.71)
finance	—	0.0241 ** (2.46)	0.0216 ** (2.17)	0.0225 * * (2.55)
exp	—	0.0161 ** (2.35)	0.0186 ** (2.15)	0.0206 *** (2.71)
state	—	0.0149 * (1.88)	0.0167 ** (2.29)	0.0186 ** (2.45)
foreign	—	− 0.0117 *** (− 8.62)	− 0.0060 *** (− 4.00)	− 0.0117 *** (− 12.54)
常数项	0.0335 *** (35.15)	− 0.0227 (− 0.26)	0.0560 (0.60)	0.0635 (0.48)
地区效应	No	No	Yes	Yes
行业效应	No	No	No	Yes
R^2	0.0001	0.0004	0.0007	0.0011
观测值	698224	697683	697683	697683

注：圆括号内数值为纠正了异方差后的 t 统计量；***、** 和 * 分别表示在 1%、5% 和 10% 的显著性水平上显著，"—"表示无数据。

二、政府补贴异质性对企业新产品创新的影响

在基准回归中，我们把有补贴收入的企业都归结为处理组（即 Subsidy$_i$ = 1），而没有对补贴收入的多少加以区分，以此为基础得到的结果只是反映了政府补贴对企业新产品创新的平均效应。根据本书的理论分析可知，补贴对企业新产品创新的影响效应还可能与企业所接受的政府补贴额度的大小有关。为了更深入地考察政府补贴与企业新产品创新之间的关系，我们在基准模型的基础上进一步考虑政府补贴的异质性。具体地，在补贴收入为正的企业中，我们先用补贴收入与企业销售额的比值来衡量政府补贴强度，然后，将补贴强度按由低到高排序的四分位数为临界点，将这部分企业进一步划分为四种类型（SIDumτ_i，τ = 1，2，3，4）。据此，Subsidy × SIDum1 表示最低补贴强度的处理组，Subsidy × SIDum2 和 Subsidy × SIDum3 表示中等补贴强度的处理组，Subsidy × SIDum4 表示最高补贴强度的处理组。为了检验政府补贴异质性对企业新产品创新的影响，将式（4 - 6）的基准模型拓展为：

$$innov_{it} = \alpha + \beta_1 \times Subsidy_{it} + \beta_2 \times After_{it} + \sum_{\tau=1}^{4} \delta_\tau \times Subsidy_{it}$$
$$\times SIDum_\tau \times After_{it} + \beta \vec{Z}_{it} + \nu_j + \nu_k + \varepsilon_{it} \quad (4-7)$$

我们可以通过比较系数 δ_τ（$\tau = 1$，2，3，4）来识别不同强度的政府补贴对企业新产品创新的异质性影响效应。对式（4-7）的结果报告在表4-3中。其中，表4-3的第（1）列没有加入任何控制变量，第（2）列控制了企业特征变量，第（3）列和第（4）列在此基础上进一步控制了地区效应和行业效应。我们发现，除了交叉项 Subsidy × SIDum1 × After 的显著性水平出现下降之外，其余变量的系数符号和显著性水平没有发生根本性改变。这说明，本章的回归结果具有较好的稳健性。

接下来，我们以表4-3的第（4）列最完整的回归结果为例，进行简要分析。从中可以看到，交叉项 Subsidy × SIDum1 × After 的估计系数为正，但不具有统计意义上的显著性。这表明，低额度的政府补贴对企业新产品创新的激励作用并不明显。其可能的原因是，企业进行新产品创新需要跨越一定门槛条件（Bustos，2011）。比如，需要拥有足够的资金以购买设备以及支付科研人员的报酬等，而受到政府的低额度补贴之后，企业可能仍然无法跨越新产品创新所需的门槛条件，因此，低额度补贴未能对企业新产品创新产生明显的激励作用。交叉项 Subsidy × SIDum2 × After 和 Subsidy × SIDum3 × After 的估计系数均为正并且都通过了 1% 水平的显著性检验。这表明，中等的政府补贴显著地促进了企业新产品创新。对此可能的解释是：一方面，正如前文分析所提到的，企业是否进行新产品创新取决于能否跨越创新的门槛条件，尤其是要有足够的资金支持，而适度的政府补贴有助于企业满足创新的门槛条件，进而做出新产品创新决策；另一方面，企业创新往往具有投资周期长、风险性高等特征（李春涛和宋敏，2010），因此，企业家在做是否进行新产品创新或是否加大创新力度的决策时是持非常谨慎态度的。而适度的政府补贴特别是针对研发方面的补贴可以在一定程度上缓解企业创新遭遇风险的后顾之忧，对于增强企业家信心具有重要的作用（蔡卫星和高明华，2013）。因此，适度的政府补贴有助于企业家克服心理压力，加大创新强度。

有趣的是，交叉项 Subsidy × SIDum4 × After 的估计系数为负，并且通过了 5% 水平的显著性检验。这就意味着，高额度补贴非但不能对企业新产品创新产生激励作用，反而显著降低了企业新产品创新。结合本章第二节的分析，我们认为导致高额度补贴与企业新产品创新之间负相关关系的可能原因是：企业从政府获得的补贴收入是企业利润总额的一部分，如果政府给予企业高额度补贴，那么，意味着企业无须通过寻求节约生产成本和提高经营效率的途径就能获得超额利润，这显然会降低企业进行新产品创新的积极性。总体而言，表4-3的估计结果与第二章中的理论假说 H2-4 相吻合。

表4-3 政府补贴异质性对企业新产品创新的影响

变量名称	（1）	（2）	（3）	（4）
Subsidy	0.0195***	0.0182***	0.0187***	0.0188***
	（4.59）	（3.25）	（3.19）	（3.05）
After	−0.0025	−0.0057***	−0.0043***	−0.0043**
	（−0.84）	（−3.50）	（−3.17）	（−2.43）
Subsidy × SIDum1 × After	0.0181*	0.0199	0.0177	0.0173
	（1.76）	（0.96）	（0.63）	（0.22）
Subsidy × SIDum2 × After	0.0209***	0.0225***	0.0203***	0.0195***
	（6.72）	（12.69）	（9.43）	（8.47）
Subsidy × SIDum3 × After	0.0216***	0.0196***	0.0178***	0.0158***
	（7.02）	（7.66）	（7.36）	（6.95）
Subsidy × SIDum4 × After	−0.0017***	−0.0067***	−0.0080***	−0.0052**
	（−2.88）	（−2.78）	（−2.67）	（−2.49）
tfp	—	0.0132	0.0142	0.0327*
		（1.35）	（1.48）	（1.75）
size	—	−0.0072	−0.0078	−0.0207
		（−0.44）	（−0.47）	（−0.90）
age	—	0.0005***	0.0006***	0.0007***
		（9.02）	（9.53）	（4.92）
klr	—	0.0116**	0.0116**	0.0129**
		（2.20）	（2.10）	（2.28）
profit	—	−0.0006	−0.0006	−0.0006
		（−0.71）	（−0.71）	（−0.71）
finance	—	0.0237**	0.0215**	0.0224**
		（2.43）	（2.16）	（2.54）
exp	—	0.0150**	0.0178**	0.0199***
		（2.33）	（2.14）	（2.73）
state	—	0.0150*	0.0166**	0.0185**
		（1.93）	（2.29）	（2.45）
foreign	—	−0.0115***	−0.0060***	−0.0117***
		（−9.73）	（−4.60）	（−13.31）
常数项	0.0354***	−0.0158	0.0629	0.0696
	（21.89）	（−0.17）	（0.65）	（0.51）
地区效应	No	No	Yes	Yes
行业效应	No	No	No	Yes
R^2	0.0001	0.0004	0.0007	0.0011
观测值	698224	697683	697683	697683

注：圆括号内数值为纠正了异方差后的t统计量；***、**和*分别表示在1%、5%和10%的显著性水平上显著，"—"表示无数据。

三、政府补贴、知识产权保护与企业新产品创新

前文在考察政府补贴对企业新产品创新的影响效应时，均没有考虑地区知识产权保护的差异。而知识产权保护程度对于企业能否得到合理的研

发回报具有至关重要的作用（史宇鹏等，2013），因此，可能会进一步影响政府补贴对企业新产品创新的激励效应。接下来，我们在上文分析的基础上，进一步纳入知识产权保护程度因素以检验政府补贴的新产品创新激励效应在不同的知识产权保护地区是否存在显著差异。本章采用樊纲等（2010）提供的"知识产权保护"指数，来衡量地区的知识产权保护程度（用 Property 表示）。

具体而言，我们在式（4-6）的基础上进一步纳入知识产权保护指数以及其与 Subsidy × After 的交叉项；另外，为了检验异质性补贴的新产品创新激励效应在不同的知识产权保护地区是否存在差异，我们在式（4-7）的基础上进一步加入知识产权保护指数以及其与 Subsidy × SIDum$_\tau$ × After 的交叉项。考虑到地区知识产权保护程度之后的估计结果，反映在表4-4中。从表4-4中的第（1）列可以看到，知识产权保护指数（Property）的估计系数显著为正，表明在知识产权保护越完善的地区，企业会进行更多的创新活动，这与通常的预期是相符的。交叉项 Subsidy × After × Property 的系数为正并且通过1%水平的显著性检验。这表明，在那些知识产权保护制度较好的地区，政府补贴对企业新产品创新产生了显著的激励效应。另外，我们还注意到，在考虑知识产权保护因素之后，Subsidy × After 的估计系数变成显著为负。这就意味着，在那些知识产权保护制度较差的地区，政府补贴反而降低了企业新产品创新的激励。对此可能的解释是，在知识产权保护制度不完善的地区，无法保证企业可以得到合理的研发回报，因此企业往往不愿意通过自主创新来提高企业经营效率或降低生产成本。

表4-4的第（2）列报告了异质性补贴与知识产权保护对企业新产品创新的影响。检验结果发现，交叉项 Subsidy × SIDum1 × After × Property、Subsidy × SIDum2 × After × Property 以及 Subsidy × SIDum3 × After × Property 的估计系数均显著为正。这表明，在知识产权保护制度较完善的地区，不同额度的政府补贴对企业新产品创新都起到了一定的激励作用；进一步地，我们还发现，交叉项 Subsidy × SIDum4 × After × Property 的估计系数为正，但并不显著，表明在知识产权保护制度较为完善的地区，高额度补贴并没有显著地降低企业的新产品创新激励，而是起到微弱的促进作用。这就进一步证明，高额度补贴对企业新产品创新的抑制作用主要是发生在那些知识产权保护制度较差的地区。表4-4第（2）列中交叉项 Subsidy × SIDum4 × After 的系数显著为负，便证明了这一点。因此，表4-4的估计结果与第二章中理论假说 H2-5 在总体上是一致的，即知识产权保护强化了政府补贴对企业新产品创新的激励效应。

表 4 - 4　　　　　政府补贴、知识产权保护与企业新产品创新

变量名称	（1）	（2）
Subsidy	0. 0213 **	0. 0189 ***
	（2. 49）	（3. 05）
After	− 0. 0009	− 0. 0038 **
	（− 0. 63）	（− 2. 10）
Subsidy × After	− 0. 0141 **	—
	（− 2. 06）	
Subsidy × After × Property	0. 0030 ***	—
	（6. 62）	
Subsidy × SIDum1 × After	—	0. 0086
		（1. 25）
Subsidy × SIDum2 × After	—	0. 0151
		（0. 89）
Subsidy × SIDum3 × After	—	0. 0103 **
		（2. 28）
Subsidy × SIDum4 × After	—	− 0. 0140 ***
		（− 4. 49）
Subsidy × SIDum1 × After × Property	—	0. 0011 *
		（1. 76）
Subsidy × SIDum2 × After × Property	—	0. 0018 ***
		（3. 71）
Subsidy × SIDum3 × After × Property	—	0. 0035 ***
		（5. 89）
Subsidy × SIDum4 × After × Property	—	0. 0023
		（0. 28）
Property	0. 0025 ***	0. 0022 ***
	（6. 51）	（5. 51）
常数项	0. 0763	0. 0808
	（0. 58）	（0. 60）
控制变量	Control	Control
地区效应	Yes	Yes
行业效应	Yes	Yes
R^2	0. 0011	0. 0011
观测值	697622	697622

注：圆括号内数值为纠正了异方差后的 t 统计量；*** 、** 和 * 分别表示在 1%、5% 和 10% 的显著性水平上显著，"—"表示无数据；限于篇幅，表中未详细列出控制变量的估计结果。

第四节　进一步分析：政府补贴与企业新产品创新持续时间

上文细致地考察了政府补贴对企业新产品创新的因果效应，发现适度

的政府补贴显著地激励了企业新产品创新，而高额度补贴却显著地降低了企业新产品创新。另外，知识产权保护制度强化了政府补贴对企业新产品创新的激励作用。但这些分析都没有涉及企业新产品创新持续时间的长短。我们特别感兴趣的另一个问题是，对于那些事前有创新活动的企业，政府补贴对其新产品创新持续时间究竟有何影响？接下来，我们将采用生存分析模型进一步研究政府补贴对企业新产品创新持续时间的影响。

我们定义企业新产品创新持续时间为某个企业从有创新活动直至终止创新活动所经历的时间长度（在本章中的单位为年）。为了避免因企业进入市场行为、退出市场行为对企业新产品创新持续时间产生干扰，我们选取在 1998 ~ 2007 年持续经营的企业作为分析样本。企业终止创新活动被称为"风险事件"，在本章中是指企业的创新产出（新产品销售额）为 0。需要注意的是，如果直接采用 1998 ~ 2007 年样本数据进行生存分析，将面临数据左侧删失（left censoring）问题和右侧删失（right censoring）问题。特别是当忽略左侧删失问题时，将倾向于低估企业新产品创新的持续时间。我们的处理方法是删除左侧删失的样本，即只选取在 1998 年没有新产品创新活动但在 1999 ~ 2007 年有新产品创新活动的企业作为最后的分析样本。另外，对于右侧删失问题，可以在生存分析方法中得到合理解决（陈勇兵等，2012）。

在生存分析方法中，常用生存函数（survivor function）来描述生存时间的分布特征。根据既有研究文献，我们将企业新产品创新的生存函数定义为企业在样本中新产品创新持续时间超过 t 年的概率，表示为：

$$S(t) = Pr(T > t) = \prod_{k=1}^{t} (1 - h_k) \qquad (4-8)$$

在式（4-8）中，T 表示企业保持创新状态的时间长度，h_k 为风险函数，表示企业在第 t-1 期有创新活动的条件下，在第 t 期终止创新活动的概率。进一步地，生存函数的非参数估计通常由 Kaplan-Meier 乘积项的方式给出：

$$\hat{S}(t) = \prod_{k=1}^{t} [(N_k - D_k)/N_k] \qquad (4-9)$$

在式（4-9）中，N_k 表示在 k 期中处于风险状态中的持续时间段的个数，D_k 表示在同一时期观测到的"失败"对象的个数。[①]

需要说明的是，为了更准确地考察政府补贴与企业新产品创新持续时间之间的关系，与前文类似，我们也采用最近邻匹配为处理组（补贴企业）寻找唯一一个倾向得分最为接近的对照组（即非补贴企业），将其作

---

① 在本章中，即为终止创新活动的企业数。

为前者的匹配对象，然后，以此为样本进行生存分析。

接下来，采用 Kaplan-Meier 估计式（4-9）初步考察政府补贴对企业新产品创新持续时间的影响。在图 4-1（a）中，我们绘制了补贴企业（即 Subsidy = 1）与非补贴企业（即 Subsidy = 0）的新产品创新持续时间的 Kaplan-Meier 生存曲线。从中可以看到，补贴企业的 Kaplan-Meier 生存曲线位于较高的位置。这表明，与非补贴企业相比，补贴企业面临着相对更低的创新终止风险率，即补贴企业的新产品创新持续时间相对更长。进一步地，我们以补贴强度的四分位数为临界点，将补贴企业划分为四种类型（SIDum1～SIDum4），其中，SIDum1 表示补贴额度最低的补贴企业组，SI-Dum4 表示补贴额度最高的补贴企业组。对它们的新产品创新持续时间的 Kaplan-Meier 生存估计，绘制在图 4-1（b）中。可以直观地看到，高额度补贴企业（SIDum4）的 Kaplan-Meier 生存曲线总体上位于非补贴企业的下方，除此之外，其余补贴企业的 Kaplan-Meier 生存曲线则位于相对较高的位置。这初步反映了，政府补贴和企业新产品创新持续时间的关系如何依赖于政府补贴的强度。即与非补贴企业相比，高额度补贴企业的新产品创新持续时间相对较短，而其余补贴企业的新产品创新持续时间则相对较长。当然，图 4-1 只是较为初步地描述政府补贴与企业新产品创新持续时间之间的可能关系，因为除了政府补贴之外，还有其他因素也会影响企业新产品创新的持续时间，下面，我们将转向更为严谨的生存模型估计。

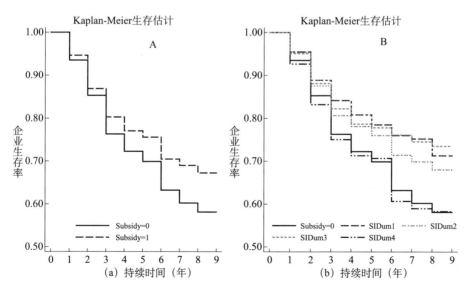

图 4-1　企业新产品创新的 Kaplan-Meier 生存曲线

资料来源：笔者根据中国工业企业数据库相关数据运用 Stata 软件计算绘制而得。

考虑到离散时间生存模型具有可以有效地处理结点问题、易于控制不可观测的异质性，以及无须满足"比例风险"的假设条件等优势，因此，本章拟采用如下基准的离散时间 Cloglog 生存模型进行计量分析：

$$\text{Cloglog}(1 - h_{it}) = \eta_0 + \eta_1 \text{Subsidy}_{it} + \eta \vec{Z}_{it} + \lambda_t + \nu_j + \nu_k + \nu_t + \varepsilon_{it}$$

$$(4 - 10)$$

在式（4 - 10）中，$h_{it} = \Pr(T_i < t + 1 \mid T_i \geqslant t, \ x_{it}) = 1 - \exp[-\exp(\eta' x_{it} + \lambda_t)]$ 表示离散时间风险率；λ_t 为基准风险率，为时间的函数，可用于检验时间依存性的具体形式；x_{it} 为协变量，包括政府补贴虚拟变量 Subsidy 和控制变量向量 $\vec{Z}_{it}$；ν_j、ν_k 和 ν_t 分别表示行业固定效应、地区固定效应和年份固定效应，ε_{it} 表示随机扰动项；其他变量的定义与本章第二节相同。

政府补贴对企业新产品创新持续时间影响的估计结果列于表 4 - 5 中。根据表中报告的 rho 值可知，因不可观测异质性引起的方差占总误差方差的比例约为 39%，并且，rho 值的似然比检验也都在 1% 水平上拒绝了"企业不存在不可观测异质性"的原假设。因此，在模型中控制不可观测异质性是有必要的。其中，表 4 - 5 中的第（1）列是对式（4 - 10）进行估计得到的结果，在控制了主要的企业特征因素和非观测的地区效应、行业效应以及年份效应之后，政府补贴虚拟变量（Subsidy）的估计系数显著为负。这表明，政府补贴倾向于降低企业终止创新活动的风险率，即延长了企业新产品创新的持续时间。这与前文 Kaplan-Meier 生存曲线的初步估计是相一致的。这主要是因为，企业进行持续较长时间的创新活动需要足够的经费支持，而政府对企业的补贴尤其是针对研发方面的补贴为企业提供了额外资金，因此，有助于企业进行持续的创新活动。

表 4 - 5　　　　　　　政府补贴与企业新产品创新持续时间

变量名称	（1）	（2）	（3）	（4）
Subsidy	- 0. 1741 *** (- 4. 06)	—	- 0. 0683 (- 1. 53)	—
Subsidy × SIDum1	—	- 0. 0667 (- 0. 97)	—	- 0. 0575 (- 1. 53)
Subsidy × SIDum2	—	- 0. 3047 *** (- 3. 68)	—	- 0. 2041 (- 1. 12)
Subsidy × SIDum3	—	- 0. 1631 ** (- 2. 03)	—	- 0. 0810 * (- 1. 78)
Subsidy × SIDum4	—	0. 2005 ** (2. 42)	—	0. 3046 * * (2. 30)
Subsidy × Property	—	—	- 0. 0342 * (- 1. 81)	—
Subsidy × SIDum1 × Property	—	—	—	- 0. 0201 ** (- 2. 17)

变量名称	(1)	(2)	(3)	(4)
Subsidy × SIDum2 × Property	—	—	—	−0.0292 ** (−2.39)
Subsidy × SIDum3 × Property	—	—	—	−0.0594 ** (−2.21)
Subsidy × SIDum4 × Property	—	—	—	−0.0196 (−1.03)
Property	—	—	−0.0527 *** (−3.03)	−0.0534 *** (−3.06)
常数项	1.1530 *** (4.73)	1.1203 *** (4.59)	1.3679 *** (5.39)	1.3379 *** (5.27)
控制变量	Control	Control	Control	Control
地区效应	Yes	Yes	Yes	Yes
行业效应	Yes	Yes	Yes	Yes
年份效应	Yes	Yes	Yes	Yes
对数似然值	−8971.70	−8969.44	−8965.82	−8962.84
rho 值	0.3907	0.3905	0.3915	0.3913
rho 值的似然比检验	370.92 [0.00]	370.04 [0.00]	372.49 [0.00]	371.88 [0.00]
观察值	23197	23197	23197	23197

注：圆括号内数值为纠正了异方差后的 t 统计量；*** 、** 和 * 分别表示在 1%、5% 和 10% 的显著性水平上显著，"—"表示无数据；rho 表示企业不可观测异质性的方差占总误差方差的比例，rho 的似然比检验的原假设为"不存在不可观测异质性"；限于篇幅，表中未详细列出"控制变量"的估计结果。

在表 4-5 的第（2）列中，我们考察了不同强度的政府补贴对企业新产品创新持续时间影响的差异性。具体而言，在式（4-10）的基础上加入政府补贴虚拟变量与补贴强度分类指示变量的交叉项（Subsidy × SIDum$_\tau$，τ = 1，2，3，4）。结果显示，不同强度的政府补贴对企业新产品创新持续时间的影响确实存在显著差异。其中，交叉项 Subsidy × SIDum4 的估计系数显著为正，即高额度的政府补贴显著地提高了企业终止创新活动的风险率，即倾向于缩短企业新产品创新的持续时间，其可能的原因是：如果政府给予企业高额补贴，这意味着，企业无须通过寻求节约生产成本和提高经营效率的途径就能获得超额利润，因此，会诱使企业停止创新活动。除此之外，其余交叉项的估计系数为负，Subsidy × SIDum2 与 Subsidy × SIDum3 还至少在 5% 水平上显著。这表明，适度的政府补贴有利于延长企业的新产品创新持续时间。

表 4-5 中的第（3）列和第（4）列在前两列的基础上进一步考虑了地区知识产权保护因素。从表 4-5 第（3）列可以看出，知识产权保护指数 Property 的系数显著为负，说明知识产权保护有利于延长企业新产品创

新的持续时间；交叉项 Subsidy × Property 的系数显著为负，表明在知识产权保护制度越完善的地区，政府补贴对企业新产品创新持续时间的延长作用就越明显，即知识产权保护强化了政府补贴对企业新产品创新的激励效应。最后，通过比较第（2）列与第（4）列的估计结果可以进一步发现，知识产权保护还强化了不同强度的政府补贴对企业新产品创新的激励效应，这与本章第四节的研究结论较为类似。由此得到的启示是，改善知识产权保护制度，是提高政府补贴对企业新产品创新的激励作用的重要举措。

第五节　小　结

　　创新是国家经济结构调整优化的原动力，而企业是技术创新的主体。近年来，中国政府对企业发放的补贴额与日俱增，并试图以此来提升企业的创新能力和国际竞争力。那么，政府补贴是否激励了中国企业新产品创新？这是评估中国政府补贴效果的一个重要方面。本章以 1998~2007 年中国工业企业数据库为样本，采用基于倾向得分匹配的倍差法与生存分析方法系统地评估了政府补贴对中国制造业企业新产品创新的微观效应。检验结果发现，政府补贴对中国企业新产品创新的激励效应在总体上并不明显。但进一步研究表明，不同强度的政府补贴对企业新产品创新的影响效应存在显著差异，适度的政府补贴显著地激励了企业新产品创新，而高额度政府补贴却抑制了企业新产品创新。本章研究的另一个主要发现是，好的知识产权保护制度不仅对企业新产品创新具有直接的促进作用，而且强化了政府补贴对企业新产品创新的激励效应。最后，我们还采用基于倾向得分匹配的生存分析方法，进一步考察了政府补贴对企业新产品创新持续时间的影响。结果表明，政府补贴在总体上延长了企业新产品创新持续时间，但主要是体现在适度补贴上，而高额度补贴倾向于缩短企业新产品创新的持续时间。此外，我们还发现，在知识产权保护制度越完善的地区，政府补贴对企业新产品创新持续时间的延长效应也越明显。

　　本章研究的政策含义是明显的。由于只有适度的政府补贴才能有效地激励企业新产品创新（包括增加创新量和延长创新持续时间），因此，政府制定合理的对企业的补贴政策尤为重要。具体而言，政府要对企业的整体状况（如盈利情况、发展规划等）进行科学评估，以此作为是否进行补贴的依据，补贴的额度与补贴方式要与企业的实际需求相挂钩；政府补贴的资格评审机制要公开、透明，并要加强监督力度；同时，还要对补贴企业在受补贴之后的绩效进行定期评估，并根据审核结果决定是增加政府补贴力度还是减少政府补贴力度，或是终止政府补贴。此外，本章研究还显示，政府补贴的新产品创新激励效应能否得到有效发挥，还与所在地的知识产权保护制度密切相关。这意味着，继续加强和完善地区的知识产权保护制度，不仅可以直接促进企业进行新产品创新，而且，可以强化政府补贴对企业新产品创新的激励作用，因此，对于提升政府补贴的效率具有重要意义。

总之，本章从研究方法与研究视角上丰富和拓展了政府补贴与企业创新关系方面的研究文献，为中国制造业企业创新活动的动态演变提供了新的解释。更为重要的是，本章的研究还为事后客观评估中国政府补贴的经济效果，提供了微观证据。但研究仍然存在一些不足。例如，受数据的限制，本章没有区分政府研发补贴与其他形式的补贴，尽管这样可以得到政府补贴对企业新产品创新的平均效应，但却无法比较研究不同形式的补贴对企业新产品创新影响的差异性，这需要未来做进一步探索。

第五章　政府补贴与制造业企业风险承担

风险承担水平对于企业发展具有重要的作用，本章旨在评估政府补贴对企业风险承担的因果效应。基于 1998～2007 年中国工业企业数据库，本章采用倾向得分匹配基础上的倍差法进行实证检验，结果表明，政府补贴并未在总体上明显提高企业的风险承担水平。进一步检验发现，不同额度的政府补贴对企业风险承担的影响存在显著的异质性，即适度的政府补贴提高了企业风险承担水平，而高额度政府补贴则倾向于降低企业风险承担水平。最后，我们还构建了中介效应模型对此进行影响机制分析，发现创新激励的弱化是高额度补贴影响企业风险承担水平的重要渠道。本章为深入理解中国企业风险承担水平的变动提供了新思路，同时，也为事后客观评估中国政府补贴的经济效果和完善补贴政策的设计提供了微观证据。

第一节　问题的提出

企业风险承担对于提高企业绩效和股东财富、加快自身资本积累具有重要的作用（Fiegenbaum and Thomas，1988；Hilary and Hui，2009）。从宏观层面来看，具有更高风险承担水平的国家和地区，其生产效率水平往往越高，经济增长效益也更为突出（John et al.，2008）。正因如此，企业风险承担长期以来备受学术界和实务界的关注。文献研究已普遍地揭示，所有权结构（Faccio et al.，2011；李文贵和余明桂，2012）、管理者特征（Faccio et al.，2012；Baker and Wurgle，2012）、公司治理机制（Coles et al.，2006；Kini and Williams，2012）等因素对企业风险承担均有显著的影响。然而，鲜有文献关注政府补贴这一政策性因素对企业风险承担的可能影响。企业风险承担水平反映了企业家在投资决策过程中对投资项目的选择情况，而任何的投资项目都需要相应的资金支持，特别是风险性越高的项目对资金的需求也越大。政府补贴作为地方政府对企业的一项无偿的资金转移，在本质上可以通过增加企业的资金拥有量进而影响企业对风险性投资项目的选择。另外，政府补贴还会影响企业家的信心和情绪（蔡卫星和高明华，2013），得到政府补贴的企业决策者往往比补贴前有更大的安全感和自信心，而企业决策者心理特征的变化也会进一步影响投资风险的选择（Kahneman and Tversky，1979；Baker and Wurgle，2012）。

本章采用1998~2007年中国工业企业数据库的相关数据系统地考察政府补贴对企业风险承担的影响。具体而言，本章将试图回答两个问题：政府补贴能否影响企业风险承担水平？不同额度的政府补贴对企业风险承担的影响是否存在差异，其可能的作用机制是什么？

在现实中，企业能否得到政府补贴并非是随机事件，一方面，地方政府在做出补贴决策时可能会综合考虑到企业的风险承担能力等企业特征；另一方面，政府补贴与企业风险承担水平还可能受到第三方因素的共同影响。因此，本章研究将面临样本选择偏差问题和内生性问题的挑战。为了找到政府补贴与企业风险承担之间的因果关系，本章拟采用基于倾向得分匹配的倍差法（PSM-DID）进行分析。首先，我们采用倾向得分匹配方法为处理组（补贴企业）寻找到最合适的对照组（非补贴企业）；其次，在匹配样本的基础上，进一步构造倍差法（difference-in-difference，DID）模型，考察政府补贴对企业风险承担的实际因果效应。本章研究表明，政府补贴并未在总体上明显提高中国企业的风险承担水平。我们进一步检验了不同额度的政府补贴对企业风险承担的影响，发现适度的政府补贴提高了企业风险承担水平，而过高的政府补贴则降低了企业风险承担水平。最后，我们通过构建中介效应模型对此进行影响机制检验，发现创新激励的弱化是高额度补贴降低企业风险承担水平的重要影响渠道。

本章可能在如下三个方面有所贡献。第一，本章深化、拓展了企业风险承担的相关研究。现有文献大多从所有权结构、管理者特征、公司治理机制等角度，分析企业风险承担问题（Coles et al.，2006；John et al.，2008；Faccio et al.，2011；Faccio et al.，2012；Baker and Wurgle，2012；李文贵和余明桂，2012），本章则基于地方政府给予企业补贴的数额这一典型事实，系统地评估了政府补贴对企业风险承担的因果效应，进而从政府补贴这一政策因素视角为理解企业风险承担水平的变动提供新的思路。第二，本章丰富了有关评估政府补贴经济效果的研究文献。不同于既有文献，主要从企业出口、企业生产率等角度来评估政府补贴的经济效果

（Eckaus，2006；Görg et al.，2008；Bernini and Pellegrini，2011；邵敏和包群，2012；苏振东等，2012；施炳展等，2013），本书首次从企业投资决策中的风险承担视角对政府补贴的经济效果进行了深入评估。第三，在研究方法上，本章以中国工业企业的大型微观数据为样本，采用前沿性的PSM-DID 方法进行研究，较好地处理和控制了样本选择偏差问题和内生性问题，所得结论具有稳健性和可信性。另外，本章还考察了不同强度的政府补贴对企业风险承担的异质性影响，在此基础上，通过引入中介效应模型进行影响机制检验，从而深化了我们对于政府补贴与企业风险承担之间关系的理解，同时，也为今后政府补贴政策的优化调整提供了有益的启示。

第二节　文献综述

围绕本章的研究主题——政府补贴对企业风险承担的影响，相关文献主要有两类：第一类研究企业风险承担的影响因素；第二类评估政府补贴的经济效果。第一类文献主要沿着以下三个维度进行研究。第一，从所有权结构方面开展的研究。例如，法乔等（Faccio et al.，2011）考察了大股东持股对企业风险承担的影响，结果表明，大股东持股的分散化程度越大，则企业的风险承担水平越高。第二，从管理者特征方面开展的研究。法乔等（Faccio et al.，2012）考察了高管性别与企业风险承担之间的关系，发现男性 CEO 管理的企业比女性 CEO 管理的企业具有相对更高的风险承担水平。韦伯和祖勒纳（Weber and Zulehner，2010）对奥地利的研究、埃亨和迪特马尔（Ahern and Dittmar，2012）对挪威的研究都支持这一结论。另外，余明桂等（2013）考察了管理者的心理特征对企业风险承担的影响，分别利用美国、中国的样本进行检验发现，企业风险承担水平随着管理者自信程度的增强而提高。第三，从公司治理机制方面开展的研究。例如，科尔斯等（Coles et al.，2006）研究认为，追求私有利益的管理者倾向于选择保守性的投资策略，而适当的薪酬激励机制可以强化管理者的风险偏好，从而提高企业的风险承担水平。凯基尼和威廉斯（Kini and Williams，2012）进一步考察了不同公司激励机制对管理者风险项目选择的影响，发现锦标赛式的激励机制对企业风险承担的促进作用更大。

第二类相关文献是评估政府补贴的经济效果。一些文献评估了政府补贴对企业出口的影响（Eckaus，2006；Görg et al.，2008；Girma et al.，

2009；苏振东等，2012；施炳展等，2013），这些文献的研究结论基本相同，即均认为政府补贴对企业出口具有积极的促进作用。另一些文献探讨了政府补贴与企业生产率之间的关系（Harris and Robinson，2004；Bernini and Pellegrini，2011；邵敏和包群，2012），但在总体上并未发现政府补贴会带来企业生产率的显著提高。特别是贝尔尼尼和佩列格里尼（Bernini and Pellegrini，2011）对意大利企业的研究发现，政府补贴降低了企业生产率的增长率。近年来，政府补贴与企业创新之间的关系也引起了部分文献关注。例如，格尔克和施特罗布尔（Görg and Strobl，2007）利用爱尔兰制造业层面数据进行实证研究发现，政府补贴与企业创新之间的关系因企业所有制不同而存在差异，即政府补贴对内资企业研发投入具有显著影响，但对外资企业则没有显著影响。陈林和朱卫平（2008）采用时间序列分析方法进行实证检验发现，政府补贴没有显著地提高创新产出。刘海洋等（2012）研究了政府补贴对中国工业企业购买行为的影响，采用倾向得分匹配方法进行检验发现，补贴企业比未受补贴企业具有更高的平均购买成本，这意味着，政府补贴会引致中国工业企业的过度购买，进而产生社会资源的非合理配置。任曙明和张静（2013）采用倾向得分匹配方法专门考察了政府补贴对中国装备制造业企业加成率的影响，发现政府补贴显著地降低了企业加成率，即政府补贴抑制了装备制造企业竞争力的提升。

本章的研究建立在以上文献基础之上，但与它们相比又有着本质的不同。具体来说，本章基于中国政府给予企业补贴的数额不断增加这一典型事实，采用 PSM-DID 方法系统地评估政府补贴对企业风险承担的实际影响。一方面，本章深化和拓展了有关企业风险承担的相关研究，为我们深入理解中国企业风险承担水平的变动提供了新的思路；另一方面，本章的研究也从企业投资决策角度为全面、深入地评估政府补贴的效率提供了新的依据。

第三节　样本数据和经验识别方法

一、样本数据

本章使用的原始数据来自国家统计局的中国工业企业数据库，时间跨度为 1998～2007 年,① 其统计调查的对象涵盖全部国有工业企业以及规模以上（销售额不低于 500 万元）的非国有企业。

为了提高样本的可靠性，我们先借鉴勃兰特等（Brandt et al.，2012）的做法，将 1998～2007 年共 10 年的横截面数据合并成面板数据集，即根据企业的法人代码、企业名称、电话号码、地址等信息对不同年份企业进行识别，然后再进行合并。② 与现有的中外文文献保持一致，我们选取其中的制造业进行研究，即在原始样本中删除采矿业，电力、燃气及水的生产和供应业数据。由于中国在 2002 年颁布了新的《国民经济行业分类》并于 2003 年开始正式实施，为了统一口径，我们依照新的行业标准对 1998～2002 年企业的行业代码进行了重新调整。对于样本中可能存在的异常值，我们根据谢千里等（2008）和余淼杰（2011）的方法进行了以下处理：第一，删除遗漏的重要财务指标（如工业增加值、总产值、固定资产净值、企业销售额等）的样本；第二，删除雇员人数小于 10 人的企业样本。此外，我们还进一步参照芬斯特拉等（Feenstra et al.，2013）的研究，遵循一般会计准则（GAAP），剔除了具备以下情况的样本：流动资产超过固定资产、总固定资产超过总资产以及固定资产净值超过总资产的企业。最后，出于本章研究的需要，我们依据企业的法人代码信息选取那些在 1998～2007 年持续经营的企业面板数据作为初步的分析样本。

二、经验识别方法

本章旨在评估政府补贴对企业风险承担的影响，即揭示政府补贴与企业风险承担之间是否存在实际因果关系。如果采用 OLS 方法进行识别将会产生选择性偏差（selection bias）问题和混合性偏差（confounding bias）问题。这主要是因为企业在现实中能否获得政府补贴可能是非随机的：一方面，政府补贴可能会受到企业自身风险承担能力的影响，即政府在做出补贴决策时可能会综合考虑企业的风险承担能力；另一方面，政府补贴与企业风险承担水平还可能受其他因素（如企业利润率、规模大小等）的共同影响。本章最理想的识别方法是通过比较一家受到补贴的企业在"补贴"情况下与"非补贴"情况下的风险承担水平之间的差异，以便排除其他企业特征因素的影响，进而揭示出政府补贴对企业风险承担的实际效应。但

---

① 考虑到 2007 年之后的中国工业企业数据缺失本章的核心指标企业风险承担的相关数据，因此，本章只能使用目前的数据进行分析。

② 具体的方法和程序，可进一步参考勃兰特等（Brandt et al.，2012）的研究。

在实际中，我们无法观测到受到补贴的企业在"非补贴"情况下的风险承担水平，因为这种情况是反事实的（counterfactual）。

由赫克曼等（Heckman et al.，1997）提出的倾向得分匹配方法（propensity score matching，PSM）是处理上述问题的一个有效的计量工具。其基本思想是，首先，构建一个与补贴企业（即处理组）在受到政府补贴之前的主要特征尽可能相似的非补贴企业组（即对照组）。其次，将处理组中企业与对照组中企业进行匹配，使得匹配后的两个样本组的配对企业之间仅在是否受政府补贴方面有所不同，而其他方面相同或十分相似。再次，就可以用匹配后的对照组来最大限度地近似替代处理组的"反事实"。最后，再比较处理组企业受到政府补贴后两组企业之间风险承担水平的差异，由此来确定政府补贴与企业风险承担之间的因果关系。

我们将样本分为两组，一组是受到政府补贴的企业（记为处理组），另一组是从未受到政府补贴的企业（记为对照组）。为了简单起见，我们构造一个二元虚拟变量 $Subsity_i = \{0,1\}$，当企业 i 为补贴企业时，$Subsity_i$ 取 1，否则，取值为 0；另外，我们还构造二元虚拟变量 $DTime_t = \{0,1\}$，其中，$DTime_t = 0$ 和 $DTime_t = 1$ 分别表示企业受到政府补贴前、后时期的虚拟变量。定义 $RiskTake_{it}$ 为企业 i 在 t 期的风险承担水平，[1] 是我们关注的结果变量。进一步地，令 $\Delta RiskTake_{it}$ 表示企业 i 的风险承担水平在 $DTime_t = 0$ 时期和 $DTime_t = 1$ 时期的变化量。为了清晰起见，我们将补贴企业在两个时期的风险承担水平的变化量表示为 $\Delta RiskTake_{it}^1$，而将非补贴企业在两个时期的风险承担水平变化量表示为 $\Delta RiskTake_{it}^0$。据此，企业 i 在受到政府补贴和没有受到政府补贴两种状态下的风险承担水平的差异（average treatment effect on the treated，ATT）可用式（5-1）表示：

$$\sigma = E(\sigma_i \mid Subsity_i = 1) = E(\Delta RiskTake_{it}^1 \mid Subsity_i = 1) -$$
$$E(\Delta RiskTake_{it}^0 \mid Subsity_i = 1) \qquad (5-1)$$

但在式（5-1）中，$E(\Delta RiskTake_{it}^0 \mid DSub_i = 1)$ 表示补贴企业 i 在没有受到政府补贴情况下的风险承担水平，由上文可知，这是反事实的。为了实现对式（5-1）的估计，本章采用最近邻倾向得分匹配为处理组（即补贴企业）寻找相近的对照组（即非补贴企业）。[2] 假定经过匹配之后，得到的与处理组企业相配对的对照组企业集合为 $\Lambda(i)$，它们的风险承担水平的变化量 $E(\Delta RiskTake_{it}^0 \mid Subsity_i = 0, i \in \Lambda(i))$ 可作为 $E(\Delta RiskTake_{it}^0 \mid$

---

① 我们将在下文详细地介绍企业风险承担变量的测算方法。

② 本章第四节将进一步介绍最近邻倾向得分匹配的具体步骤和相关的检验方法。

Subsity$_i$ = 1）的较好替代。因此，式（5-1）转化为：

$$\sigma = E(\sigma_i \mid DSub_i = 1) = E(\Delta RiskTake_{it}^1 \mid Subsity_i = 1) -$$
$$E(\Delta RiskTake_{it}^0 \mid Subsity_i = 0, i \in \Lambda(i)) \qquad (5-2)$$

更进一步地，式（5-2）的一个等价性的可用于实证检验的表述为[①]：

$$RiskTake_{it} = \alpha_0 + \alpha_1 Subsity_{it} + \alpha_2 DTime_{it} + \alpha_3 Subsity_{it} \times DTime_{it} + \varepsilon_{it}$$
$$(5-3)$$

在式（5-3）中，二元虚拟变量 Subsity 取 1 时，表示受到政府补贴的企业，即处理组；二元虚拟变量 Subsity 取 0 时，表示与处理组相配对的非补贴企业，即配对后的对照组。下标 i 和 t 分别表示企业和年份，RiskTake 表示企业风险承担水平，ε_{it} 表示随机扰动项。交叉项 DSub × RiskTake 的估计系数 α_3 刻画了政府补贴对企业风险承担的因果影响。如果估计得到 $\alpha_3 > 0$，则意味着，在接受政府补贴前后，处理组企业风险承担水平的提升幅度大于对照组企业，即政府补贴提高了企业风险承担水平。

需要指出的是，计量模型（5-3）的倍差法估计结果可能会受到遗漏变量的干扰，为了稳健起见，我们还在式（5-3）的基础上进一步引入影响结果变量 RiskTake 的其他控制变量集合 X_{it}。根据既有的理论与经验研究文献（John et al.，2008；Faccio et al.，2011），控制变量集合具体包括企业生产率（tfp）、企业规模（size）、杠杆率（leverage）、企业年龄（age）、资本密集度（klr）、企业期初绩效（pfrate）、国有企业虚拟变量（state）和外资企业虚拟变量（foreign）。此外，我们还控制了非观测的行业特征 v_j 和非观测的地区特征 v_k。因此，本章将最终用于估计的倍差法模型设定为：

$$RiskTake_{it} = \alpha_0 + \alpha_1 Subsity_{it} + \alpha_2 DTime_{it} + \alpha_3 Subsity_{it} \times DTime_{it} + \beta X_{it} + v_j + v_k + \varepsilon_{it}$$
$$(5-4)$$

三、指标测度与描述性分析

（一）指标测度

与约翰等（John et al.，2008）、布巴克里等（Boubakri et al.，2013）类似，本章也用企业利润率的波动性（即标准差）来衡量企业风险承担。其中，企业利润率（PFRate）用企业 i 在 t 期的息税前利润与该企业年末总资产的比值来表示。为了剔除行业异质性特征对企业利润率 PFRate 的可

[①] 实际上，式（5-3）中的参数 a_3 刻画了政府补贴对企业风险承担的实际影响，即式（5-2）中的 σ。限于篇幅，这里没有给出相应的证明过程，感兴趣的读者可以向笔者索取。

能影响，我们先采用以下方法对企业利润率进行行业平均值的调整，表示为：

$$PFRate_{it}^{adj} = PFRate_{it} - \frac{1}{N_{jt}} \sum_{i \in \Theta_j} PFRate_{it} \qquad (5-5)$$

在式（5-5）中，右边第（2）项表示行业平均利润率，其中，t 表示年份，j 表示 CIC 二位码行业，Θ_j 表示行业 j 的企业集合，N_{jt} 表示在 t 期行业 j 的企业数量。$PFRate_{it}^{adj}$ 即为经行业调整后的企业利润率。接下来，计算企业在每一个四年期观测时段内（即 1998~2001 年、2004~2007 年）经行业调整后企业利润率的标准差 σ（$PFRate_{it}^{adj}$），测算方法为：

$$RiskTake_{i\tau} = \sqrt{\frac{1}{Q-1} \sum_{q=1}^{Q} \left(PFRate_{iq\tau}^{adj} - \frac{1}{Q} \sum_{q=1}^{Q} PFRate_{iq\tau}^{adj} \right)^2} \qquad (5-6)$$

在式（5-6）中，τ 表示观测时段，即 1998~2001 年和 2004~2007 年两个四年期观测时段。[①] q 表示在相应观测时段内的年度序数，由于本章采用四年期观测时段，故 q 取值为 1~4。Q 表示每个观测时段的年度序数最大值，这里 Q 取 4。由式（5-6）计算得到的 $RiskTake_{i\tau}$ 即观测时段 τ 内企业 i 的风险承担水平。

此外，本章对控制变量的设定说明如下：企业生产率（tfp），采用阿克贝里等（Ackerberg et al.，2015）的分析框架来测算企业全要素生产率，以更有效地处理潜在的内生性问题和样本选择偏差。还借鉴余淼杰等（2018）的做法，在计算生产率时考虑产能利用率的调整偏误。企业规模（size），采用企业销售额取对数来衡量，这里企业销售额采用了以 1998 年为基期的工业品出厂价格指数进行平减；杠杆率或资产负债率（leverage），采用企业总负债与企业总资产的比值表示；企业年龄（age），用当年年份与企业开业年份的差来衡量；资本密集度（klr），用固定资产与从业人员数的比值，其中，固定资产使用以 1998 年为基期的固定资产投资价格指数进行平减处理；企业期初绩效（pfrate），用息税前利润与企业总资产的比值来衡量；国有企业虚拟变量（state）和外资企业虚拟变量（foreign）用来反映企业的所有制结构特征。

（二）初步的描述性分析

在本章中，我们以四年为一个观测时段来计算企业盈利的波动性（或企业风险承担水平），即 1998~2001 年为第一个观测时段，2004~2007 年为第二个观测时段。我们关注那些在 2002~2003 年首次获得补贴的企业，

---

① 在下文的稳健性分析部分，我们还将通过设置不同的观测时段来测算企业风险承担指标，并在此基础上考察结果的稳健性。

将其视为处理组，而把样本期内始终没有补贴的企业视为对照组。本章的目的就是检验首次获得补贴的企业在这之前的观测时段（1998～2001年）与之后的观测时段（2004～2007年）的风险承担水平变化是否与对照组企业存在显著差异。对于控制变量，与约翰等（John et al.，2008）类似，我们选取企业进入相应观测时段的第一年期末值。据此，在本章的研究框架中，我们将选取1998年、2004年的企业控制变量进行回归。

在进入正式回归分析之前，我们先对本章的样本进行简要的描述性分析。表5-1报告了匹配前主要变量的统计特征，从中可以看出，补贴企业的平均风险承担水平为0.0426，略低于非补贴企业的0.0511，但两种类型企业风险承担水平的中位数则相同。就总体样本而言，企业风险承担水平的平均值为0.0492，而在1999～2007年世界上其他主要国家的风险承担水平的均值为0.0480（Faccio et al.，2011）。由此可见，中国企业的风险承担水平并不比世界上其他国家的企业差。

此外，补贴企业在生产率、规模、资本密集度等方面均明显地高于非补贴企业。为了初步考察政府补贴与企业风险承担之间的关系，我们对匹配前的样本进行了单变量分析，即检验处理组企业和对照组企业在政府补贴前后风险承担水平的差异。表5-2的结果显示，无论是处理组企业还是对照组企业，风险承担水平在补贴之后均有不同程度提升；但二者之间的差异，在补贴之后进一步扩大了。例如，在政府补贴之前，处理组企业的风险承担水平比对照组企业低0.004，而在政府补贴之后，处理组企业的风险承担水平比对照组企业低0.013，这种差异在5%水平上显著。进一步地，由表5-2的第（7）列可知，双重差分估计值为-0.009并在1%水平上显著，这表明，处理组企业在获得政府补贴之后，其风险承担水平相对于对照组企业出现了显著下降，即政府补贴降低了企业风险承担。当然，以上结论只是初步的，因为除了政府补贴之外，企业风险承担还受其他诸多因素的影响。另外，上述分析都是基于匹配前样本进行的，而样本选择性问题可能会对分析结果带来偏差。接下来，我们将采用基于倾向得分匹配的倍差法进行严谨的计量分析。

表5-1　　　　　　　　　主要变量的统计特征

变量	补贴企业样本				非补贴企业样本			
	观测值	均值	中位数	标准差	观测值	均值	中位数	标准差
RiskTake	6806	0.0426	0.0290	0.0449	22956	0.0511	0.0290	0.0622
tfp	6806	5.9561	5.9203	1.2552	22956	5.7316	5.6895	1.1927
size	6806	10.6331	10.4954	1.3636	22956	10.2210	10.0470	1.2439

变量	补贴企业样本				非补贴企业样本			
	观测值	均值	中位数	标准差	观测值	均值	中位数	标准差
leverage	6806	0.5945	0.6018	0.2606	22956	0.5889	0.5996	0.2962
age	6806	13.4382	10	11.9675	22956	13.6255	10	12.0269
klr	6806	85.2899	42.3293	146.7276	22956	69.2558	32.1429	151.0944
pfrate	6806	0.0442	0.0246	0.0930	22956	0.0602	0.0228	0.1417
state	6806	0.1049	0	0.3065	22956	0.0957	0	0.2942
foreign	6806	0.3977	0	0.4895	22956	0.3393	0	0.4735

注：笔者根据中国工业企业数据库计算整理而得。

表 5 - 2 　　　　　　　　　　单变量检验结果

结果变量	政府补贴之后			政府补贴之前			双重差分 （difference-in-difference）
	对照组 企业	处理组 企业	差分值 （difference）	对照组 企业	处理组 企业	差分值 （difference）	
变量名称	(1)	(2)	(3) = (2) - (1)	(4)	(5)	(6) = (5) - (4)	(7) = (6) - (3)
RiskTake	0.044	0.040	-0.004 *** (-3.44)	0.058	0.045	-0.013 ** (-7.55)	-0.009 *** (-5.33)

注：圆括号内数值为 t 统计量；*** 、** 和 * 分别表示在 1% 、5% 和 10% 的显著性水平上显著。

第四节　估计结果与分析

一、倾向得分匹配

本节采用倾向得分匹配法进行匹配，即为处理组（补贴企业）寻找合适的对照组（非补贴企业）。具体的匹配思路如下：首先，我们把那些在 2002~2003 年首次获得政府补贴的企业视为处理组，即 $i \in \{Subsity = 1\}$，把样本期内始终没有获得政府补贴的企业视为对照组 $j \in \{Subsity = 0\}$。然后，引入一个二元虚拟变量 $DTime_t = \{0,1\}$，把 2002 年之前的年份设定为 $DTime_t = 0$，同时，把 2003 年之后的年份设定为 $DTime_t = 1$。与通常的做法一致，我们采用罗森鲍姆和鲁宾（Rosenbaum and Rubin，1985）提出的倾向得分匹配方法进行匹配，将企业获得政府补贴的概率表示为：

$$P = \Pr\{Subsity_{it} = 1\} = \Phi\{X_{it-1}\} \qquad (5-7)$$

在式（5-7）中，X_{it-1} 表示影响企业获得政府补贴的因素，即匹配变量或共同影响因素。与既有文献类似，我们主要选取了企业生产率（tfp）、企业规模（size）、杠杆率（leverage）、企业年龄（age）、资本密集度

（klr）、企业期初绩效（pfrate）、国有企业虚拟变量（state）和外资企业虚拟变量（foreign）作为匹配变量。此外，为了确保处理组企业和对照组企业在初始的风险承担水平上没有系统性差异，我们还在匹配变量向量中进一步放入上一期的企业风险承担水平（RiskTake）。根据式（5-7），可以计算得到每个企业获得政府补贴的预测概率值，倾向得分匹配则是将预测概率值 $\hat{p}$ 相近的企业进行配对。在本章中，我们具体采用最近邻匹配（nearest neighbor matching）方法，为每个处理组企业配对得到唯一最相近的对照组企业，其匹配原则可用式（5-8）表示：

$$\Lambda(i) = \min_j \| \hat{P}_i - \hat{P}_j \|, \ j \in (\text{Subsity} = 0) \qquad (5-8)$$

在式（5-8）中，$\hat{P}_i$ 和 $\hat{P}_j$ 分别表示处理组企业和对照组企业的概率预测值（或倾向得分），$\Lambda(i)$ 表示与处理组企业相对应的来自对照组企业的匹配集合。并且，对于每个处理组 i，仅有唯一的对照组 j 落入集合 $\Lambda(i)$。

为了确保匹配结果的可靠性，我们还进行了匹配平衡性检验，匹配平衡性条件要求满足：$DSub_i \perp X_i \mid P(X_i)$，即如果在给定企业获得政府补贴概率为 $P(X_i)$ 的情况下，企业实际能否获得政府补贴与其特征向量之间是相互独立的。表5-3报告了处理组企业与对照组企业匹配变量的平衡性检验结果。从中可以看到，在匹配之前，处理组企业的风险承担水平显著地低于对照组企业，在匹配之后，二者在风险承担水平方面不再具有差异性。两类企业的其他匹配变量在匹配之后均不再存在显著差异。此外，如果标准偏差的绝对值越小，则表明匹配效果越好（Smith and Todd，2005）。根据罗森鲍姆和鲁宾（Rosenbaum and Rubin，1985）的研究，如果匹配后的标准偏差的绝对值小于20%，可以认为匹配效果较好，以此为基础的倾向得分估计是有效的。由表5-3可知，在匹配后各匹配变量的标准偏差的绝对值均不到5%。总体而言，匹配满足了平衡性假设，即本章对匹配变量和匹配方法的选取是恰当的。另外，图5-1绘制了最近邻匹配后的倾向得分分布情况。其中，横轴为倾向得分值，纵轴表示概率密度分布。从中可以看到，样本企业中处理组企业和对照组企业的倾向得分分布基本相似，这也进一步表明匹配效果比较理想。

表5-3　　　　　　　　　　匹配变量的平衡性检验结果

变量	处理	均值		标准偏差（%）	标准偏差减少幅度（%）	t统计量	t检验相伴概率
		处理组企业	对照组企业				
tfp	匹配前	6.1212	5.8390	24.3	98.2	16.04	0
	匹配后	6.1212	6.1161	0.4		0.22	0.828
size	匹配前	10.7830	10.2960	39.1	98.8	26.34	0
	匹配后	10.7830	10.7890	-0.5		-0.23	0.821

变量	处理	均值		标准偏差（％）	标准偏差减少幅度（％）	t 统计量	t 检验相伴概率
		处理组企业	对照组企业				
leverage	匹配前	0.5785	0.5801	−0.6	−58.5	−0.37	0.71
	匹配后	0.5785	0.5811	−1		−0.52	0.601
age	匹配前	14.2110	14.2610	−0.4	13.6	−0.27	0.785
	匹配后	14.2110	14.1680	0.4		0.18	0.856
klr	匹配前	89.5420	72.0160	10.3	74.2	6.7	0
	匹配后	89.5420	94.0550	−2.6		−1.1	0.27
pfrate	匹配前	0.0539	0.0679	−9.8	83.7	−5.44	0
	匹配后	0.0539	0.0516	1.6		1.21	0.227
state	匹配前	0.0915	0.0855	2.1	9.2	1.39	0.163
	匹配后	0.0915	0.0970	−1.9		−0.95	0.344
foreign	匹配前	0.3930	0.3412	10.7	62.7	7.07	0
	匹配后	0.3930	0.4123	−4		−1.99	0.046
RiskTake	匹配前	0.0397	0.0475	−10.8	91.5	−5.98	0
	匹配后	0.0397	0.0391	0.9		0.72	0.47

资料来源：笔者根据中国工业企业数据库的相关数据计算整理而得。

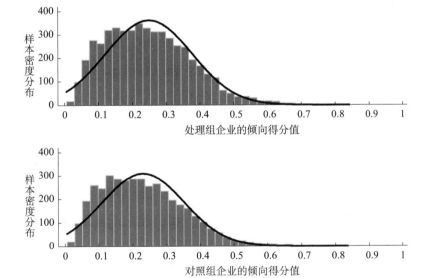

图 5－1　倾向得分概率分布

资料来源：笔者根据中国工业企业数据库相关数据运用 Stata 软件绘制而得。

二、基本估计结果与分析

在进行配对之后，我们对式（5－4）的基准模型进行估计，结果报告在表 5－4 的前（3）列。其中，第（1）列没有加入企业层面控制变量和其他固定效应，以此作为基准检验。第（2）列在此基础上，加入企业层面控制变量并控制地区固定效应，第（3）列进一步控制了行业固定效应。从中可以看到，核心解释变量的估计系数符号和显著性水平没有发生根本性改变，这说明，回归结果具有较好的稳健性。接下来，以第（3）列完整的估计结果为基础进行分析。表5-4的第（3）列的回归结果显示：在控制了其他影响因素之后，变量 Subsity 的系数为正但不显著，表明初始年份处理组企业的风险承担水平并未明显高于对照组企业；变量 DTime 的估计系数为正并通过 1% 水平的显著性检验，意味着无论是处理组企业还是对照组企业，它们的风险承担水平随着时间的推移均有显著提升。这与表5-2单变量的检验结果是相似的。我们最感兴趣的交叉项 Subsity × DTime 的估计系数为负但没有通过常规水平的显著性检验，这表明，总体而言，政府补贴对企业风险承担的影响并不明显。对此可能的解释是，正如本章理论分析部分所指出的，政府补贴对企业风险承担的影响与补贴额度的高低有关，而不同额度政府补贴的影响会相互抵销，结果导致政府补贴的总体影响不显著。

为了更深入地考察政府补贴与企业风险承担之间的关系，我们在基准模型（5-4）的基础上进一步引入政府补贴强度的异质性。具体的做法是，在补贴收入大于 0 的企业中，先用补贴收入与企业销售额的比值来衡量政府补贴强度，然后，将政府补贴强度按由小到大排序的四分位数为临界点，将这部分企业进一步划分为四种类型（$Subsity_{it}^{inten-k}$，$k=1,2,3,4$）。例如，$Subsity_{it}^{inten-1}$ 是最低政府补贴强度的处理组企业，$Subsity_{it}^{inten-2}$ 和 $Subsity_{it}^{inten-3}$ 是中度补贴强度的处理组企业，$Subsity_{it}^{inten-4}$ 是最高政府补贴强度的处理组企业。因此，检验模型进一步被拓展为：

$$RiskTake_{it} = \alpha_0 + \alpha_1 Subsity_{it} + \alpha_2 DTime_{it} + \sum \lambda_k Subsity_{it}^{inten-k} \times DTime_{it} + \beta X_{it} + \varepsilon_{it}$$

$$(5-9)$$

我们可以通过比较系数 λ_k（$k=1,2,3,4$）来识别不同强度的政府补贴对企业风险承担的异质性影响效应。对式（5-9）的结果报告在表5-4中。为了稳健起见，我们在表5-4的第（4）列回归中没有放入任何控制变量，第（5）列控制了企业特征变量和地区固定效应，第（6）列则在此基础上进一步控制了行业固定效应。可以发现，核心解释变量中除了交叉项 $Subsity^{inten-2} \times DTime$ 的显著性水平有所变化外，其他的均没有实质性改变，说明结果具有很好的稳健性。下面，以第（6）列完整的回归结果为基础，分析政府补贴对企业风险承担的异质性影响。从中可以看到，交叉项 $Subsity^{inten-1} \times DTime$ 的估计系数为负，但不具有统计意义上的显著性，这表明，低额度的政府补贴对企业风险承担没有产生明显影响。这实际上并不难理解，如前所述，开展高风险项目的投资活动往往需要足够的资金

表 5 - 4

政府补贴与企业风险承担的估计结果

变量	(1)	(2)	(3)	(4)	(5)	(6)
Subsity	0.0009 (0.73)	0.0014 (1.13)	0.0013 (1.02)	0.0015 (1.03)	0.0009 (0.79)	0.0007 (0.67)
DTime	0.0132*** (7.94)	0.0133*** (9.17)	0.0134*** (9.21)	0.0126*** (8.04)	0.0128*** (8.11)	0.0128*** (8.30)
Subsity × DTime	-0.0015 (-0.59)	-0.0010 (-0.41)	-0.0010 (-0.41)	—	—	—
$Subsity^{inten\_1}$ × DTime	—	—	—	-0.0008 (-0.28)	-0.0020 (-0.73)	-0.0021 (-0.74)
$Subsity^{inten\_2}$ × DTime	—	—	—	0.0053 (1.46)	0.0061* (1.74)	0.0058* (1.71)
$Subsity^{inten\_3}$ × DTime	—	—	—	0.0080** (2.04)	0.0078** (2.13)	0.0078** (2.10)
$Subsity^{inten\_4}$ × DTime	—	—	—	-0.0098*** (-3.98)	-0.0070*** (-3.08)	-0.0069*** (-3.19)
tfp	—	0.0008 (0.47)	0.0027 (0.87)	—	0.0009 (0.51)	0.0027 (0.88)
size	—	-0.0038*** (-5.70)	-0.0051*** (-3.84)	—	-0.0039*** (-5.77)	-0.0051*** (-3.89)
leverage	—	0.0504 (1.63)	0.0504 (1.61)	—	0.0503 (1.63)	0.0504 (1.61)
age	—	-0.0004*** (-5.40)	-0.0003*** (-4.80)	—	-0.0004*** (-5.44)	-0.0003*** (-4.84)
klr	—	0.0000 (1.16)	0.0000* (1.66)	—	0.0000 (1.20)	0.0000* (1.68)
pfrate	—	0.1972*** (6.78)	0.1948*** (6.28)	—	0.1971*** (6.77)	0.1947*** (6.27)

变量	(1)	(2)	(3)	(4)	(5)	(6)
state	—	-0.0031	-0.0029	—	-0.0032	-0.0030
		(-1.58)	(-1.45)		(-1.58)	(-1.47)
foreign	—	0.0144***	0.0131***	—	0.0141***	0.0128***
		(3.53)	(3.39)		(3.47)	(3.32)
常数项	0.0413***	0.0324	0.0426*	0.0416***	0.0335	0.0435*
	(44.08)	(1.35)	(1.69)	(41.94)	(1.38)	(1.70)
地区效应	No	Yes	Yes	No	Yes	Yes
行业效应	No	No	Yes	No	No	Yes
R^2	0.0069	0.1560	0.1599	0.0080	0.1566	0.1605
观测值	13232	13232	13232	13232	13232	13232

注：圆括号内数值为纠正了异方差后的 t 统计量；***、** 和 * 分别表示在 1%、5% 和 10% 的显著性水平上显著，"—"表示无数据。

支持，而受到政府的小额度补贴之后，企业可能仍然无法跨越承担高风险项目所需的资金门槛，故低额度补贴未能明显激励企业选择高风险的投资项目。交叉项 $Subsity^{inten-2} \times DTime$ 和 $Subsity^{inten-3} \times DTime$ 的估计系数为正，并且分别通过 10% 水平上和 5% 水平上的显著性检验。这表明，中度的政府补贴有助于降低企业在投资决策过程中的保守程度，更好地参与到净现值为正的投资项目中，进而显著提高了企业风险承担水平。这是因为，一方面，正如前文分析所提到的，开展高风险项目的投资往往需要足够的资金支持，适度的政府补贴有助于企业达到承担高风险项目所需的资金门槛，进而激励企业选择净现值为正的风险性投资项目；另一方面，受到政府补贴的企业的决策者往往比补贴前具有更多的安全感和自信心，又会进一步强化管理者的风险偏好，提高其承担风险性投资项目的积极性。

此外，我们还发现，交叉项 $Subsity^{inten-4} \times DTime$ 的估计系数为负并且通过 1% 水平的显著性检验，这说明，高额度的政府补贴削弱了企业在投资决策过程中的风险偏好，即倾向于降低企业风险承担水平。结合前文的理论分析，我们认为导致这一结果的可能原因是：企业从政府获得的补贴收入是企业利润总额的一部分，如果政府给予企业高额度补贴，即表现为企业从中获得了超额利润，这或许会弱化企业的风险偏好，使企业缺乏承担风险性投资项目的积极性。这部分非生产性支出可能会挤出一些预期净现值为正的投资项目，即迫使企业放弃需要大量资金作为支撑的高风险的投资机会，进而降低了企业风险承担水平。

以上检验结果表明，不同强度的政府补贴确实对企业风险承担产生了异质性影响。即适度的政府补贴提高了企业风险承担水平，而过高的政府补贴则倾向于降低企业风险承担水平。因此，总体上支持了第二章中理论假说 2 - 6 的预期。

第五节　稳健性分析

通过前文分析可知，不同强度的政府补贴对企业风险承担的影响存在异质性，即适度的政府补贴提高了企业风险承担水平，而过高的政府补贴则降低了企业风险承担水平。为了保证回归结果的稳健性，我们进行了如下稳健性检验。

一、企业风险承担的其他衡量指标

在前文的基本估计中，我们使用企业利润率的波动性来衡量企业风险承担。在既有相关研究中，李文贵和余明桂（2012）还采用营业收入比率（即营业收入与企业年末总资产的比值）的波动性来刻画企业风险承担水平。与前文类似，首先，对企业营业收入比率进行行业平均值的调整，表示为 $SARate_{it}^{adj} = SARate_{it} - \frac{1}{N_{jt}} \sum_{i \in \Theta_j} SARate_{it}$；其次，按以下方法计算新的企业风险承担指标：$RiskTake\_1_{i\tau} = \sqrt{\frac{1}{Q-1} \sum_{q=1}^{Q} \left(SARate_{iq\tau}^{adj} - \frac{1}{Q} \sum_{q=1}^{Q} SARate_{iq\tau}^{adj} \right)^2}$；再次，以 $RiskTake\_1$ 为因变量对模型重新进行估计，结果报告在表5-5的第（1）列。从中可以看到，交叉项 $Subsity^{inten\_4} \times DTime$ 的估计系数显著为负，表明高额度补贴显著地降低了企业风险承担水平，交叉项 $Subsity^{inten\_2} \times DTime$ 和 $Subsity^{inten\_3} \times DTime$ 依然显著为正，再一次表明适度补贴有利于提高企业风险承担水平。最后，与法乔等（Faccio et al.，2011）类似，我们计算了企业在观测时段内其利润率的最大值与最小值之间的差额值 $\max(PFRate_{i\tau}) - \min(PFRate_{i\tau})$，以此来衡量企业盈利的波动性（记为 $RiskTake\_2_{i\tau}$）。以 $RiskTake\_2$ 为因变量进行估计的结果，报告在表5-5的第（2）列，可以看到，除了交叉项 $Subsity^{inten\_2} \times DTime$ 的系数显著性出现下降之外（但系数符号没变），其余核心解释变量的系数符号和显著性水平没有发生根本性变化。以上检验表明，本章核心结论总体上不受企业风险承担变量衡量方法的影响。

二、改变政府补贴衡量指标

在前文研究中，我们主要采用补贴收入与企业销售额的比值来衡量政府补贴强度，为了稳健起见，我们采用补贴收入与企业总资产的比值来衡量政府补贴强度。对式（5-9）重新进行回归，结果报告在表5-5的第（3）列。从中可以看出，只有交叉项 $Subsity^{inten\_2} \times DTime$ 和 $Subsity^{inten\_3} \times DTime$ 的估计系数显著为正，表明适度的政府补贴显著提高企业的风险承担水平；另外，交叉项 $Subsity^{inten\_4} \times DTime$ 的估计系数为负且在5%水平上显著，再次表明高额度政府补贴降低了企业的风险承担水平。除此之外，我们还尝试直接以补贴额的绝对值为基础，将企业的补贴程度划分为四种类型，利用式（5-9）的计量模型进行估计，结果如表5-5的第（4）列所示。我们发现，核心解释变量的显著性与表5-4的第（6）列的基本回归结果

表 5-5　稳健性检验结果

变量	企业风险承担的其他衡量方法		政府补贴强度的其他衡量方法		改变观测时段 RiskTake_3	固定效应面板模型	非线性模型	基于马氏距离匹配
	RiskTake_1	RiskTake_2						
	(1)	(2)	(3)	(4)	(5)	(6)	(7)	(8)
Subsity	-0.0000	0.0008	0.0008	0.0007	0.0017*	—	—	0.0031***
	(-0.00)	(0.55)	(0.69)	(0.66)	(1.73)			(2.72)
DTime	0.0091***	0.0149***	0.0129***	0.0130***	0.0096***	—	—	0.0161***
	(5.47)	(8.07)	(8.32)	(8.41)	(6.72)			(9.97)
Subsity^{inten}_1 × DTime	-0.0006	-0.0041	-0.0038	0.0002	-0.0028	—	—	-0.0011
	(-0.20)	(-1.26)	(-1.50)	(0.07)	(-1.26)			(-0.34)
Subsity^{inten}_2 × DTime	0.0076**	0.0030	0.0063*	0.0040	0.0066**	—	—	0.0063*
	(2.21)	(0.78)	(1.70)	(1.48)	(2.11)			(1.75)
Subsity^{inten}_3 × DTime	0.0067*	0.0092*	0.0084**	0.0075**	0.0059*	—	—	0.0095**
	(1.72)	(1.77)	(2.28)	(2.00)	(1.95)			(2.27)
Subsity^{inten}_4 × DTime	-0.0101***	-0.0156***	-0.0054**	-0.0046*	-0.0089***	-0.0051	—	-0.0099***
	(-4.04)	(-5.78)	(-2.48)	(-1.84)	(-4.99)	(-1.51)		(-4.36)
Subsity^{inten}_1	—	—	—	—	—	—	—	—
Subsity^{inten}_2	—	—	—	—	—	0.0082*	—	—
						(1.74)		
Subsity^{inten}_3	—	—	—	—	—	0.0106*	—	—
						(1.75)		
Subsity^{inten}_4	—	—	—	—	—	-0.0060**	—	—
						(-2.15)		
Subinten	—	—	—	—	—	—	0.0014***	—
							(3.59)	
Subinten^2	—	—	—	—	—	—	-0.0753***	—
							(-3.60)	
tfp	0.0026	0.0034	0.0026	0.0025	0.0022	0.0016	-0.0023	0.0028
	(0.84)	(1.08)	(0.84)	(0.80)	(0.70)	(0.69)	(-1.42)	(0.95)

续表

变量	企业风险承担的其他衡量方法		政府补贴强度的其他衡量方法		改变观测时段	固定效应面板模型	非线性模型	基于马氏距离匹配
	RiskTake_1	RiskTake_2			RiskTake_3			
	(1)	(2)	(3)	(4)	(5)	(6)	(7)	(8)
size	-0.0050***	-0.0065***	-0.0051***	-0.0051***	-0.0034***	-0.0033*	-0.0113***	-0.0067***
	(-3.73)	(-4.52)	(-3.84)	(-3.85)	(-2.71)	(-1.91)	(-4.06)	(-5.36)
leverage	0.0491	0.0563*	0.0504	0.0500	0.0436	0.0706	0.0165***	0.0584*
	(1.56)	(1.81)	(1.61)	(1.60)	(1.50)	(1.54)	(3.10)	(1.83)
age	-0.0004***	-0.0004***	-0.0003***	-0.0004***	-0.0002***	-0.0002	-0.0003***	-0.0004***
	(-4.56)	(-5.61)	(-4.81)	(-4.87)	(-3.80)	(-1.46)	(-4.18)	(-5.22)
klr	0.0000	0.0000	0.0000*	0.0000*	0.0000	0.0000**	-0.0000	0.0000*
	(1.22)	(1.64)	(1.76)	(1.70)	(1.25)	(2.28)	(-1.18)	(1.77)
pfrate	0.1958***	0.2118***	0.1961***	0.1928***	0.1480***	0.1297***	0.2198***	0.2298***
	(6.29)	(6.61)	(6.29)	(6.24)	(4.79)	(3.55)	(5.84)	(4.82)
state	-0.0050**	-0.0039	-0.0027	-0.0027	-0.0013	-0.0028	-0.0078***	-0.0027
	(-2.03)	(-1.46)	(-1.35)	(-1.33)	(-0.71)	(-0.41)	(-3.09)	(-1.45)
foreign	0.0119***	0.0144***	0.0129***	0.0129***	0.0091**	0.0053*	0.0150***	0.0148***
	(3.04)	(3.60)	(3.34)	(3.37)	(2.52)	(1.80)	(5.38)	(3.60)
Mills	—	—	—	—	—	—	-0.2108***	—
							(-2.87)	
常数项	0.0511**	0.0534**	0.0431*	0.0441*	0.0189	0.0198	0.3092***	0.0514**
	(1.96)	(2.07)	(1.67)	(1.72)	(0.75)	(0.62)	(3.78)	(2.10)
地区效应	Yes	Yes	Yes	Yes	Yes	—	Yes	Yes
行业效应	Yes	Yes	Yes	Yes	Yes	—	Yes	Yes
企业效应	—	—	—	—	—	Yes	—	—
年份效应	—	—	—	—	—	Yes	Yes	—
R^2	0.1572	0.1693	0.1621	0.1603	0.1357	0.6378	0.5196	0.1948
观测值	13232	13232	13232	13232	13232	13232	8382	13232

注：圆括号内数值为纠正了异方差后的 t 统计量；***、** 和 * 分别表示在 1%、5% 和 10% 的显著性水平上显著，"—"表示无数据。

相比略有下降，但系数符号没有发生变化。即再次表明，适度的政府补贴明显提高了企业的风险承担水平，但高额度补贴却会降低企业的风险承担水平。由此可见，本章的核心结论不会因政府补贴强度界定方法的不同而改变。

三、改变观测时段时间长度

以上分析在测算企业风险承担变量时，都是以四年作为一个观测时段，即 1998～2001 年为第一个观测时段、2004～2007 年为第二个观测时段。那么，本章的核心结果是否会因观测时段时间长度的变化而发生改变？下面，我们通过改变观测时段时间长度的方式来进一步考察结论的稳健性。现在，我们以三年作为一个观测时段，具体而言，1999～2001 年作为第一个观测时段，而 2004～2006 年作为第二个观测时段，改变观测时段时间长度后测算得到的企业风险承担变量记为 $RiskTake\_3_{iT}$。以 $RiskTake\_3$ 为因变量进行估计的回归结果报告在表 5-5 的第（3）列，可以看到，与表 5-4 的第（6）列的基本估计结果相比，核心解释变量的系数符号和显著性水平没有发生实质性变化，这再次验证了结论的可靠性。

四、采用固定效应模型进行估计

前面的实证研究都是采用 PSM-DID 方法来考察政府补贴对企业风险承担的影响，作为一项稳健性检验，我们也想尝试在配对样本的基础上采用固定效应模型进行估计以控制政府补贴的内生性。将检验模型设定为：

$$RiskTake_{it} = \lambda_0 + \lambda_1 Subsity_{it}^{inten\_1} + \lambda_2 Subsity_{it}^{inten\_2} + \lambda_3 DSubsity_{it}^{inten\_3}$$
$$+ \lambda_4 Subsity_{it}^{inten\_4} + \beta X_{it} + \alpha_i + v_t + \varepsilon_{it} \qquad (5-10)$$

在式（5-10）中，$Subsity_{it}^{inten\_k}$（$k=1,2,3,4$）表示不同强度的政府补贴虚拟变量。X_{it} 为影响企业风险承担水平的一组时变且可观测的控制变量，各变量的选取与定义和式（5-4）相同。α_i 为非观测的企业效应，用来控制不随时间变化的企业特定效应；v_t 为年份效应，主要用来控制不随企业变化的年份固定效应，诸如人民币升值、宏观经济形势变化等；ε_{it} 为随机误差项。采用固定效应模型的估计结果报告在表 5-5 的第（4）列，可以看出，在控制企业效应、年份效应以及其他可观测的企业层面影响因素之后，$Subsity^{inten\_4}$ 的估计系数为负并通过 5% 水平上的显著性检验，表明与始终未补贴的企业相比，高额度补贴明显降低了企业风险承担水平；$Subsity^{inten\_2}$ 和 $Subsity^{inten\_3}$ 的估计系数均显著为正，即与始终未补贴的企业相比，适度补贴有利于提高企业的风险承担水平。这与前文的基本估计结果是相似的。

五、采用 Heckman 两阶段选择模型进行估计

在前文的基本估计中，我们主要是将补贴强度按由小到大排序的四分位数为临界点，把这部分企业进一步划分为四种类型，然后，以此为基础考察不同强度的政府补贴对企业风险承担的异质性影响。研究发现，低额度补贴对企业风险承担没有明显影响，适度补贴明显提高企业的风险承担水平，但高额度补贴却会降低企业的风险承担水平，这一结论反映了政府补贴强度对企业风险承担的影响是非线性的，且整体上呈现倒 "U" 形特征。作为稳健性检验，我们可以选取受到政府补贴的企业样本，通过引入政府补贴强度的平方项（即构建非线性模型）考察政府补贴对企业风险承担的非线性影响。为了克服样本选择性偏差问题，[①] 接下来，我们采用赫克曼（Heckman，1979）两阶段选择模型进行估计。第一阶段是采用 Probit 方法估计政府补贴决策，并由此提取逆米尔斯比率（inverse Mill's ratio）；第二阶段是修正企业风险承担的影响因素回归模型。具体模型为：

$$Pr(Subsity_{it} = 1) = \Phi(Z'\beta) \qquad (5-11)$$

$$RiskTake_{it} = \gamma_0 + \gamma_1 Subinten_{it} + \gamma_2 Subinten_{it}^2 + \beta X_{it} + \theta Mills_{it} + v_j + v_k + \varepsilon_{it}$$
$$(5-12)$$

式（5-11）为第一阶段的补贴选择模型。$Subsity_{it}$ 为企业是否受到补贴的哑变量，若潜在的补贴额 $subsidy_{it}^* > 0$，则 $Subsity_{it} = 1$；若 $subsidy_{it}^* \leq 0$，则 $Subsity_{it} = 0$。Z 为影响企业补贴决策的因素。$Pr(Subsity_{it} = 1)$ 表示企业 i 受到补贴的概率，$\Phi(Z'\beta)$ 表示标准正态累积分布函数。式（5-12）为修正的企业风险承担的影响因素模型。其中，引入了逆米尔斯比率 Mills，它由第一阶段的 Probit 模型估计得到，表示为 $Mills = \varphi(Z'\beta) / \Phi(Z'\beta)$。如果 Mills 的估计系数显著不为 0，则表明样本存在选择性偏差问题。限于篇幅，我们在表 5-5 的第（7）列中只报告了 Heckman 选择模型的第二阶段估计结果。从中可以看到，补贴强度变量（Subinten）的估计系数显著为正，而补贴强度变量平方项（$Subinten^2$）的估计系数为负且在 1% 水平上显著。这表明，政府补贴对企业风险承担的影响存在明显的

---

① 这主要是因为正如本章第三节所指出的，企业在现实中能否获得政府补贴可能是非随机的。例如，政府会根据企业自身的特征因素来决定补贴与否以及补贴额度。因此，若直接选取补贴企业样本进行估计，则可能会存在样本选择性偏差问题。

倒"U"形特征。具体而言，在补贴程度较低时，政府补贴对企业风险承担的影响较弱；随着补贴程度提高，政府补贴对企业风险承担的影响程度逐渐增强；但随着补贴程度进一步提高，政府补贴对企业风险承担的正向影响逐步减弱，甚至影响方向发生逆转。这与前文基本估计中所得的研究结论是类似的。进一步来看，我们依据 $\partial RiskTake_{it}/\partial Subinten_{it} = \gamma_1 + 2\gamma_2 \times Subinten_{it} = 0$ 并结合表5-5的第（7）列回归结果，可计算得到最优的政府补贴强度 $Subinten^*$ 为0.0093。这一最优补贴强度值恰好落入 $Subsity_{it}^{inten\_3}$ 的区间范围之内，[1] 这进一步解释了表5-4中交叉项 $Subsity^{inten\_3} \times DTime$ 对企业风险承担的促进作用最大。此外，逆米尔斯比率 Mills 的估计系数显著为负，说明样本中确实存在一定的选择性偏差，因此，采用 Heckman 两阶段选择模型进行估计是有效的。

六、采用马氏距离法进行样本配对

此前，我们都是采用最近邻倾向得分匹配方法为处理组（补贴企业）寻找合适的对照组（非补贴企业），进而克服样本选择偏差问题。为了进一步考察回归结果的稳健性，我们采用马氏距离匹配法（Mahalanobis matching）进行样本配对。马氏距离匹配的基本思路是，假设 $i \in \{Subsity = 1\}$ 为处理组企业，$j \in \{Subsity = 0\}$ 为对照组企业。先随机地排列研究个体，然后，计算各个处理组企业与所有对照组企业之间的距离。例如，处理组企业 i 与对照组企业 j 的马氏距离定义为：

$$d(i,j) = (U_i - V_j)^T \times C^{-1} \times (U_i - V_j) \qquad (5-13)$$

在式（5-13）中，U_i 和 V_j 分别表示处理组企业 i 和对照组企业 j 的匹配变量取值，C 为对照组企业集合的匹配变量的样本协方差矩阵。在这种配对方法中，对于处理组企业 i，只有具有最小距离 d (i,j) 的对照组企业被筛选出来作为新的对照组。接下来，将成功配对的观测值从数据集中移除，然后，重复进行这一过程直至为所有处理组企业找到相应的配对企业。基于马氏距离匹配后样本的倍差法估计结果，报告在表5-5的第（8）列。不难发现，核心解释变量的系数符号和显著性水平与表5-4的第（6）列的基本回归结果十分相似。即再次表明，只有适度补贴才能提高企业的风险承担水平，而高额度补贴则倾向于降低企业的风险承担水平。

---

[1] 本章第四节根据补贴强度按由小到大排序的四分位数，将补贴企业划分为四种类型，它们所对应的补贴强度区间分别为 [2.38e-06, 0.00096]、[0.00097, 0.00395]、[0.00397, 0.01686] 和 [0.01688, 0.51167]。

七、改变样本时间段

在基准估计结果中，我们使用 1998～2007 年的数据进行实证分析，出于稳健性考虑，我们基于 1998～2013 年的数据，使用企业劳动生产率指标（lp）替代企业的全要素生产率指标进行一组稳健性检验。具体地，我们使用工业总产值与企业就业人数的比值取对数来衡量企业劳动生产率，检验结果见表 5－6。观察表 5－6 中的估计结果，不难发现，Subsity × DTime 的估计系数及其显著性均没有发生实质性变化，说明我们的估计结果较为稳健，不会受到样本时间段的限制。

表 5－6　　　　　　　使用 1998～2013 年的数据进行稳健性检验

变量	（1）	（2）	（3）
Subsity	0.0012	0.0020	0.0031
	（0.78）	（1.56）	（1.32）
DTime	0.0141***	0.0136***	0.0145***
	（7.76）	（6.45）	（9.89）
Subsity × DTime	− 0.0021	− 0.0013	− 0.0017
	（− 0.98）	（− 0.72）	（− 0.87）
tfp	—	0.0012	0.0033
		（0.82）	（0.90）
size	—	− 0.0029***	− 0.0047***
		（− 4.16）	（− 3.32）
leverage	—	0.0512	0.0512
		（1.67）	（1.66）
age	—	− 0.0006***	− 0.0004***
		（− 5.70）	（− 4.93）
klr	—	0.0000	0.0000*
		（1.23）	（1.79）
pfrate	—	0.1989***	0.1912***
		（6.62）	（5.38）
state	—	− 0.0063	− 0.0020
		（− 1.66）	（− 1.52）
foreign	—	0.0132***	0.0135***
		（3.17）	（3.22）
常数项	0.0735***	0.5723***	0.5832***
	（3.80）	（7.52）	（7.14）
地区效应	No	Yes	Yes
行业效应	No	No	Yes
R^2	0.1326	0.1782	0.1932
观测值	24378	24378	24378

注：圆括号内数值为纠正了异方差后的 t 统计量；***、** 和 * 分别表示在 1%、5% 和 10% 的显著性水平上显著，"—"表示无数据。

第六节 高额补贴抑制企业风险承担的影响机制检验

本章的一个主要研究发现是，适度的政府补贴提高了企业风险承担水平，而过高的政府补贴则降低了企业风险承担水平。这一核心结论在采用因变量的其他衡量方法、改变测算时段长度、使用不同的估计模型以及换用其他方法对样本进行配对之后依然稳健。那么，随之而来的一个关键问题是，为何高额政府补贴反而降低了企业风险承担水平？对于该问题的深入研究，不仅有助于深化我们对于政府补贴与企业风险承担关系的认识，而且可以为中国当前政府补贴政策的优化调整提供微观基础。结合本章第二节的理论分析，我们通过引入"研发投入比例"作为中介变量来构造中介效应模型，以此来考察其中可能的传导机制。本书采用研发支出额占企业总销售额的比重来衡量研发投入比例（RDratio）。

中介效应模型的基本程序可分三步进行：第一步，将因变量对基本自变量进行回归；第二步，将中介变量（研发投入比例）对基本自变量进行回归；第三步，同时将因变量对基本自变量和中介变量进行回归。本章的中介效应模型由如下方程组构成：

$$RiskTake_{it} = f\left(Subsity_{it}, DTime_{it}, \sum \lambda_k Subsity_{it}^{inten\_k} \times DTime_{it}, X_{it}\right) \tag{5-14}$$

$$RDratio_{it} = f\left(Subsity_{it}, DTime_{it}, \sum \lambda_k Subsity_{it}^{inten\_k} \times DTime_{it}, X_{it}\right) \tag{5-15}$$

$$RiskTake_{it} = f\left(Subsity_{it}, DTime_{it}, \sum \lambda_k Subsity_{it}^{inten\_k} \times DTime_{it}, RDratio_{it}, X_{it}\right) \tag{5-16}$$

式（5-14）为拓展回归模型（5-9），因此，为了方便分析，我们将表5-4的第（6）列的回归结果直接复制到表5-7的第（1）列中，以此作为比较的基础。表5-7的第（2）列是对模型式（5-15）进行估计的结果，最后，表4-6的最后一列报告了同时加入中介变量 RentCost 和 RDratio，即模型（5-16）的估计结果。表5-7的第（2）列的估计结果显示，交叉项 $Subsity^{inten\_4} \times DTime$ 的估计系数显著为负，表明高额度的政府补贴显著降低了企业的研发投入比例。这可能是因为，当企业获得高额的政府补贴收入后（表现为企业从中获得了超额利润），这显然会弱化企业致力于通过研发创新进而改善生产效率的方式来获取超额利润的动力。另外，我们还发现，交叉项 $Subsity^{inten\_2} \times DTime$ 的系数符号和 $Subsity^{inten\_3} \times DTime$ 的系数符号为正，特别是后者通过了 10% 水平上的显著性检验，这意味着，适度的政府补贴有利于提高企业的研发投入比例。

表 5-7 中的第（3）列还报告了因变量对基本自变量和中介变量回归的结果，从中可以看到，中介变量 RDratio 的估计系数显著为正，表明研发投入越大的企业，其风险承担水平越高，这与通常的预期是一致的。此外，我们还发现，与表 5-7 的第（1）列的基础回归结果相比，在加入中介变量 RDratio〔第（3）列〕之后，交叉项 $Subsidy \times SIDum4$ 的估计系数绝对值和显著性水平均出现了下降，这表明"创新激励"中介效应的存在。这便进一步显示，创新激励的弱化是高额度政府补贴降低企业风险承担水平的重要影响渠道。因此，表 5-7 的估计结果，在总体上支持了第二章中的理论假说 2-7。

表 5-7 影响机制检验结果

变量	RiskTake	RDratio	RDration
	（1）	（2）	（3）
Subsity	0.0007	0.0011 ***	0.0011
	(0.67)	(3.17)	(0.96)
DTime	0.0128 ***	0.0003	0.0127 ***
	(8.30)	(0.89)	(8.28)
$Subsity^{inten\_1} \times DTime$	−0.0021	0.0000	−0.0020
	(−0.74)	(0.00)	(−0.72)
$Subsity^{inten\_2} \times DTime$	0.0058 *	0.0014	0.0056 *
	(1.71)	(1.08)	(1.67)
$Subsity^{inten\_3} \times DTime$	0.0078 **	0.0017 *	0.0070 *
	(2.10)	(1.74)	(1.94)
$Subsity^{inten\_4} \times DTime$	−0.0069 ***	−0.0010 *	−0.0030
		(−1.87)	(−1.28)
RDratio	—	—	0.0486 **
			(2.06)
tfp	0.0027	0.0008 ***	0.0027
	(0.88)	(4.73)	(0.88)
size	−0.0051 ***	0.0001	−0.0039 ***
	(−3.89)	(0.75)	(−2.95)
leverage	0.0504	−0.0015 ***	0.0499
	(1.61)	(−3.82)	(1.59)
age	−0.0003 ***	0.0000 *	−0.0003 ***
	(−4.84)	(1.73)	(−4.47)

变量	RiskTake	RDratio	RDration
	(1)	(2)	(3)
klr	0.0000 *	0.0000	0.0000 *
	(1.68)	(0.83)	(1.80)
pfrate	0.1947 ***	0.0003	0.1934 ***
	(6.27)	(0.35)	(6.17)
state	− 0.0030	0.0009 **	− 0.0020
	(− 1.47)	(2.35)	(− 1.01)
foreign	0.0128 ***	− 0.0008 **	0.0132 ***
	(3.32)	(− 2.04)	(3.37)
常数项	0.0435 *	− 0.0032 **	0.0407
	(1.70)	(− 2.36)	(1.58)
地区效应	Yes	Yes	Yes
行业效应	Yes	Yes	Yes
R^2	0.1605	0.0318	0.1610
观测值	13232	13232	13232

注：圆括号内数值为纠正了异方差后的 t 统计量；*** 、** 和 * 分别表示在 1% 、5% 和 10% 的显著性水平上显著，"—"表示无数据。

第七节　小　结

通常而言，风险承担可以反映企业在投资决策过程中对投资项目的选择情况，任何理性的企业决策者应当选择所有预期净现值为正的投资项目以最大化企业价值。本章的研究旨在评估政府补贴对中国企业风险承担水平的因果影响，所用的样本是 1998 ~ 2007 年中国工业企业微观数据库的相关数据。为了克服样本选择偏差和内生性问题，本章先采用倾向得分匹配方法为补贴企业（处理组）找到最合适的非补贴企业（对照组），在匹配样本的基础上，进一步构造倍差法模型考察了政府补贴对企业风险承担的因果效应。通过实证检验，我们主要有以下三点发现：第一，政府补贴并未在总体上明显提高中国企业的风险承担水平。第二，不同额度的政府补贴对企业风险承担的影响存在显著的异质性，即适度的政府补贴提高了企业风险承担水平，而过高的政府补贴则降低了企业风险承担水平。这一核心结论在采用因变量的其他衡量方法、改变测算时段长度、使用不同的估计模型以及换用其他方法对样本进行配对之后依然稳健。第三，中介效应模型检验表明，创新激励的弱化是高额度补贴降低企业风险承担水平的重要影响渠道。

近年来，中国政府给予企业补贴的数额日益增加，本章基于这一典型事实，系统地评估了政府补贴对企业风险承担的影响，进而深化和拓展了风险承担的相关研究，为我们理解中国企业风险承担水平的变动提供了新的思路。同时，本章的研究也在一定程度上丰富了有关中国政府补贴效果的文献，即从企业投资决策视角为深入、全面地评估政府补贴的效率拓宽了视角。本章研究的重要发现是，适度的政府补贴确实有益于企业提高其风险承担水平，但高额度补贴则可能会诱使企业放弃那些高风险但预期净现值为正的投资项目，进而降低了其风险承担水平。因此，制定合理的补贴政策对于提高企业风险承担水平尤为重要。为了更好地提升补贴效率和促进企业风险承担水平的提高，今后的政府补贴政策可以从以下三方面进行调整。第一，政府要对企业的整体状况（如盈利情况、发展规划等）进行科学评估，以此作为是否进行补贴的依据，补贴额度与补贴方式要与企业的现状与实际需求挂钩。第二，政府补贴的资格评审机制要公开、透明，并要加强监督力度。第三，要对补贴企业在受补贴之后的绩效进行定期评估，并根据审核结果决定是增加还是减少补贴力度或是终止补贴。当然，本章的研究也存在一定不足，例如，限于数据的可获得性，我们目前主要是从补贴强度即"量"的角度考察政府补贴对企业风险承担的异质性影响，而没有从补贴形式的角度（包括价格补贴、利息补贴、研发补贴等）做进一步研究。在未来数据更为完善的情况下，本章的一个可拓展方向是比较研究不同形式的政府补贴对企业风险承担影响的差异性，并进一步揭示其背后的原因。

第六章 政府补贴、进口与企业竞争力

政府补贴能否促进企业进口？这是评价政府补贴效果的一个重要维度。本章采用基于倾向得分匹配的倍差法与生存分析方法系统地评估了政府补贴对企业进口的微观效应。研究发现，政府补贴不但提高了企业进口的可能性，而且显著促进了企业进口额、进口产品种类以及进口产品质量的提高。进一步地，我们采用生存分析方法考察政府补贴对企业进口持续时间的影响，发现政府补贴在总体上延长了企业的进口持续时间，但是，对纯中间品进口企业的积极影响大于对纯资本品进口企业、混合型进口企业。此外，政府补贴显著缩短了进口低质量产品企业的进口持续期，但延长了进口高质量产品企业的进口持续期。作用机制检验表明，"融资约束缓解"是政府补贴促进企业进口的一个重要渠道。最后，我们进一步考察了政府补贴通过进口对企业绩效的影响，发现政府补贴对企业绩效的影响主要通过进口的规模效应，而进口的质量效应并不显著。本章为今后客观评估中国政府补贴的经济效果和完善补贴政策的设计提供了微观证据。

第一节 问题的提出

改革开放 40 余年来，中国的对外贸易发展取得了巨大成就，2009 年以来，一直位列世界第一大货物贸易出口国和世界制造工厂。出口贸易的迅速发展在促进经济增长的同时，也积累了巨额的贸易顺差并引致一系列贸易摩擦。鉴于此，在当前中国全面对外开放的新时期，中国政府进一步将扩大进口贸易、促进进出口贸易的平衡发展作为新的贸易战略。①2016 年，《国家"十三五"规划纲要》再次明确了扩大进口规模、优化进口结构和提高进口质量的重要战略地位。②在中国最新的一揽子"促进口"政策中，引导企业进口高端设备与技术是其主要方向。③2018 年，首届中国国际进口博览会的举行，再次向世界释放了中国进一步提升进口贸易水平的

信号。据中国海关统计，2000~2014年，中国进口贸易总额由2250.9亿美元激增至19592.3亿美元，年均增长率高达17%，高于亚洲6%和世界12%的平均进口增长率，目前，已经是仅次于美国的全球第二大货物贸易进口国。[①] 那么，作为进口贸易活动的微观主体，制造业企业的进口行为会受到哪些因素的影响？我们发现，为了鼓励和支持企业进口国外的先进技术、核心设备和关键零配件以生产出符合国际市场要求的产品，中国政府加大了对制造业企业的扶持力度，其中尤以政府补贴最为典型。据中国工业企业数据库统计，2013年获得政府补贴的企业是1998年的5.3倍，获得政府补贴的额度是1998年的5.5倍，[②] 中国制造业企业获得政府补贴的广度和深度在不断扩展。那么，政府补贴对企业的进口决策和进口产品质量到底产生了怎样的影响？其背后的作用机制是什么？

当前，已有研究围绕进口在保持贸易平衡、缓和贸易摩擦中的宏观作用（Chen and Ma，2012）、进口对企业出口行为（Feng et al.，2016）、企业创新（Damijan and Kostvc，2015；张杰等，2015）以及企业生产率（Amiti and Konings，2007；Kasahara and Rodrigue，2008；Elliott et al.，2016）的影响进行了理论检验和实证检验，不过却少有文献关注政府补贴政策在企业进口行为中的作用。目前，中国正处于产业转型升级和全球竞争激烈的重要时期，同时，扩大进口对中国制造业企业升级和贸易结构优化具有不可忽视的作用，面对新形势，如何发挥政府补贴在提高中国制造业企业进口中的作用成为需要我们研究的重要课题。因此，在开放经济条件下，研究政府补贴对企业进口的综合影响很有必要。基于此，本章采用中国制造业微观企业数据，围绕政府补贴与企业进口之间的关系进行全面分析。

第二节　文献综述

与本章紧密相关的文献主要包括两类：生产性补贴对企业经济绩效影响的文献和企业进口方面的文献。

首先，关于生产性补贴对企业经济绩效影响的研究。在这类文献中，很多文献围绕生产性补贴与企业出口之间的关系进行了详细讨论。吉尔马

---

① 笔者根据2000~2014年《中国统计年鉴》计算整理而得。

② 笔者根据1998~2007年中国工业企业数据库的相关数据计算而得。

等（Girma et al.，2009）围绕政府补贴对企业出口贸易的影响进行了实证分析，结果均支持政府补贴促进企业出口贸易发展的结论。苏振东等（2012）考察了生产性补贴与企业出口行为之间的相关关系，认为生产性补贴对潜在出口企业和在位出口企业的出口活动均产生了积极影响，总体而言，生产性补贴确实对中国制造业企业的出口行为产生了促进作用。施炳展等（2013）考察了政府补贴对企业出口模式的影响，发现政府补贴提升了中国企业的出口总量和出口数量，降低了出口价格，促成了"低价竞争、数量取胜"的出口模式。进一步地，张杰和郑文平（2015）研究了中国的政府补贴对企业出口集约边际和扩展边际的影响效应，认为政府补贴对出口集约边际的作用有限，但与出口扩展边际呈倒"U"形关系，并且，在不同所有制类型企业和不同贸易方式企业中存在明显差异。张杰等（2015）对比、分析了政府补贴和市场竞争对企业出口产品质量的差异性影响，研究表明，政府补贴作为"有形之手"不利于企业出口产品质量的提高，而作为"无形之手"的市场竞争却显著促进了企业的出口产品质量提升。随着全球价值链研究的不断深入，企业的出口竞争力更多地取决于其融入全球分工获取附加值的能力（蒋庚华和陈海英，2018）。在此背景下，蔡承彬（2018）较早将政府补贴引入企业出口国内附加值的分析框架，分析发现政府补贴有利于提高企业的出口国内附加值。综合来看，以上文献所得的研究结论基本相似，即政府补贴会增加企业的出口参与度。

还有一部分文献就政府补贴对企业生产率和新产品创新的影响进行了全面分析（Harris and Robinson，2004；Bernini and Pellegrini，2011；邵敏和包群，2012）。其中，贝尔尼尼和佩列格里尼（Bernini and Pellegrini，2011）对意大利企业的研究、邵敏和包群（2012）对中国企业的研究等，这些文献大都认为政府补贴并未有效提升企业的生产率水平。此外，刘海洋等（2012）使用中国工业企业微观数据库分析了生产性补贴与企业购买行为之间的关系，发现生产性补贴提高了企业的平均购买成本，通过企业的过度购买行为扭曲了社会资源配置，在使用 PSM 方法解决样本内生性问题之后上述结果依然稳健。任曙明和张静（2013）以中国装备制造业企业为例，实证考察了政府补贴对企业成本加成率的影响，结果表明，政府补贴不利于企业竞争力的提升。还有一些文献考察了政府补贴与企业创新之间的关系。陆国庆等（2014）分析认为，政府补贴显著促进了战略性新兴产业的绩效提升。在此基础上，毛其淋和许家云（2015）分析了政府补贴与企业新产品创新之间的关系，发现政府补贴不但有利于企业创新水平的提升，而且还可以延长企业新产品创新的持续期。许家云和毛其淋

（2016）从企业市场存活的动态视角，集中考察了政府补贴对企业生存的影响，结果发现，政府补贴在总体上有利于降低企业退出市场的风险率，但只有适度的政府补贴才会延长企业的生存时间，高额度政府补贴反而不利于企业生存。此外，杨洋等（2015）进一步考察了要素市场扭曲在政府补贴影响企业创新中的作用。

其次，关于企业进口方面的相关研究。以往大多数文献将关注的焦点置于进口的经济绩效评估，包括进口对生产率的影响（Amiti and Konings，2007；Kasahara and Rodrigue，2008；张杰等，2015）、进口对企业出口贸易的影响（Mody and Yilmaz，2002；Feng et al.，2016）以及进口对企业创新的影响（Goldberg et al.，2009；Damijan and Kostevc，2015；张杰，2015）。但是，考察中间品进口影响因素的研究相对较少。逯宇铎等（2015）考察了中国企业进口贸易持续时间的影响因素。余淼杰和李乐融（2016）探讨了贸易自由化对进口中间产品质量的提升效应，使用倍差法的分析表明，相对于加工贸易企业，贸易自由化显著提升了一般贸易企业进口中间品的质量。李宏彬等（2011）、法图姆等（Fatum et al.，2018）考察了人民币汇率变动对中国微观制造业企业进口贸易的影响。魏浩（2016）考察了知识产权保护强度对中国高新技术产品进口贸易的影响。许家云（2018）全面、系统地考察了中间品进口对中国制造业企业竞争力的微观影响，分别从制造业企业市场存活、企业创新、企业出口产品质量以及企业加成率四个方面展开研究，发现中间品进口在总体上降低了企业退出市场的风险率，中间品进口对中国制造业企业的创新活动具有显著的促进作用。中间品进口通过"中间产品质量效应""产品种类效应""技术溢出效应"三个可能的渠道显著促进了企业出口产品质量提升，中间品进口自由化显著提高了企业的成本加成定价能力。但遗憾的是，目前，仍未有文献专门从生产性补贴角度来检验企业的进口行为及其经济效果。

通过对已有文献的梳理和总结，我们认为生产性补贴对企业进口行为的影响可能主要是通过缓解企业的融资约束这一方式发挥作用的。众所周知，与企业的出口行为类似，企业进入进口市场往往要面对信息不对称和交易风险等问题，由此产生巨大的沉没成本和信息搜寻成本。同时，进口交易时企业要直接支付货款，进口交易完成的后续生产环节也需要企业足够的运营基金来支持。而作为企业获得的现期无偿支付，政府补贴可以为企业的进口活动提供资金支持。除此之外，由于政府补贴可以增加企业利润（邵敏和包群，2012；许家云和毛其淋，2016），企业的内源融资约束就会在企业获得政府补贴之后得到缓解，而内源融资是企业扩大进口规模、提高进口质量所需资金的主要来源。通过缓解企业的融资约束，政府补贴可以促进企业进口活动的顺利开展。但是，值得注意的是，生产性补贴对企业的进口活动也可能会产生不利影响。另外，当企业获得高额度补贴之后，其通过进口高质量产品获得经营利润的积极性和动力便会弱化。综上所述，生产性补贴对企业进口行为的影响，可能是上述两种正负效用的综合。

通过对已有研究的梳理和总结，我们发现，已有文献或者考察了进口对企业经济绩效的影响，或者考察了生产性补贴对企业经济绩效的影响，但是，他们都没有综合考虑生产性补贴对企业进口行为——如进口决策、进口规模、进口产品种类以及进口产品质量的影响，也没有考察生产性补贴通过影响企业的进口行为进而对企业经济绩效产生的作用。本章致力于考察生产性补贴对中国制造业企业进口行为的微观影响及其作用机制。在已有研究基础上，本章可能的拓展主要体现为：其一，在研究视角方面，与以往从企业出口和生产率视角的研究有所不同（Amiti and Konings，2007；张杰等，2014），本章基于制造业企业获得生产性补贴的规模不断扩大这一现实背景，从企业进口行为角度探讨生产性补贴的经济效果，系统地考察生产性补贴对企业进口行为的影响，并比较中间品进口和资本品进口的差异，进而丰富了有关评估生产性补贴经济效果的研究文献。其二，在研究方法方面，本章使用倾向得分匹配（propensity score matching，PSM）方法进行样本匹配以降低样本选择偏误对本章估计结果的干扰，这在一定程度上丰富、深化了有关政府产业政策与企业进口行为的研究文献。其三，在机制检验方面。本章通过构建中介效应模型深入检验生产性补贴通过融资约束缓解效应对企业进口行为的影响，这有利于增强我们关于补贴政策影响企业进口作用机理的认识。其四，在研究内容方面。在研究生产性补贴影响企业进口的基础上，进一步深入考察了企业进口的经济绩效（包括企业生产率、企业出口规模以及企业出口产品质量三个方面）。这有助于更深入地理解生产性补贴与中国制造业企业绩效之间的内在联系。

第三节　研究方法、研究模型与数据

一、研究方法

本章尝试就生产性补贴对企业进口的影响进行实证分析。但是，在现实的经济生活中，企业能否获得生产性补贴并非是随机的，其可能会受到企业自身市场生存能力和经营绩效的影响（邵敏和包群，2011）。并且，生产性补贴和企业进口行为还可能会受到诸如企业生产率水平、企业利润率等因素的共同影响，从而导致本章样本选择的内生性以及由此产生的估计偏误。基于此，我们借鉴经典文献的做法，使用倾向得分匹配方法得到本章的分析样本，然后，构建倍差法模型进行计量分析。

我们将样本中首次受到生产性补贴的企业界定为处理组企业，样本中从未受到生产性补贴的企业界定为对照组。[①] 具体地，我们设定二元虚拟变量 $Subsidy_i = \{0,1\}$，如果企业 i 属于首次受到补贴的企业，$Subsidy_i = 1$，否则，$Subsidy_i = 0$。设定时间虚拟变量 $T_t = \{0,1\}$，企业受到生产性补贴前，$T_t = 0$，否则，$T_t = 1$。y_{it} 为被解释变量。Δy_{it} 表示被解释变量在获得生产性补贴前后两个时期的变化量，其中，Δy_{it}^1 表示处理组企业因变量的变化量，Δy_{it}^0 表示对照组企业因变量的变化量。从而，处理组企业的平均处理效应（ATT）可以表示为：

$$\lambda = E(\lambda_i \mid Subsidy_i = 1) = E(\Delta y_{it}^1 \mid Subsidy_i = 1) - E(\Delta y_{it}^0 \mid Subsidy_i = 1)$$

$$(6-1)$$

式（6-1）右边的第二项是一种"反事实"，其表示补贴企业 i 如果没有获得生产性补贴其因变量的变化情况。接下来，我们使用最近邻匹配（nearest neighbor matching）方法来为获得政府补贴的企业寻找对应的非补贴企业。在已有文献研究的基础之上，我们选取的匹配变量主要包括：企业生产率（tfp），本章使用奥莱和帕克斯（Olley and Pakes，1996）的方法测算得到；企业规模（size），用企业销售额的对数形式来衡量，并用工业品出厂价格指数对企业销售额进行了平减处理；企业年龄（age），用企业开业年份与当年年份差的绝对值来表示；企业资本密集度（klr），用固定资产除以从业人员数，然后取对数得到，其中，我们使用固定资产投资价格指数来别除通货膨胀因素；企业利润率（profit），用营业利润与企业销售额的比值来衡量；融资约束（finance），借鉴霍瓦基米安（Hovakimian，2009）和张杰等（2012）的方法，通过构造企业的融资约束指数来衡量企业面临的融资约束状况；出口密集度（exp），用企业出口交货值除以企业销售额得到；外资企业虚拟变量（foreign），如果企业是外资企业将其赋值为1，否则将其赋值为0。然后，基于以下 logit 模型进行估计：

---

① 这里，我们借鉴德勒克尔和沃钦斯基（De Loecker and Warzynski，2012）设定政策处理变量的方法，将首次受到政府补贴的企业作为处理组，从而可以在面板数据的情形下避免错误匹配问题。

$$P = \Pr\{Subsidy_{it} = 1\} = \Phi\{X_{it-1}\} \qquad (6-2)$$

通过估计式（6-2）我们可以得到概率预测值（或倾向得分值）$\hat{p}$，$\hat{p}_i$ 表示处理组的倾向得分值，$\hat{p}_o$ 表示对照组的倾向得分值，最近邻匹配原则表示如下：

$$\Omega(i) = \min_o \|\hat{p}_i - \hat{p}_o\|, o \in (Subsidy = 0) \qquad (6-3)$$

在式（6-3）中，$\Omega(i)$ 表示对照组企业的匹配集合，其与处理组企业一一对应。通过最近邻匹配，我们可以得到与处理组企业相对应的对照组企业集合 $\Omega(i)$，从而 E（$\Delta y_{it}^0 | Subsidy_i = 0, i \in \Omega(i)$）可以作为 E（$\Delta y_{it}^0 | Subsidy_i = 1$）的较好替代。基于此，式（6-1）可以进一步用式（6-4）来表示：

$$\lambda = E(\lambda_i | Subsidy_i = 1) = E(\Delta y_{it}^1 | Subsidy_i = 1)$$
$$- E(\Delta y_{it}^0 | Subsidy_i = 0, i \in \Omega(i)) \qquad (6-4)$$

模型（6-4）对应的实证估计方程式为：

$$y_{it} = \alpha + \beta_1 \times Subsidy_{it} + \beta_2 \times T_{it} + \delta \times Subsidy_{it} \times T_{it} + \varepsilon_{it} \qquad (6-5)$$

同时，为了控制遗漏变量对估计结果的干扰，本章在式（6-5）中引入了一组包括企业生产率（tfp）、企业利润率（profit）、融资约束（finance）、企业规模（size）、出口密集度（exp）、企业年龄（age）、资本密集度（klr）以及外资企业虚拟变量（foreign）的控制变量集合 Q。此外，本章还控制了行业层面、地区层面以及年份层面的固定效应 ν_{in}、ν_{re}、ν_t。本章将最终用于估计的倍差法模型设定为：

$$y_{it} = \beta + \beta_1 Subsidy_i + \beta_2 T_t + \beta_3 Subsidy_i \times T_t + \beta_4 Q_{it} + \nu_{in} + \nu_{re} + \nu_t + \varepsilon_{it}$$
$$(6-6)$$

式（6-6）为本章的基准估计方程。其中，y_{it} 包括企业进口决策（pimp）、进口产品种类数（scope）、进口贸易额（imp）以及进口产品质量（quality）。具体地，$pimp_{it}$ 表示企业是否进口的虚拟变量，如果企业 i 在时间 t 有进口行为，将其赋值为 1，否则，赋值为 0；$scope_{it}$ 表示企业 i 在时间 t 的进口产品种类数；imp_{it} 表示企业 i 在时间 t 的进口贸易额；$quality_{it}$ 表示企业 i 在时间 t 的进口产品质量。上述三个变量均用其对数形式衡量。ε_{it} 表示随机扰动项。

变量 $Subsidy_i$ 的估计参数 β_1 刻画了在生产性补贴发生之前，两个组别企业进口倾向（进口产品种类、进口额或者进口产品质量）的差异；变量 T_t 的估计参数 β_2 刻画了处理组企业和对照组企业在进口方面的共同时间趋势；估计系数 β_3 刻画了生产性补贴对企业进口行为的因果效应，如果

$\beta_3 > 0$，表示与没有获得生产性补贴的企业相比，处理组企业因为获得了生产性补贴其进口倾向（进口产品种类、进口额或者进口产品质量）实现了更大幅度的提升，从而生产性补贴有利于促进企业的进口贸易。

二、指标测度

（一）进口产品种类（scope）

借鉴余淼杰和王雅琦（2015）的方法，这里使用企业 i 在时间 t 进口的 HS6 位码的产品种类数来衡量企业的进口产品种类。[①]

（二）企业进口产品质量（quality）[②]

本部分采用事后推理方法来计算企业的进口产品质量指标（Hallak and Schott，2011；王永进和施炳展，2014）。具体地，我们将第 j 种产品对应的消费数量表示为：

$$q_j = p_j^{-\sigma} \lambda_j^{\sigma-1} \frac{E}{P} \qquad (6-7)$$

在式（6-7）中，E、P、j、p、λ、q 分别表示消费者支出、价格指数、产品种类、产品价格、产品质量以及产品数量，$\sigma > 1$ 表示产品种类间的替代弹性。考虑到数据呈现为年份—企业—进口国—产品四个维度，对于某种产品 j 而言，企业 i 在 t 年对 k 国的进口数量可表示为式（6-8）的形式：

$$q_{ikt} = p_{ikt}^{-\sigma} \lambda_{ikt}^{\sigma-1} \frac{E_{kt}}{P_{kt}} \qquad (6-8)$$

对式（6-8）两边取自然对数，进行简单整理后可以得到：$\ln q_{ikt} = \chi_{kt} - \sigma \ln p_{ikt} + \varepsilon_{ikt}$，其中，$\chi_{kt}$ 为出口国—年份两维虚拟变量，可以控制仅随出口国变化的变量（如地理距离），仅随时间变化的变量（如汇率制度变革），以及同时随时间和出口国变化的变量（如出口国的国内生产总值等）（施炳展，2013）。$\ln p_{ikt}$ 为企业进口产品的价格，$\varepsilon_{ikt} = (\sigma-1) \ln \lambda_{ikt}$ 为包

[①] 我们的数据时间段为 2000~2007 年。其中，2000~2001 年数据的产品代码为 HS1996 版本，2002~2006 年数据的产品代码为 HS2002 版本，2007 年数据的产品代码为 HS2007 版本。我们利用联合国统计司网站上所提供的产品代码转换表，将不同版本的 HS6 位码进行了对应统一，以保证产品分类的一致性和结果的可比性。

[②] 这里，我们进一步使用芬斯特拉和罗马里斯（Feenstra and Romalis，2014）以及余淼杰和李乐融（2016）的方法重新测算了企业的进口产品质量指标，然后，基于新的指标进行了一组稳健性检验，结果表明政府补贴对企业进口产品质量的影响并没有发生实质性变化，本章结果较为稳健，并不受进口产品质量指标测算方法的影响。限于篇幅，我们没有给出具体的估计结果，如需备索。

含产品质量信息的残差项。如果直接对式（6-8）进行 OLS 回归，可能会存在以下问题：第一，该式仅考虑了价格和产品质量对产品需求量的影响，但忽视了产品的多样化特征，即水平产品种类。第二，由于产品质量与产品价格之间的双向因果关系，导致该式可能存在内生性问题。对第一个问题而言，考虑到企业产品种类是市场规模的函数，我们借鉴坎德维尔（Khandelwal，2010）的思路，通过加入进口企业所在地区的国内生产总值来控制企业的水平产品种类。针对第二个问题，我们按照内沃（Nevo，2001）以及王永进和施炳展（2014）的做法，将企业 i 从 k 国之外的其他市场进口产品的平均价格作为该企业在 k 市场进口价格的工具变量。

在考虑上述问题的基础上，通过回归我们可以得到产品质量的具体表达式：$quality_{ikt} = \ln \hat{\lambda}_{ikt} = \hat{\varepsilon}_{ikt}/(\sigma-1) = (\ln q_{ikt} - \ln \hat{q}_{ikt})/(\sigma-1)$。由此，我们可以得到企业—市场—年度—产品（HS8 位码产品）层面的质量数据。进一步地，为了便于比较，我们将上式进行了标准化处理，得到标准化质量指标 $Quality_{ikt}$：$r - quality_{ikt} = (quality_{ikt} - minquality_{ikt})/(maxquality_{ikt} - minquality_{ikt})$，其中，min、max 分别表示针对某一产品 j，在所有年度、所有企业、所有进出口国层面上求出最小值和最大值；最终，我们将企业层面的进口质量指标定义为：$quality_{it} = \left(v_{ikt} \Big/ \sum_{ikt \in \Omega} v_{ikt} \right) \times Quality_{ikt}$，此处 Ω 代表某一层面的样本集合，v_{ikt} 代表样本的价值量（value）。

（三）进口倾向（pimp）

我们使用企业是否进口的虚拟变量来表示，如果企业 i 在时间 t 有进口行为，将其赋值为 1；否则赋值为 0。

（四）进口额（imp）

我们使用企业 i 在时间 t 的进口贸易额取对数来表示。

三、数据说明

本章的实证分析主要是基于以下两个数据库进行的。其一，由国家统计局提供的企业生产数据，也就是通常所称的中国工业企业数据库。该套数据提供了包括企业名称信息、工业生产状况（工业销售产值、就业人数等）、税收状况等 100 多个指标在内的详细的统计信息。其二，来自国家海关总署的产品贸易数据，该数据提供了中国所有进出口企业的月度产品贸易数据，出于分析的需要，我们将其加总得到年份层面的数据，用于识别加工贸易企业和构造企业进口方面指标。考虑到两个数据库的编码系统不同，我们借鉴厄普瓦尔德等（Upward et al.，2013）和余（Yu，2015）的方法对中国工业企业数据库、海关贸易数据库的相关数据进行合并，合并后样本的时间跨度为2000~2007年，① 最终匹配成功的样本有103635家企业。

由于本章分析问题的需要，我们仅选取制造业行业进行考察，即对电力、燃气及水的生产和供应业数据以及采矿业数据进行了删除。在行业代码方面，考虑到中国在2003年正式实施新的《国民经济行业分类》，为了提高研究的严谨性，我们重新调整了中国工业行业分类（CIC）中的四位码，具体做法可参见勃兰特等（Brandt et al.，2012）。由于贸易中间商与其他制造业企业在进出口动机、生产行为等方面存在显著差异，为了得到准确的研究结论，我们进一步删除了贸易中间商样本。② 此外，与埃米蒂等（Amiti et al.，2012）、余（Yu，2015）的方法类似，我们还对一些异常样本进行了处理。

四、描述性统计

从表6-1可知，在样本期内，从来没有获得生产性补贴的企业占66%，获得生产性补贴的企业占比为34%。受到生产性补贴的企业在进口倾向、进口额、进口产品种类、进口产品质量、生产率、企业规模、企业利润率等指标方面均比非补贴企业高。受到生产性补贴的外资企业占总体受补贴企业的比重为33%，受到生产性补贴的国有企业占总体受补贴企业的比重为25%。受到生产性补贴的企业中，纯中间品进口企业占60%，纯资本品进口企业占19%。与没有获得生产性补贴的企业相比，生产性补贴可以通过增加企业收益、缓解企业融资约束的方式，促进企业更多地参与进口活动并提高进口产品质量。接下来，我们将通过全面的计量检验来分析生产性补贴对企业进口（包括进口决策、进口规模、进口产品种类以及进口产品质量）的影响。

---

① 考虑到2007年之后的中国工业企业数据库缺失本章的重要指标政府补贴和企业全要素生产率的相关数据，因此，综合考虑，我们依然使用目前的数据进行分析。

② 借鉴阿恩等（Ahn et al.，2011）的做法，将中国海关贸易数据库中的企业名称中包含"进出口""经贸""贸易""科贸""外经"等字样的企业归属为贸易中间商。

表6-1　　　　　　　　　　　　**不同企业主要变量的比较**

变量	没有生产性补贴的企业（均值）	有生产性补贴的企业（均值）	差异值（%）	t统计量
是否进口的虚拟变量	0.61	0.71	0.10	5.16
进口额（对数）	5.51	5.62	0.11	4.58
进口产品种类	6.83	9.52	2.69	4.57
进口产品质量	0.66	0.75	0.09	3.77
企业生产率	4.54	4.68	0.14	8.21
企业规模	8.03	9.34	1.31	12.07
企业年龄	13.13	13.44	0.31	5.12
资本密集度	2.26	3.19	0.93	7.26
企业利润率	0.04	0.05	0.01	3.16
融资约束	0.003	0.001	-0.002	-3.27
出口密集度	0.13	0.15	0.02	7.03
企业所占比例	66%	34%	—	—
国有企业占比	19%	25%	—	—
外资企业占比	30%	33%	—	—
纯中间品进口企业占比	52%	60%	—	—
纯资本品进口企业占比	25%	19%	—	—

注：差异值表示有生产性补贴的企业与没有生产性补贴的企业的变量相减；表中数据由笔者根据中国工业企业数据库和中国海关贸易数据库相关数据计算整理而得，"—"表示无数据。

第四节　估计结果与分析

一、倾向得分匹配

为了确保本章倾向得分匹配结果的准确性和可靠性，我们的匹配变量需要满足匹配平衡性条件，即 $Subsidy_i \perp X_i | P(X_i)$。表 6-2 汇报了 2000 年处理组企业与对照组企业匹配变量的平衡性检验结果。[①] 观察表 6-2，不难发现，本章选择的匹配变量在匹配后其 t 统计量的相伴概率几乎都大于 10%，即处理组企业与对照组企业在样本匹配后，其在匹配变量方面不存在显著差异。此外，表 6-2 中的结果表明，各匹配变量匹配后的标准偏差绝对值几乎都小于 5%，按照罗森鲍姆和鲁宾（Rosenbaum and Rubin，1985）20% 的标准值，可以认为本章的匹配效果很好。整体来看，本章的样本匹配

[①]　我们也检验了其余年份处理组企业与对照组企业在配对前后主要指标的变化情况，发现均得到了可靠的配对效果。

满足了平衡性假设,即本章选择的匹配变量和匹配方法是合适的。

表6-2 匹配变量的平衡性检验结果

变量	处理	均值		标准偏差 (%)	标准偏差 减少幅度(%)	t统计量	t检验 相伴概率
		处理组企业	对照组企业				
tfp	匹配前	5.5712	5.3036	24.6	99.7	16.10	0
	匹配后	5.5712	5.5679	0.30		0.09	0.960
size	匹配前	9.9125	9.5217	34.90	98.5	25.90	0
	匹配后	9.9125	9.9275	-0.50		-0.33	0.781
age	匹配前	14.7232	13.5637	9.90	89.9	7.67	0
	匹配后	14.7232	14.8746	-1.00		-0.52	0.569
klr	匹配前	3.4428	3.2562	19.10	98.9	14.12	0
	匹配后	3.4428	3.4398	0.20		0.21	0.857
profit	匹配前	0.0532	0.0675	-9.30	83.5	-5.38	0
	匹配后	0.0532	0.0518	1.70		1.22	0.230
finance	匹配前	0.002	0.007	-4.10	63.8	-4.50	0
	匹配后	0.002	0.005	1.70		1.62	0.132
exp	匹配前	0.1932	0.1573	10.53	89.6	10.05	0
	匹配后	0.1932	0.1920	1.10		0.73	0.478
foreign	匹配前	0.3830	0.3512	10.70	59.8	7.17	0
	匹配后	0.3830	0.4023	-4.30		-1.90	0.051

资料来源:笔者根据中国工业企业数据库和中国海关贸易数据库相关数据计算整理而得。

二、基准回归结果

表6-3报告了生产性补贴分别对企业进口决策、进口产品种类、进口额以及进口产品质量的实证估计结果。观察第(1)列~第(4)列中的估计结果,我们不难发现,交互项 Subsidy×T 的估计系数均为正,并都通过了1%水平的显著性检验。这初步表明生产性补贴不仅促进了企业进入进口市场的可能性,而且显著促进了企业进口产品种类、进口额以及进口产品质量的提高。对上述结果的可能解释是,与企业的出口行为类似,企业进入进口市场往往要面对信息不对称和交易风险等问题,由此产生巨大的沉没成本和信息搜寻成本,同时,进口交易时企业要直接支付货款,进口交易完成的后续生产环节也需要企业足够的运营基金来支持,因此,进口活动的顺利开展对企业资金方面的要求更高。而作为企业获得的现期无偿支付,生产性补贴可以为企业的进口活动提供资金支持,从而激励潜在进口企业进入国际市场(Bernard and Jensen,2004;Rose,2007)。除此之外,由于生产性补贴可以增加企业利润(邵敏和包群,2012;许家云和毛其淋,2016),企业的内源融资约束就会在企业获得补贴之后得到缓解,因此,通过降低企业的融资约束,生产性补贴可以为企业扩大进口规模和

增加进口产品种类提供资金支持。同时，政府给予企业的专项科研创新补贴可以激发企业新产品开发和创新活动的动机，增加其对高技术含量的资本品或者高技术含量零配件等中间品的进口需求，从而有利于企业进口产品质量的提高（张杰，2015）。

表6-3中各个控制变量的估计结果显示，企业利润率、企业生产率水平、企业规模、企业出口密集度以及企业资本密集度与企业从事进口的可能性均呈正相关关系，并且，上述指标与企业的进口产品种类、进口额以及企业的进口产品质量都成正比。此外，企业融资约束越小，企业进口绩效越高。

表6-3		基准估计结果		
变量	进口决策	进口产品种类	进口额	进口产品质量
	（1）	（2）	（3）	（4）
Subsidy	0.1138 ***	0.1213 ***	0.2211 ***	0.0715 ***
	（3.63）	（4.75）	（3.36）	（3.81）
T	0.0096 ***	0.0032 ***	0.0058 ***	0.0141 ***
	（3.52）	（3.79）	（3.58）	（5.33）
Subsidy × T	0.0921 ***	0.1132 ***	0.2097 ***	0.0523 ***
	（3.20）	（3.57）	（4.80）	（4.98）
tfp	0.0332 ***	0.0365 ***	0.0477 ***	0.0702 ***
	（4.79）	（6.12）	（5.39）	（6.63）
size	0.0474	0.1123 ***	0.0411 ***	0.1309 ***
	（0.76）	（5.03）	（9.05）	（9.17）
age	0.0120 ***	0.0110	0.0142 ***	0.0219 *
	（7.09）	（1.53）	（6.17）	（1.79）
klr	0.0493 ***	0.0336 ***	0.0656 ***	0.0901 ***
	（4.79）	（4.10）	（5.11）	（6.06）
profit	0.0120 ***	0.0434 ***	0.0302 ***	0.0564 ***
	（6.63）	（5.92）	（6.50）	（5.73）
finance	− 0.1047 ***	− 0.0787 **	− 0.0402 ***	− 0.0415 ***
	（− 4.09）	（− 2.11）	（− 5.05）	（− 5.82）
exp	0.0055	0.0217 ***	0.0122	0.0253 ***
	（1.39）	（4.04）	（0.87）	（5.36）
foreign	0.0715 ***	0.1137 ***	0.1270 ***	0.0536 ***
	（5.70）	（5.88）	（5.71）	（9.03）
常数项	− 0.6053 ***	0.4721 ***	− 1.0363 ***	0.4387 ***
	（− 7.48）	（6.79）	（− 4.78）	（4.82）
年份效应	Yes	Yes	Yes	Yes
地区效应	Yes	Yes	Yes	Yes
行业效应	Yes	Yes	Yes	Yes
（Pseudo）R^2/R^2	0.2163	0.3282	0.4761	0.4350
观测值	387493	316238	316238	316238

注：圆括号内数值为纠正了异方差后的 t 统计量；***、** 和 * 分别表示1%、5%和10%的显著性水平上显著。

三、异质性影响

中国存在多种不同特征的企业类型，而不同类型企业在获得生产性补贴的规模和数量方面存在显著差异。从企业进口类型来看，本章样本中纯中间品进口企业和纯资本品进口企业分别有 20334 家和 6439 家，其获得的年度累计补贴总额分别为 255.3 亿元和 77.1 亿元，而混合型进口企业的累积补贴总额为 199.4 亿元。据此我们可以推测，生产性补贴对不同进口类型企业的进口行为也会造成不同的影响。接下来，我们将详细考察生产性补贴对不同所有制和不同进口类型企业进口行为的差异性影响。

为此，我们进一步在方程（6-6）的基础上引入 Subsidy × T 分别与企业所有制虚拟变量、进口企业类型虚拟变量的交互项，对上述问题进行深入分析。具体地，根据企业所有制类型的不同，我们将样本划分为国有企业、外资企业和民营企业。其中，外资企业包括外商独资企业、中外合资企业和中外合作企业等企业类型，将其作为基础类别。在具体估计时，我们设置两个虚拟变量，企业是否为国有企业的虚拟变量 soes 以及企业是否为民营企业的虚拟变量 private，如果企业属于对应的企业所有制类型，将相应的虚拟变量赋值为 1，否则，赋值为 0。与所有制类型的划分类似，根据企业进口类型的不同，我们将进口企业分为纯中间品进口企业、纯资本品进口企业以及混合型进口企业三种类型，以纯中间品进口企业作为基础类别。同样地，我们设置两个虚拟变量，企业是否为纯资本品进口企业的虚拟变量 ziben 以及企业是否为混合型进口企业的虚拟变量 mix，如果企业属于对应的企业类型，将相应的虚拟变量赋值为 1，否则，赋值为 0。不同所有制企业和不同进口类型企业的异质性估计结果，分别列示在表6-4和表6-5中。

首先，从表6-4中的回归结果来看，生产性补贴对民营企业进口的积极影响最小，国有企业次之，而对外资企业进口的积极影响最大。上述现象可以归因于，民营企业的发展往往面临较大的资源、资金等方面的约束，长期受到资源匮乏和融资难问题的困扰，导致生产规模较小、技术水平较低。同时，接受的生产性补贴规模也是较低的（孔东民等，2013；张杰和郑文平，2015）。在上述因素的综合作用下，生产性补贴对民营企业进口倾向、进口产品的范围、进口规模以及进口产品质量的积极影响往往较弱。即民营企业的进口行为受到生产性补贴的影响幅度较为微弱。与民营企业不同，我国的国有企业和外资企业一直受到生产性补贴政策的大力扶持，因此，其往往规模较大，拥有充足和完善的资金供应链，也更有能力进口种类繁多的中间产品和资本品。

其次，表6-5显示，生产性补贴对纯中间品进口企业的积极影响最大，而对纯资本品进口企业的积极影响最为微弱。改革开放以来，中国政府采取包括生产性补贴在内的一系列措施引导和鼓励企业进口国外的关键零部件、高端设备与先进技术。在上述政策的带动下，随着全球价值链分工的细化，中国中间品进口规模得到迅速扩张，中间产品进口占全部进口的比重在1995~2013年提高了15%，并且，进口中间品的技术含量也实现了跳跃式提升，其单位价格在2000~2010年实现了20多倍的增长。[①]从进口产品类型来看，中间品进口面对的资金门槛往往低于资本品进口，因此，同样规模的生产性补贴可能对企业中间品进口的拉动作用更显著。

表6-4　　　　　　　　　不同所有制类型的估计结果

变量	进口决策	进口产品种类	进口额	进口产品质量
	(1)	(2)	(3)	(4)
Subsidy	0.1192 ***	0.1147 ***	0.2283 ***	0.0379 ***
	(5.65)	(5.12)	(6.05)	(4.53)
T	0.0030 *	0.0069 ***	0.0112 ***	0.0097 ***
	(1.76)	(3.43)	(4.59)	(3.52)
Subsidy × T	0.0989 ***	0.1281 ***	0.2153 ***	0.0593 ***
	(4.11)	(6.65)	(3.63)	(6.07)
Subsidy × T × soes	− 0.0014 ***	− 0.0051 ***	− 0.0023 ***	− 0.0110 ***
	(− 5.49)	(− 6.98)	(− 6.16)	(− 5.86)
Subsidy × T × private	− 0.0109 ***	− 0.0283 ***	− 0.0412 ***	− 0.0307 ***
	(− 5.50)	(− 3.87)	(− 8.12)	(− 3.69)
tfp	0.0503 ***	0.0520 ***	0.0531 ***	0.0390
	(5.67)	(5.76)	(5.09)	(0.49)
size	0.0054	0.0331 ***	0.0080 ***	0.0013 ***
	(0.81)	(3.79)	(5.16)	(3.77)
age	0.0006 *	0.0015 *	0.0011	0.1504 ***
	(1.72)	(1.81)	(1.39)	(4.78)
klr	0.0125 **	0.0132 **	0.0163 ***	0.0139 ***
	(2.27)	(2.09)	(4.72)	(6.19)
profit	0.1312 ***	0.1633 ***	0.1605 ***	0.0340 ***
	(3.56)	(3.03)	(3.80)	(5.62)
finance	− 0.0256 ***	− 0.0309 ***	− 0.0223 ***	− 0.1721 ***
	(− 3.66)	(− 5.73)	(− 4.67)	(− 9.37)
foreign	0.0108 ***	0.0323 ***	0.0071 ***	− 0.0353
	(8.15)	(6.65)	(4.62)	(− 1.43)
常数项	− 0.0562	0.0789	0.0515 ***	− 1.2042 ***
	(− 0.86)	(1.39)	(3.69)	(− 10.52)
年份效应	Yes	Yes	Yes	Yes

①　笔者根据本章中国工业企业数据库和中国海关贸易数据库整理计算而得。

变量	进口决策	进口产品种类	进口额	进口产品质量
	(1)	(2)	(3)	(4)
地区效应	Yes	Yes	Yes	Yes
行业效应	Yes	Yes	Yes	Yes
(Pseudo)R^2/R^2	0.1811	0.5683	0.5638	0.4892
观测值	387493	316238	316238	316238

注：圆括号内数值为纠正了异方差后的 t 统计量；*** 、** 和 * 分别表示在1%、5%和10%的显著性水平上显著。

表6-5   不同企业进口类型的估计结果

变量	进口决策	进口产品种类	进口额	进口产品质量
	(1)	(2)	(3)	(4)
Subsidy	0.1149 **	0.1326 ***	0.2347 ***	0.0455 ***
	(2.14)	(5.53)	(3.37)	(3.98)
T	0.0053 **	0.0081 ***	0.0044 ***	0.0076 ***
	(2.21)	(5.82)	(3.85)	(5.46)
Subsidy × T	0.0945 ***	0.1232 ***	0.2130 ***	0.0611 ***
	(5.67)	(4.84)	(5.71)	(6.59)
Subsidy × T × ziben	− 0.0020 ***	− 0.0070 ***	− 0.0029 ***	− 0.0140 ***
	(− 5.67)	(− 4.88)	(− 3.41)	(− 4.63)
Subsidy × T × mix	− 0.0005 ***	− 0.0018 ***	− 0.0017 ***	− 0.0013 ***
	(− 7.19)	(− 6.73)	(− 4.72)	(− 6.34)
tfp	0.0137 ***	0.0288 ***	0.0117 ***	0.0156 ***
	(6.16)	(3.54)	(3.89)	(7.39)
size	0.1679 ***	0.1572 ***	0.1660 ***	0.1687 ***
	(3.98)	(5.16)	(4.49)	(3.12)
age	0.0104	0.0183 ***	0.0811 ***	0.0083
	(1.40)	(3.93)	(3.58)	(1.26)
klr	0.0658 ***	0.0109 ***	0.0063	0.0675 ***
	(4.38)	(5.76)	(1.22)	(4.39)
profit	0.0492 ***	0.0276 ***	0.0390 ***	0.0512 ***
	(6.57)	(5.82)	(5.16)	(6.08)
finance	− 0.0334 ***	− 0.0281 ***	− 0.0300 ***	− 0.0353 ***
	(− 5.36)	(− 5.66)	(− 4.08)	(− 4.54)
foreign	0.0127 ***	0.0212 ***	0.0072 ***	0.0083
	(7.86)	(3.64)	(4.69)	(1.25)
常数项	− 0.6842 ***	0.0391 ***	0.4909 ***	− 0.6615 ***
	(− 6.78)	(4.68)	(5.41)	(− 7.43)
年份效应	Yes	Yes	Yes	Yes
地区效应	Yes	Yes	Yes	Yes
行业效应	Yes	Yes	Yes	Yes
(Pseudo)R^2/R^2	0.1729	0.4293	0.4439	0.5270
观测值	387493	316238	316238	316238

注：圆括号内数值为纠正了异方差后的 t 统计量；*** 、** 和 * 分别表示在1%、5%和10%的显著性水平上显著。

四、政府补贴对企业进口持续时间的影响

表6-2中匹配变量的平衡性检验结果表明本章的匹配效果比较理想，我们将利用匹配后的样本进行生存分析，以考察政府补贴对企业进口持续时间的微观影响。

在生存分析方法中，常用生存函数（survivor function）来描述生存时间的分布特征。我们将企业的生存函数定义为企业在样本中持续经营时间超过t年的概率，表示为：

$$S(t) = Pr(T > t) = \prod_{q=1}^{t} (1 - h_q) \tag{6-9}$$

在式（6-9）中，T表示企业保持存活状态的时间长度，h_q 为风险函数，表示企业在第 t-1 期正常经营的条件下，在第 t 期退出市场的概率。进一步地，生存函数的非参数估计通常由 Kaplan-Meier 乘积项的方式给出：

$$\overline{S(t)} = \prod_{q=1}^{t} \left[(N_q - D_q)/N_q \right] \tag{6-10}$$

在式（6-10）中，N_q 表示在 q 期处于风险状态中的持续时间段的个数，D_q 表示在同一时期观测到的"失败"对象的个数。

在采用计量模型进行正式的 Cloglog 生存估计之前，我们先采用 Kaplan-Meier 估计式初步考察政府补贴对企业进口持续期的影响。在图6-1（a）中，我们绘制了有政府补贴的进口企业（即 Subsidy =1）与没有政府补贴的进口企业（即 Subsidy =0）的经营持续时间的 Kaplan-Meier 生存曲线。从中可以看到，有政府补贴的进口企业其 Kaplan-Meier 生存曲线位于较高的位置，这表明，与没有政府补贴的进口企业相比，有政府补贴的进口企业其经营持续时间相对更长。进一步地，我们将进口企业划分为三种类型（Subsidy1，Subsidy2，Subsidy3），其中，Subsidy1 表示仅有中间品进口的企业组，Subsidy2 表示仅有资本品进口的企业组，Subsidy3 表示既有中间品进口又有资本品进口的企业组。对他们的经营持续时间的 Kaplan-Meier 生存估计，绘制在图6-1（b）中。可以直观地看到，在大多数持续时间段，Subsidy2 组的 Kaplan-Meier 生存曲线与没有政府补贴的进口企业较为相近，而其余组别企业的 Kaplan-Meier 生存曲线则位于相对较高的位置。这初步反映了，政府补贴和企业进口持续时间的关系受到企业进口类型的制约，即与仅有资本品进口的企业相比，仅有中间品进口的企业和同时从事两种进口行为的企业其进口持续时间相对较长。

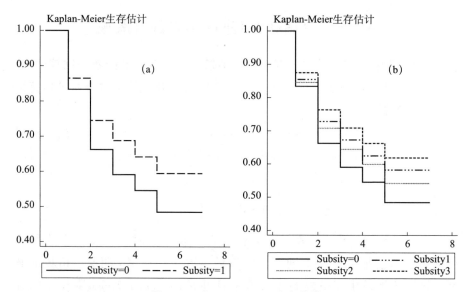

图 6-1 Kaplan-Meier 生存曲线

资料来源：笔者根据中国工业企业数据库和中国海关贸易数据库的相关数据运用 Stata 软件绘制而得。

此外，我们进一步考察政府补贴对不同进口产品质量的企业的进口持续时间的影响。第一步，我们按照企业进口产品质量水平的高低将企业分为高质量进口企业和低质量进口企业。先计算在考察期内各企业进口产品质量水平的中位数值，接下来，把产品质量大于中位数值的企业视为高质量进口企业，其余的为低质量进口企业。两类企业进口持续期的 Kaplan-Meier 生存曲线，如图 6-2 所示。从图 6-2（a）中可以看到，对于低质量进口企业而言，在大多数持续时间段，没有政府补贴的企业其生存曲线位于有政府补贴的企业组别之上，表明政府补贴缩短了低质量企业进口的持续时间。与此相反，对于高质量产品进口企业而言（见图 6-2（b）），政府补贴却延长了企业进口的持续时间。

当然，图 6-1 和图 6-2 只是较为初步地描述政府补贴与企业进口持续时间之间的可能关系，但考虑到政府补贴与企业进口持续期之间的关系可能会受到生产率、规模等企业自身异质性特征的影响，同时，还可能会受一些非观测因素的影响。为了更准确地考察政府补贴对企业进口持续期的影响，接下来，我们将采用 Cloglog 生存模型（6-11）进行更严谨的估计。

$$Cloglog(1 - h_{it}) = log(-log(1 - h_{it})) = \varphi_0 + \varphi_1 Subsidy_{it} + \varphi \vec{Z}_{it}$$
$$+ \tau_t + \nu_{in} + \nu_{re} + \nu_t + \varepsilon_{it} \tag{6-11}$$

在式（6-11）中，下标 i、in、re、t 分别表示企业、行业、地区和年

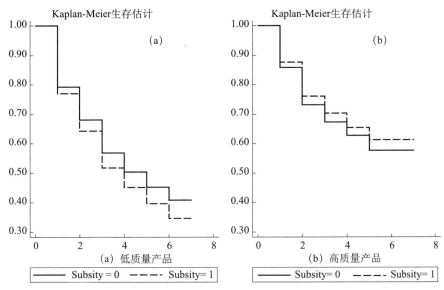

图 6 - 2 **Kaplan-Meier 生存曲线：不同产品质量**

资料来源：笔者根据中国工业企业数据库和中国海关贸易数据库相关数据运用 Stata 软件绘制而得。

份。$h_{it} = Pr\ (T_i < t + 1\,|\,T_i \geqslant t,\ x_{it}) = 1 - exp\ [-exp\ (\varphi'x_{it} + \tau_t)]$ 表示离散时间风险率，如果被解释变量 Cloglog $(1 - h_{it})$ 越大，则表明企业的风险率越高或生存概率越低；τ_t 为基准风险率，为时间的函数，可用于检验时间依存性的具体形式；x_{it} 为协变量，包括政府补贴哑变量 Subsidy 和控制变量向量 $\vec{Z}_{it}$；ν_{in}、ν_{re} 和 ν_t 分别表示行业固定效应、地区固定效应和年份固定效应，ε_{it} 表示随机扰动项。控制变量的定义与上文类似。

表 6 - 6 报告了基于匹配样本的离散时间 cloglog 生存模型估计结果。其中，前三列对基准模型（6 - 11）进行估计，在第（1）列中只控制企业层面的影响因素，第（2）列在此基础上控制了非观测的地区效应和年份效应，第（3）列则进一步控制了行业效应。我们发现，核心解释变量 Subsidy 的估计系数为负并通过 1% 水平的显著性检验，即政府补贴显著降低了企业退出进口市场的风险率，从而提高了企业进口的持续时间。对此可能的解释是，企业的进口活动需要足够的经费支持，而政府对企业的补贴尤其是针对核心设备和关键零部件海外采购方面的补贴为企业提供给了充足的资金，有助于企业进行持续的进口活动。

从控制变量的估计结果可以看到，企业生产率（tfp）的估计系数显著为负，说明企业的生产率越高，其进口的持续时间就越长，这与通常的预期是相符的，因为生产率水平可以在很大程度上体现一个企业的核心竞争力。企业规模（size）的估计系数为负且通过 1% 水平的显著性检验，表明规模越大的企业具有相对更长的进口持续期，其原因可能是大型企业往往拥有雄厚的资本，因此，抵御进口市场不利冲击的能力往往较强。企业年龄（age）的估计系数显著为正，这表明，年龄越大的企业退出进口市场的风险率越高。企业资本密集度（klr）和企业利润率（profit）的估计系数均显著为负，即资本越雄厚、利润率越高的企业具有更长的进口持续期，这也与通常的预期一致。融资约束（finance）的估计系数显著为正，说明企业面临的融资约束显著缩短了其进口持续时间。出口密集度（exp）的估计系数显著为负，表明出口密集度越高的企业，在进口市场上存续的时间越长，最后，外资企业虚拟变量（foreign）的系数显著为负，表明外资企业往往具有较长的进口持续时间。

表 6 - 6　　　　　　　　　基于匹配样本的生存估计结果

变量	基准估计			纯中间品进口
	（1）	（2）	（3）	（4）
Subsidy	− 0. 3326 ***	− 0. 3236 ***	− 0. 3043 ***	− 0. 3571 ***
	（ − 8. 532）	（ − 4. 523）	（ − 5. 256）	（ − 4. 338）
Subsidy × highdum	—	—	—	—
tfp	− 0. 0272 ***	− 0. 0271 ***	− 0. 0270 ***	− 0. 0190 ***
	（ − 6. 477）	（ − 6. 773）	（ − 6. 168）	（ − 6. 318）
size	− 0. 1688 ***	− 0. 1687 ***	− 0. 1656 ***	− 0. 1639 ***
	（ − 4. 580）	（ − 4. 758）	（ − 4. 477）	（ − 4. 245）
age	0. 0171 ***	0. 0160 ***	0. 0171 ***	0. 0132
	（6. 576）	（6. 252）	（4. 685）	（0. 722）
klr	− 0. 0230 ***	− 0. 0434 ***	− 0. 0312 ***	− 0. 0415 ***
	（ − 4. 639）	（ − 4. 882）	（ − 4. 934）	（ − 5. 365）
profit	− 0. 2314	− 0. 2307 ***	− 0. 2365 *	− 0. 2181
	（ − 0. 369）	（ − 2. 668）	（ − 1. 985）	（ − 0. 624）
finance	0. 1976 ***	0. 1073 ***	0. 4203 ***	0. 2047 ***
	（5. 478）	（3. 473）	（4. 478）	（5. 435）
exp	− 0. 1031 ***	− 0. 1129 ***	− 0. 1388 **	− 0. 1759 ***
	（ − 2. 950）	（ − 3. 571）	（ − 2. 113）	（ − 2. 668）
foreign	− 0. 0235	− 0. 0368 ***	− 0. 0563 ***	− 0. 0180
	（ − 1. 464）	（ − 4. 089）	（ − 4. 748）	（ − 1. 566）
常数项	− 1. 2432 ***	− 1. 2054 ***	− 0. 8609 ***	− 1. 1254 ***
	（ − 5. 086）	（ − 4. 146）	（ − 4. 757）	（ − 5. 415）
年份效应	No	Yes	Yes	Yes
地区效应	No	Yes	Yes	Yes
行业效应	No	No	Yes	Yes
观察值	316238	316238	316238	108170

变量	纯资本品进口	混合型进口	考虑进口质量
	（5）	（6）	（7）
Subsidy	− 0. 1505 ***	− 0. 2326 ***	0. 0159 *
	（ − 3. 276）	（ − 5. 842）	（1. 784）
Subsidy × highdum	—	—	− 0. 3244 ***
			（ − 6. 110）
tfp	− 0. 0299 ***	− 0. 0187 ***	− 0. 0229 ***
	（ − 8. 763）	（ − 8. 541）	（ − 5. 260）
size	− 0. 2058 ***	− 0. 1909 ***	− 0. 1107 ***
	（ − 3. 706）	（ − 3. 943）	（ − 7. 011）
age	0. 0149 ***	0. 0126 ***	− 0. 0165 ***
	（8. 727）	（8. 911）	（ − 3. 182）
klr	− 0. 0533 ***	− 0. 0562 ***	− 0. 0397 ***
	（ − 4. 801）	（ − 4. 356）	（ − 7. 359）
profit	− 0. 3303 ***	− 0. 3342 ***	− 0. 2032 ***
	（ − 4. 688）	（ − 4. 763）	（ − 5. 995）
finance	0. 1135 ***	0. 4290 ***	− 0. 3655 ***
	（4. 631）	（5. 735）	（ − 10. 261）
exp	− 0. 1057 *	− 0. 1120 *	0. 0215 ***
	（ − 1. 806）	（ − 1. 922）	（11. 427）
foreign	− 0. 0381 ***	− 0. 0504 ***	0. 0124 ***
	（ − 3. 787）	（ − 3. 282）	（5. 763）
常数项	− 0. 9863 ***	− 0. 8796 ***	0. 3283 ***
	（ − 6. 643）	（ − 7. 729）	（9. 740）
年份效应	Yes	Yes	Yes
地区效应	Yes	Yes	Yes
行业效应	Yes	Yes	Yes
观察值	112333	65735	216238

注：圆括号内数值为纠正了异方差后的 t 统计量；*** 、** 和 * 分别表示在 1%、5% 和 * 的显著性水平上显著，"—"表示无数据。

以上分析了中间品进口对企业进口市场存活的平均影响，但需要指出的是，政府补贴对企业进口持续时间的影响可能因进口产品类型的不同而有差异。为了更深入地揭示政府补贴与企业进口市场存活之间的关系，我们将企业分为纯资本品进口企业、纯中间品进口企业以及同时进口中间品和资本品的混合型进口企业三种类型，在表 6 - 6 的第（4）列 ~ 第（6）列分别考察了政府补贴对三类企业进口持续时间的影响。估计结果显示，核心解释变量 Subsidy 的估计系数均为负并通过 1% 水平的显著性检验，表明政府补贴降低了三种类型企业退出市场的风险率，即倾向于延长三种类型企业的进口持续时间。但是，对纯中间品进口企业其进口持续时间的积极影响最大。这可能是因为政府补贴通过"融资缓解效应"促进了企业进口持续时间的延长，而当企业仅进口中间品时，其进口成本往往相对小于进口先进生产机器、设备的企业，由于后者的价格往往大于普通的进口零部件，因此，在获得政府补贴之后，企业增加普通中间品进口的资金和融资门槛更低，持续时间更长。而对于仅从事资本品进口的企业而言，政府补贴对于其巨大的进口成本而言往往是杯水车薪，因此，政府补贴对此类企业进口持续时间的积极影响最小。

此外，为了考察政府补贴对不同产品质量企业进口持续期的差异化影响，我们进一步在式（6-11）中加入政府补贴独立项及其与产品质量高低虚拟变量的交互项，说明产品质量对政府补贴与企业进口持续期之间关系的影响。

$$\text{Cloglog}(1 - h_{it}) = \varphi_0 + \varphi_1 \text{Subsidy}_{it} + \varphi_2 \text{Subsidy}_{it} \times \text{higndum} + \varphi \vec{Z}_{it}$$
$$+ \tau_t + \nu_{in} + \nu_{re} + \nu_t + \varepsilon_{it} \tag{6-12}$$

式（6-12）中所有变量的定义与式（6-11）相同，当企业为高质量进口企业时，将 higndum 赋值为 1，反之，为 0。对式（6-12）的估计结果见表 6-6 的最后一列。观察回归结果我们不难发现，政府补贴独立项的估计系数为正，即政府补贴提高了低质量企业终止进口行为的风险率，进而倾向于缩短低质量企业的进口持续时间；而政府补贴与产品质量高低虚拟变量的估计系数显著为负，并且，绝对值大于政府补贴独立项的系数绝对值。即政府补贴会降低高质量企业终止进口行为的风险率，进而倾向于延长高质量企业的进口持续时间。对其可能的解释是，进口低质量产品的企业往往是技术水平和效率水平相对有限的中小规模企业，当这部分中小企业成功地获得政府补贴之后，即表现为企业从中获得了超额利润，这也会弱化企业通过进口中间品、资本品进而改善生产经营方式来获取超额利润的动力。

五、稳健性分析

（一）马氏距离匹配

前文我们使用最近邻匹配方法为处理组企业寻找相近的对照组企业，出于稳健性考虑，我们还采用马氏距离匹配（Mahalanobis distance matching）为处理组企业寻找相近的对照组企业。马氏距离匹配主要是基于这样一种思想，对于任意的处理组企业 i 和对照组企业 i1，i 与 i1 间的距离 d_{ii1} 为：$d_{ii1} = (U_i - U_{i1})^T \times C^{-1} \times (U_i - U_{i1})$。其中，$U_i$ 和 U_{i1} 分别为 i 和 i1 的匹配变量值，C 为对照组中各匹配变量值的协方差矩阵。因此，对于处理组观测值 i，只有那些具有最小的 d_{ii1} 值的一个对照组观测值或几个对照组观测值被选择作为新的对照组。这里我们将配对比例确定为 1：2。此外，由于配对后对照组中可能存在重复记录，我们将重复记录从对照组中剔除。在进行马氏距离配对之后，我们提取处理组企业 i 和对照组企业 i1 组成新的样本，即匹配后的样本。基于马氏距离匹配得到的样本进行稳健性分析，具体结果汇报在表 6-7 的第（1）列，具体来看，Subsidy×T 的估计结果依然较为稳健。

（二）Heckman 两步法纠正企业进口的样本选择偏差问题

本章旨在考察政府补贴对企业进口的影响，在前述研究中，我们直接对进口企业样本进行估计。然而，在现实的经济生活中，有很多企业并不从事进口贸易，即企业是否从事进口贸易可能不是随机分布，如果直接基于进口企业样本进行估计可能会产生样本选择偏误问题。基于此，接下来，我们采用赫克曼（Heckman，1979）两步法对潜在的样本选择偏差问题进行处理。构建企业进口决策的 Probit 模型，估计得到逆米尔斯比率（inverse Mill's ratio），然后，将逆米尔斯比率纳入企业进口的影响因素模型。具体估计结果见表 6-7 的第（2）列和第（3）列。我们发现，表 6-7 的第（2）列报告了 Heckman 两步法中第一阶段的估计结果，可以看到，Subsidy×T 的估计系数显著为正，表明政府补贴促进了企业的进口参与。从第二阶段的估计结果 [表 6-7 的第（3）列] 来看，逆米尔斯比率 MR 的估计系数为正值，但是并不显著，说明本章的估计样本中不存在明显的选择性偏误。此外，我们也注意到，在加入逆米尔斯比率 MR 之后，核心解释变量 Subsidy×T 的估计系数符号和显著性水平没有变化，并且，它们的系数大小与表 6-3 的第（3）列的估计结果十分接近，即再次表明，政府补贴显著促进了企业进口。这验证了本章基准估计结果的稳健性。

（三）Tobit 估计方法

在本章的样本中，进口额不可能为负，而是表现为以零为下限的删节变量（censored variable）。此时，如果简单地将零值剔除或直接采用 OLS 方法进行估计，得到的结果可能是有偏的。尽管 PSM 方法在一定程度上降低了选择性偏差，但作为一种稳健性检验，这里我们进一步采用 Tobit 模型直接考察政府补贴对企业进口额的影响，估计结果报告在表 6-7 的第（4）列。从中可以看到，Subsidy×T 的估计系数为正，并且通过了 1% 水平的显著性检验，说明政府补贴显著促进了企业的进口额。此外，各个控制变量的系数符号和显著性水平没有发生实质性变化，这在一定程度上证实了本章结论的稳健性。

（四）工具变量法

考虑到本章中企业的进口也可能反作用于企业获得政府补贴的情况，从而导致实证模型可能存在内生性问题，降低本章估计结果的准确性，我们借鉴拉文和莱维内（Laeven and Levine，2009）以及马光荣和李力行（2014）的方法，使用省级层面—行业层面平均的政府补贴指标作为企业层面政府补贴（Subsidy1）的工具变量。由于省级层面—行业层面平均的政府补贴依赖于各个行业的不同特征，而与企业自身特征无关，因此，相对较为外生。我们进一步使用工具变量法进行回归，具体结果见表 6-7 的第（5）列，发现核心解释变量的估计结果并没有发生实质变化，即，政府补贴显著促进了企业的进口，本章估计结果较为稳健。

此外，我们还进行了多组针对工具变量合理性的相关检验。其一，基于克莱因别尔根和帕普（Kleibergen and Paap，2006）的 LM 统计量在 1% 的显著性水平上拒绝了"工具变量识别不足"的原假设，表明本章的工具变量选取合理。其二，我们进一步使用克莱因别尔根和帕普（Kleibergen and Paap，2006）的 Wald rk F 统计量来检验工具变量与内生变量之间是否相关，结果也显著拒绝了工具变量是弱识别的假定。其三，第一阶段回归中，所选工具变量的 t 值非常显著，很好地支持了工具变量的有效性。由此可以判断，本部分选取的工具变量具有一定合理性。

（五）剔除加工贸易

考虑到在中国存在大量加工贸易企业，加工贸易的特征本质上是"两头在外"的生产方式，即其用以加工生产成品的原材料与零配件或生产设备购自国外，而加工生产的成品又销往国外，因此，加工贸易是由"大进口"和"大出口"的贸易形式来驱动的，从而将这部分企业包含在样本中可能会导致本章估计结果的偏误。为了稳健起见，我们进一步将加工贸易企业删除，使用新的样本进行计量估计。从表 6-7 的最后一列可以看到，在删除加工贸易企业之后，核心解释变量 Subsidy×T 的回归系数符号和显著性水平与基准回归相比均没有发生根本性变化，表明本章的核心结论具有较好的稳健性。

（六）改变样本时间段

受到数据可获得性的限制，基准估计结果中我们使用 2000~2007 年的数据进行实证分析，出于稳健性的考虑，我们基于 2000~2013 年的数据，使用企业劳动生产率指标（lp）替代企业的全要素生产率指标进行一组稳健性检验，具体地，我们使用工业总产值与企业就业人数的比值取对数来衡量企业劳动生产率。考虑到中国工业企业数据库和中国海关数据库的

表6-7

稳健性检验结果

变量	马氏距离匹配		Heckman两步法	Tobit估计	工具变量法	剔除加工贸易
	(1)	(2)	(3)	(4)	(5)	(6)
Subsidy	0.2206*** (3.38)	0.2637*** (3.54)	0.1835*** (4.70)	0.3238*** (5.39)	—	0.2470*** (6.80)
T	0.0077 (1.19)	0.0060** (2.10)	0.0025*** (3.75)	0.0105*** (3.58)	—	0.0112*** (4.90)
Subsidy×T	0.2548*** (3.97)	0.2279*** (4.53)	0.2195*** (3.78)	0.3175*** (6.83)	—	0.2528*** (3.54)
Subsidy1	—	—	—	—	0.3383*** (6.11)	—
tfp	0.0165*** (5.29)	0.0228*** (3.82)	0.0383*** (4.79)	0.0128*** (3.50)	0.0172*** (6.17)	0.0382*** (6.93)
size	0.2003** (2.20)	0.0743** (2.08)	0.0893*** (3.42)	0.1383*** (4.63)	0.2153*** (3.92)	0.0586*** (7.86)
age	0.0170*** (4.64)	0.0303* (1.81)	0.0257** (2.12)	0.0318*** (4.82)	0.0152*** (3.68)	0.0486*** (4.62)
klr	0.0317*** (5.19)	0.1041*** (4.73)	0.0842*** (4.53)	0.0483 (1.02)	0.1175*** (7.75)	0.1086*** (5.44)
profit	0.1573*** (7.14)	0.1276*** (6.93)	0.1053*** (6.27)	0.1725*** (4.37)	0.1203*** (8.22)	0.2176*** (6.78)
finance	-0.1163** (-2.31)	-0.1472*** (-3.82)	-0.0725*** (-3.02)	-0.2626*** (-7.52)	-0.3826*** (-5.74)	-0.4168* (-1.82)
exp	0.5027*** (7.52)	0.0528*** (6.03)	0.1182*** (6.29)	0.2026*** (4.82)	0.3934*** (5.72)	0.3736*** (5.43)
foreign	0.0503*** (4.83)	0.0937** (2.27)	0.1173*** (4.05)	0.1921 (1.64)	0.2934*** (3.53)	0.1393*** (6.26)

续表

变量	马氏距离匹配		Heckman 两步法	Tobit 估计	工具变量法	剔除加工贸易
	(1)	(2)	(3)	(4)	(5)	(6)
M	—	—	0.9832*** (5.03)	—	—	—
常数项	0.4272*** (7.82)	0.1932*** (8.12)	0.2934*** (5.25)	0.2834*** (4.83)	0.1267*** (5.37)	0.1257*** (6.98)
K-P rk LM 统计量	—	—	—	—	153.0 [0.000]	—
K-P Wald rk F 统计量	—	—	—	—	56.2 [0.000]	—
年份效应	Yes	Yes	Yes	Yes	Yes	Yes
地区效应	Yes	Yes	Yes	Yes	Yes	Yes
行业效应	Yes	Yes	Yes	Yes	Yes	Yes
观测值	491093	316238	316238	316238	316238	206786

注：圆括号内数值为纠正了异方差后的 t 统计量；***、** 和 * 分别表示在 1%、5% 和 10% 的显著性水平上显著，"—" 表示无数据。

编码系统不同,我们借鉴余(Yu,2015)的方法对中国工业企业数据库与中国海关贸易数据库的相关数据进行合并,合并后样本的时间跨度为2000~2013年,最终匹配成功的样本有170000家企业,占到了中国工业企业数据库中883205家企业的19%以及中国海关数据库中680937家企业的25%。

具体检验结果见表6-8。观察表6-8中的估计结果,不难发现Subsidy×T的估计系数及其显著性均没有发生实质性变化,说明估计结果较为稳健,不会受到样本时间段的限制,即政府补贴显著地促进了企业的进口。如果我们所在单位在今后购买相关的数据,届时我们将利用最新的数据来进一步研究政府补贴与企业进口的相关问题。

表6-8 改变样本时间段的稳健性检验

变量	(1)	(2)	(3)
Subsidy	0.3052 ***	0.2768 ***	0.2762 ***
	(5.67)	(4.60)	(6.11)
T	0.0112 ***	0.0100 ***	0.0109 ***
	(3.09)	(3.32)	(4.67)
Subsidy × T	0.3021 ***	0.3218 ***	0.2092 ***
	(6.26)	(5.78)	(3.12)
tfp	0.0347 ***	0.0275 ***	0.0272 ***
	(5.42)	(3.67)	(4.72)
size	0.0691 ***	0.1487 ***	0.0471 ***
	(5.37)	(7.67)	(6.76)
age	0.2163 ***	0.1398 ***	0.1371
	(9.43)	(3.56)	(1.16)
klr	0.0361 ***	0.0412 ***	0.0215 **
	(4.87)	(5.46)	(2.08)
profit	0.1163 ***	0.1302 ***	0.1134 ***
	(9.43)	(3.11)	(6.43)
finance	− 0.0295 ***	− 0.0310 ***	− 0.0672 ***
	(− 4.47)	(− 4.32)	(− 5.36)
exp	0.0691 ***	0.1460 ***	0.0257 ***
	(5.37)	(5.37)	(6.53)
foreign	0.0347 ***	0.0266 ***	0.0537 ***
	(5.42)	(3.29)	(5.74)
常数项	0.6735 ***	0.9841 ***	0.0829 ***
	(5.46)	(4.66)	(3.13)
年份效应	No	No	Yes
地区效应	No	Yes	Yes
行业效应	No	Yes	Yes
观测值	473892	473892	473892

注:圆括号内数值为纠正了异方差后的t统计量; *** 、 ** 和 * 分别表示在1%、5%和10%的显著性水平上显著。

第五节 政府补贴如何影响企业进口：影响渠道

与企业的出口行为类似，企业进入进口市场往往也要面对信息不对称和交易风险等问题，并且，进口交易完成的后续生产环节也需要企业足够的运营基金来支持。而作为企业获得的现期无偿支付，生产性补贴可以为企业的进口活动提供资金支持。并且，由于生产性补贴可以增加企业利润，企业的内源融资约束就会在企业获得补贴之后得到缓解，因此，通过降低企业的融资约束，生产性补贴可以促进企业进口活动的顺利开展。李华锋和彭龙（2014）基于中国的研究认为，融资约束是限制中国进口多元化的重要因素，而且，这一限制作用主要通过降低进口产品数量来实现。接下来，我们尝试通过构建中介效应模型来考察"融资约束缓解"在生产性补贴影响企业进口中的作用。对于上述中介效应的深入分析可以加深我们关于生产性补贴影响企业进口的作用机理的理解，为生产性补贴政策的调整提供来自制造业微观企业的实证依据。

本章中的中介效应模型主要包括三个方程：第一个方程考察生产性补贴对企业进口的影响；第二个方程考察生产性补贴对中介变量，即融资约束变量的影响；第三个方程与前面的基准模型相同，将生产性补贴和中介变量同时纳入方程，考察它们对企业进口的影响。[①] 方程具体表示如下：

$$y_{it} = a_0 + a_1 \mathrm{Subsidy}_i + a_2 T_t + \varphi \mathrm{Subsidy}_i \times T_t + a_3 \mathbf{A}_{it} + \nu_{in} + \nu_{re} + \nu_t + \varepsilon_{it}^1 \tag{6-13}$$

$$\mathrm{finance}_{it} = b_0 + b_1 \mathrm{Subsidy}_i + b_2 T_t + \delta \mathrm{Subsidy}_i \times T_t + b_3 \mathbf{A}_{it} + \nu_{in} + \nu_{re} + \nu_t + \varepsilon_{it}^2 \tag{6-14}$$

$$\begin{aligned} y_{it} = &\ c_0 + c_1 \mathrm{Subsidy}_i + c_2 T_t + \gamma \mathrm{Subsidy}_i \times T_t + \eta \mathrm{finance}_{it} + c_3 \mathbf{A}_{it} \\ &+ \nu_{in} + \nu_{re} + \nu_t + \varepsilon_{it}^3 \end{aligned} \tag{6-15}$$

其中，y_{it}具体包括企业进口决策（pimp）、进口产品种类（scope）、进口额（imp）以及进口产品质量（quality）。$\mathbf{A}$ 为一组控制变量，具体定义与上面类似。式（6-15）与式（6-6）相同。以企业进口额方程为例，我们将表6-3中的第（3）列回归结果直接复制到表6-9的第

---

① 使用传统的引入生产性补贴和企业融资约束交互项的方式来检验生产性补贴通过"融资约束缓解"机制对企业进口的影响。结果均证实了本部分中介效应模型的结论，即"融资约束缓解"是生产性补贴促进企业进口的重要渠道，限于篇幅，这里没有汇报稳健性估计结果，如需备索。

（3）列中，表 6 - 9 的第（1）列和第（2）列分别是对式（6 - 13）和式（6 - 14）进行估计的结果。关于企业融资约束指标的衡量，除了上面使用的融资约束指数这一方法外，我们还借鉴张杰等（2012）的做法，使用企业现金流与企业总资产的比值来衡量企业的融资约束指标，进一步考察表 6 - 9 中的第（1）列~第（3）列估计结果的稳健性。该比值与企业融资约束成反比，如果该比值越大，说明企业的融资能力越强，融资约束越小，在此，现金流使用企业净利润与本年折旧费之和表示。具体检验结果见表 6 - 9 的第（4）列~第（6）列。

从表 6 - 9 第（2）列可以看到，Subsidy × T 的估计系数显著为负，表明生产性补贴确实显著改善了企业面临的融资约束程度。表 6 - 9 第（3）列进一步在第（1）列的基础上引入了融资约束指标，观察估计结果不难发现，finance 的估计系数为负，并且通过了 1% 水平的显著性检验，即企业融资能力的提高或者融资约束的缓解有利于促进企业进口贸易规模的扩大。进一步地，我们对第（1）列和第（3）列中 Subsidy × T 的估计系数进行了对比，不难发现，Subsidy × T 的估计系数绝对值在加入融资约束中介变量 finance 之后显著降低，并且估计系数的显著性水平也远低于第（1）列，由此，我们可以初步断定"融资约束缓解"中介效应的存在，即生产性补贴通过"融资约束缓解"效应作用于企业的进口行为。

接下来，我们进行了一系列检验，以确认"融资约束缓解"是否是生产性补贴促进企业进口规模扩大的中介变量。其一，设定原假设 H_0：$\delta = 0$，H_0：$\eta = 0$，如果能够拒绝原假设，则说明 finance 是生产性补贴影响企业进口的渠道变量，否则，说明中介效应并不显著。表 6 - 9 的第（2）列结果显示，Subsidy × T 的估计系数显著为负，同时，表 6 - 9 的第（3）列中 finance 的估计系数也显著为负，能够拒绝原假设，证实了"融资约束缓解"中介效应的存在。第二，为了进一步检验中介效应的存在性，我们引入第二种检验方法。具体地，我们借鉴索贝尔（Sobel，1987）的方法来对中介效应的存在性进行严格的计量检验，其原假设是 $\eta\delta = 0$，如果能够拒绝原假设，则说明本章的中介效应显著。其基本步骤是：首先，计算乘积项 $\eta\delta$ 的标准差：$s_{\eta\delta} = \sqrt{\hat{\eta}^2 s_\delta^2 + \hat{\delta}^2 s_\eta^2}$，公式中的 s 表示相应估计系数的标准差；然后，使用表 6 - 9 中的估计结果计算得到的 $Z_{\eta\delta}$ 的值。结果表明，其相伴随概率小于 0.1，在 10% 的水平上显著，该结果表明，"融资约束缓解"是生产性补贴影响企业进口的渠道变量。

最后，我们还借鉴弗里德曼等（Freedman et al.，1992）的方法进行了一组补充检验，其原假设是 $\varphi - \gamma = 0$，如果能够拒绝原假设，则说明"融资约束缓解"是生产性补贴影响企业进口的中介变量，即本章的中介效应显著。根据表6-9中第（1）列和第（3）列的估计结果，计算得到 $\varphi - \gamma$ 的标准差为0.01552，Z统计量为5.20，并且在1%的水平上显著。从而我们可以在1%的显著性水平上拒绝 $\varphi - \gamma = 0$ 的原假设，再次验证了"融资约束缓解"中介效应的存在性。此外，表6-9中第（4）列~第（6）列的估计结果也证实了"融资约束缓解"是生产性补贴影响企业进口的重要机制。

此外，表6-10~表6-12分别汇报了针对企业进口决策、进口产品种类和进口产品质量的中介效应估计结果，也都证实了"融资约束缓解"是生产性补贴影响企业进口的重要机制。

表6-9 中介效应模型估计结果

变量	进口额	融资约束	进口额	进口额	融资约束	进口额
	（1）	（2）	（3）	（4）	（5）	（6）
Subsidy × T	0.2124 *** （4.82）	- 0.0672 *** （- 4.42）	0.2097 *** （4.80）	0.2124 *** （4.82）	0.0418 *** （4.82）	0.2103 *** （4.72）
finance	—	—	- 0.0402 *** （- 5.05）	—	—	0.0510 ** （2.02）
常数项	- 0.0473 *** （- 6.82）	- 0.4526 *** （- 5.92）	- 1.0363 *** （- 4.78）	- 0.0473 *** （- 6.82）	- 1.0673 *** （- 4.47）	- 1.2638 *** （- 3.93）
控制变量	控制	控制	控制	控制	控制	控制
年份效应	Yes	Yes	Yes	Yes	Yes	Yes
地区效应	Yes	Yes	Yes	Yes	Yes	Yes
行业效应	Yes	Yes	Yes	Yes	Yes	Yes
观察值	316238	316238	316238	316238	316238	316238

注：圆括号内数值为纠正了异方差后的t统计量；*** 、** 和 * 分别表示在1%、5%和10%的显著性水平上显著，"—"表示无数据。

表6-10 中介效应模型估计结果：进口决策

变量	pimp	finance	pimp	pimp	finance	pimp
	（1）	（2）	（3）	（4）	（5）	（6）
Subsidy × T	0.0912 *** （3.97）	- 0.0532 *** （- 4.30）	0.0850 *** （3.30）	0.0912 *** （3.97）	0.0424 *** （4.47）	0.0882 *** （3.99）
finance	—	—	- 0.1172 *** （- 3.42）	—	—	0.0705 *** （4.72）
常数项	0.6262 *** （7.02）	0.2182 *** （4.72）	0.6599 *** （7.56）	0.6262 *** （7.02）	0.1442 *** （6.72）	0.7525 *** （6.32）
控制变量	控制	控制	控制	控制	控制	控制
年份效应	Yes	Yes	Yes	Yes	Yes	Yes

变量	pimp	finance	pimp	pimp	finance	pimp
	（1）	（2）	（3）	（4）	（5）	（6）
地区效应	Yes	Yes	Yes	Yes	Yes	Yes
行业效应	Yes	Yes	Yes	Yes	Yes	Yes
观察值	416238	416238	416238	416238	416238	416238

注：圆括号内数值为纠正了异方差后的 t 统计量；***、** 和 * 分别表示在 1%、5% 和 10% 的显著性水平上显著，"—"表示无数据。

表 6 - 11　　　　　中介效应模型估计结果：进口产品种类

变量	scope	finance	scope	scope	finance	scope
	（1）	（2）	（3）	（4）	（5）	（6）
Subsidy × T	0.1186 ***	- 0.0345 ***	0.1160 ***	0.1186 ***	0.0423 ***	0.1176 ***
	（4.43）	（- 3.91）	（3.67）	（4.43）	（5.20）	（5.85）
finance	—	—	- 0.0752 **	—	—	0.0232 ***
			（- 2.30）			（4.36）
常数项	1.2625 ***	0.6832 ***	1.0426 ***	1.2625 ***	0.3241 ***	0.6325 ***
	（5.26）	（5.13）	（5.52）	（5.26）	（4.71）	（4.34）
控制变量	控制	控制	控制	控制	控制	控制
年份效应	Yes	Yes	Yes	Yes	Yes	Yes
地区效应	Yes	Yes	Yes	Yes	Yes	Yes
行业效应	Yes	Yes	Yes	Yes	Yes	Yes
观察值	416238	416238	416238	416238	416238	416238

注：圆括号内数值为纠正了异方差后的 t 统计量；***、** 和 * 分别表示在 1%、5% 和 10% 的显著性水平上显著，"—"表示无数据。

表 6 - 12　　　　　中介效应模型估计结果：进口产品质量

变量	quality	finance	quality	quality	finance	quality
	（1）	（2）	（3）	（4）	（5）	（6）
Subsidy × T	0.0582 ***	- 0.0352 ***	0.0568 ***	0.0582 ***	0.0723 ***	0.0538 ***
	（5.73）	（- 5.12）	（4.83）	（5.73）	（3.84）	（4.47）
finance	—	—	- 0.0387 ***	—	—	0.0613 *
			（- 4.02）			（1.77）
常数项	0.7326 ***	0.2378 ***	0.3042 ***	0.7326 ***	0.3616 ***	0.3279 ***
	（5.32）	（3.37）	（5.03）	（5.32）	（3.72）	（3.51）
控制变量	控制	控制	控制	控制	控制	控制
年份效应	Yes	Yes	Yes	Yes	Yes	Yes
地区效应	Yes	Yes	Yes	Yes	Yes	Yes
行业效应	Yes	Yes	Yes	Yes	Yes	Yes
观察值	416238	416238	416238	416238	416238	416238

注：圆括号内数值为纠正了异方差后的 t 统计量；***、** 和 * 分别表示在 1%、5% 和 10% 的显著性水平上显著，"—"表示无数据。

第六节　拓展研究：企业进口的经济效果分析

前面从企业进口决策、进口产品种类、进口额以及进口产品质量四个维度全面考察了生产性补贴在企业进口中的作用，我们感兴趣的问题是，生产性补贴通过作用于企业的进口，其产生的经济后果是怎样的。对该问题的回答有助于增强我们关于生产性补贴和企业进口行为经济绩效方面的认识。在已有研究基础上，我们选取三个关于企业生存和发展的重要经济变量——企业生产率、企业出口额以及企业出口产品质量——作为我们分析的目标变量。

具体地，我们通过在模型（6-6）的基础上，引入 Subsidy × T 分别与企业进口额、企业进口产品质量的交互项的方式，来对比分析生产性补贴分别通过影响企业进口的"规模效应"和"质量效应"对其自身生产率水平、出口规模以及出口产品质量的影响效应。

$$tfp_{it} = F(Subsidy_i, T_t, Subsidy_i \times T_t, Subsidy_i \times T_t \times imp_{it},$$
$$Subsidy_i \times T_t \times quality_{it}, \mathbf{W}_{it}) \qquad (6-16)$$

$$ex_{it} = F(Subsidy_i, T_t, Subsidy_i \times T_t, Subsidy_i \times T_t \times imp_{it},$$
$$Subsidy_i \times T_t \times quality_{it}, \mathbf{W}_{it}) \qquad (6-17)$$

$$equality_{it} = F(Subsidy_i, T_t, Subsidy_i \times T_t, Subsidy_i \times T_t \times imp_{it},$$
$$Subsidy_i \times T_t \times quality_{it}, \mathbf{W}_{it}) \qquad (6-18)$$

其中，tfp_{it}、ex_{it} 和 $equality_{it}$ 分别表示企业 i 在时间 t 的生产率水平、出口贸易额以及出口产品质量水平。生产率指标的测算在前面已经介绍过，企业层面出口产品质量指标的测算借鉴施炳展（2013）的方法进行。$\mathbf{W}$ 为一组控制变量，主要包括企业规模、企业年龄、企业利润率、企业融资约束、企业资本密集度以及外资企业虚拟变量。在式（6-17）和式（6-18）中，我们进一步控制了企业生产率（tfp）指标。

从表6-13中的第（1）列和第（4）列的估计结果可以发现，核心解释变量 Subsidy × T 交互项的估计系数均为正，其在第（1）列中通过了10%的显著性检验，但在第（4）列中并不显著。即生产性补贴对企业生产率的积极影响并不显著。这可能是因为生产性补贴导致了企业对补贴资金的依赖性，从而削弱了其进行生产率提升和研发投资的内在动力。这与刘海洋等（2012）的结论一致，都是基于生产性补贴与中国工业企业购买行为的分析表明，生产性补贴提高了企业的平均购买成本，通过企业的过度购买行为扭曲了社会资源的配置，不利于企业效率的提升。另外，与已有考察生产性补贴对企业出口的影响的研究结论类似（Görg et al.，2008；Girma et al.，2009；苏振东等，2012），表6-10的第（2）列和第（5）列结果表明，生产性补贴对企业出口规模具有积极的作用。表6-13的第（3）列和第（6）列结果显示，生产性补贴对企业出口产品质量的影响相对较小，即长期以来，中国政府对企业的生产性补贴政策整体上并没有促进出口产品质量的升级。生产性补贴在一定程度上促成了中国"低价竞争、数量取胜"的出口模式（施炳展等，2013）。

表6-13中Subsidy×T×imp变量和Subsidy×T×quality变量的估计结果在前三列中均显著为正。这表明，生产性补贴通过提高企业中间品进口的规模和中间品进口的质量水平，显著促进了企业自身的生产率提升、出口规模扩大和出口产品质量升级。即，生产性补贴通过中间品进口对企业绩效的影响表现为积极的"规模效应"和"质量效应"。对其可能的解释是，生产性补贴使企业可以有充足的资金进口其生产所需的中间品，而中间品进口会通过以下三个途径进一步促进企业绩效提升。第一，对于发展中国家来说，来自国外的中间品往往蕴含着较高的研发投入和先进的技术水平（Blalock，2017），其产品质量通常高于国内中间品，因而国内企业更倾向于选择进口中间品用于生产和出口，企业的出口产品质量由此得以提升。在发展中国家，由于国内高质量中间品的供应难以满足企业需要，进口中间品成为企业提升出口产品质量的重要保证（Eithier，1982；张杰等，2015）。第二，通过进口中间品，企业可以统筹兼顾国内外两个中间品市场，实现资源优势互补并助力出口产品质量的提升。具体来说，外国中间品对本国中间品具有不完全替代性，两者之间差异的存在使得企业可以选择更多种类的中间品投入使用，这为降低企业成本提供了可能，企业可以将更多的剩余资金用于产品质量提升，因此，中间品进口有助于提高企业出口产品质量。第三，在国内企业使用进口中间品进行生产的过程中，进口中间品中所蕴涵的国外技术的溢出是国内企业学习并提升自身技术水平的重要渠道（Grossman and Helpman，1991）。国内企业通过对进口产品内含技术的模仿和创新促进自身技术水平和生产率水平的提高，从而有利于企业开拓出口市场并提高出口产品的质量水平。

表6-13的最后三列给出了生产性补贴通过资本品进口的"规模效应"和"质量效应"对企业生产率水平、出口规模以及出口产品质量的影响。我们发现，交互项Subsidy×T×imp的估计系数显著为正，而交互项Subsidy×T×quality的估计系数虽然为正，但并不显著，即生产性补贴通过

表6-13　政府补贴、企业进口及其经济效果

变量	中间品进口			资本品进口		
	生产率	出口规模	出口产品质量	生产率	出口规模	出口产品质量
	(1)	(2)	(3)	(4)	(5)	(6)
Subsidy	0.0208 (1.054)	0.0179*** (6.278)	0.0200** (2.228)	0.0270* (1.893)	0.0320*** (3.782)	0.0195 (0.731)
T	0.0057** (2.243)	0.0106*** (3.680)	0.0127** (2.155)	0.0051 (0.750)	0.0093*** (3.538)	0.0120* (1.733)
Subsidy × T	0.0215* (1.759)	0.0215*** (2.671)	0.0213** (2.150)	0.0387 (0.862)	0.0336*** (9.583)	0.0248 (0.736)
Subsidy × T × imp	0.0182*** (3.235)	0.0187*** (3.159)	0.0188*** (3.105)	0.0118*** (5.339)	0.0109*** (3.350)	0.0096*** (3.490)
Subsidy × T × quality	0.0106* (1.768)	0.0251** (2.185)	0.1656*** (3.692)	0.0018 (0.331)	0.0015 (0.226)	0.0021 (0.740)
imp	0.0161** (2.135)	0.0186** (2.116)	0.0206*** (2.791)	0.0141*** (7.406)	0.0109*** (3.339)	0.0121*** (4.764)
quality	0.0196*** (7.646)	0.0178*** (7.536)	0.0158*** (6.975)	0.0329*** (5.897)	0.0327*** (5.832)	0.0320*** (5.534)
tfp	—	0.0800*** (4.454)	0.1154*** (5.765)	—	0.0908* (1.774)	0.0918* (1.723)
size	0.2367*** (9.550)	0.113 (0.379)	0.1733*** (6.457)	0.1751*** (5.338)	0.0159* (1.780)	0.1207 (0.152)
age	0.2360 (0.342)	0.2367 (0.751)	0.2364 (0.442)	0.2451*** (7.359)	0.2613*** (7.375)	0.2696*** (8.328)
klr	0.0446*** (4.744)	0.0397*** (3.678)	0.0345** (2.174)	0.0269*** (5.199)	0.0225*** (4.307)	0.0442*** (5.502)
profit	0.2603*** (5.653)	0.1563*** (5.176)	0.1629*** (5.727)	0.1535*** (4.951)	0.1518*** (4.774)	0.2322*** (7.343)

续表

变量	中间品进口			资本品进口		
	生产率	出口规模	出口产品质量	生产率	出口规模	出口产品质量
	(1)	(2)	(3)	(4)	(5)	(6)
finance	-0.1669***	-0.1506***	-0.1525***	-0.1921***	-0.1722*	-0.1623***
	(-4.366)	(-4.830)	(-4.676)	(-4.355)	(-1.876)	(-4.056)
foreign	0.0383***	0.0800***	0.1154***	0.0726***	0.0908*	0.0918*
	(6.586)	(4.944)	(5.745)	(4.765)	(1.787)	(1.743)
常数项	-0.0816***	-0.4032***	-1.0042***	-1.2537***	-0.8567***	-0.6585***
	(-4.515)	(-5.570)	(-4.395)	(-9.559)	(-6.187)	(-7.323)
年份效应	Yes	Yes	Yes	Yes	Yes	Yes
地区效应	Yes	Yes	Yes	Yes	Yes	Yes
行业效应	Yes	Yes	Yes	Yes	Yes	Yes
R^2	0.3223	0.4345	0.3751	0.4809	0.4016	0.3022
观测值	316238	316238	316238	316238	316238	316238

注：圆括号内数值为纠正了异方差后的 t 统计量；***、** 和 * 分别表示在 1%、5% 和 10% 的显著性水平上显著，"—" 表示无数据。

资本进口对企业绩效的影响表现为积极的"规模效应"和微弱的"质量效应"。这表明，生产性补贴在当前仅仅扩大了企业的资本品进口规模，但是进口的资本品质量往往不高，并不能形成资本品进口促进企业绩效提升的良性循环。这可能是由于：其一，资本品进口的资金门槛往往比较高，企业获得的生产性补贴可能不足以支撑其进口国外高质量的资本品。其二，即便企业能够获取高额度的生产性补贴资金，国外资本品出口企业可能会出于技术保护和技术垄断的考虑，限制高质量资本品对中国的出口，从而也不利于资本品进口对企业绩效"质量效应"的发挥。其三，资本品在进口完成之后，还需要经历调试和投入生产的适应阶段，其对企业绩效"质量效应"的发挥可能会存在一定的滞后性。

最后，表6-13中变量imp和变量quality的回归系数均显著为正，这表明，中国进口规模的扩大和进口产品质量的提高显著促进了企业生产率水平的提高，同时，也促进了中国出口规模的扩大和出口产品质量的升级。对其可能的解释是：其一，进口中学习效应。进口产品往往是国外企业研发投入和高技术水平的体现，企业将进口产品投入生产过程时，可以通过对进口产品内含技术的模仿和创新促进自身技术水平和生产率水平的提高，从而有利于企业生产率水平和出口产品质量的升级；其二，成本节约效应。进口规模的扩大和进口产品质量的提高增加了国内市场上可供选择的产品种类，加剧了产品市场竞争并有利于降低企业中间品使用的成本，为生产率提高和出口产品质量升级提供更多的资金来源。

第七节　小　结

当前，中国经济正处于由高速增长阶段向高质量发展阶段转变的攻坚期，同时，面临部分发达国家"逆全球化"思潮和保护主义倾向抬头的严峻国际形势。在新的国内外形势下，推动制造业企业升级对中国制造业国际竞争力的提升意义重大，而扩大进口对中国制造业企业升级和贸易结构优化具有不可忽视的作用。面对新形势，全面考察生产性补贴对中国制造业企业进口的影响和具体的作用机制成为需要我们解决的重要课题，同时，也是评估中国生产性补贴效果的一个重要方面。本章基于2000~2007年中国制造业微观企业数据，采用倾向得分匹配的倍差法系统地评估了生产性补贴在微观企业进口中的作用。结果表明，生产性补贴不仅促进了企业进入进口市场的可能性，而且还显著促进了企业的进口产品种类、进口额以及进口产品质量的提高。异质性检验表明，生产性补贴对外资企业进口的影响要大于民营企业和国有企业，其对纯中间品进口企业的积极影响大于纯资本品进口企业和混合型进口企业。中介效应检验发现，"融资约束缓解"是生产性补贴促进企业进口的一个重要渠道。最后，我们进一步考察了生产性补贴通过进口对企业生产率、企业出口规模和企业出口产品质量的影响，发现生产性补贴对企业绩效的影响主要通过进口的规模效应起作用，而进口的质量效应并不显著。

本章从研究视角和研究方法上丰富和拓展了生产性补贴与企业进口行为方面的研究文献，为深入理解中国生产性补贴对进口贸易的影响提供了微观证据。更为重要的是，本章的研究结论具有明晰的政策含义。本章的研究表明，生产性补贴主要通过缓解企业进口的融资约束来促进企业的进口参与，并且生产性补贴对企业绩效的积极影响主要通过进口的规模效应起作用，而进口的质量效应并不显著。因此，中国政府要继续深化金融体制改革，鼓励和增大对企业进口高质量中间品和资本品的资金支持，加大企业研发资助，增强企业对进口产品内含技术的引进、消化、吸收及再创新，保障企业健康成长。此外，政府应该致力于制定合理的企业补贴政策，以充分发挥政府这只"看得见的手"的积极作用。第一，政府要对企业的进口绩效进行科学评估，以此作为是否进行补贴的依据之一，补贴额度与补贴方式也要紧密结合企业上一轮获得补贴后的经济绩效。第二，要对补贴企业在受补贴之后的经济绩效进行定期评估，包括企业的生产率水平、企业出口产品质量等，并根据考核结果决定是加大补贴力度还是减少补贴力度抑或是终止补贴。与此同时，要把握政府干预企业行为的度，继续深入推进有序竞争的市场化改革，为生产性补贴进口激励效应的充分发挥创造良好的制度环境。

当然，本章研究也存在一定不足。例如，政府补贴对企业进口和企业绩效的影响会受到中国要素市场扭曲问题的制约，由于考虑到本章篇幅以及本章的研究重点，我们没有从"要素市场扭曲"的角度对此做进一步研究，而将要素市场扭曲纳入分析框架，深入分析其在中国政府补贴影响企业进口和绩效中的作用，是该主题研究的一个重要拓展方向。

第七章 政府补贴与企业出口国内附加值率

世界经济全面进入全球价值链时代，随着全球价值链分工的不断深化，一国制造业参与国际分工的模式由专业化生产特定产品转变为专业化从事产品的特定生产环节，"商品贸易"转变为"任务贸易"（卢锋，2004；Grossman and Rossi-Hansberg，2008）。在全球分工生产的背景下，本章以出口国内附加值率为切入点，全面分析政府补贴对制造业企业全球价值链升级的微观影响和作用渠道。研究表明，政府补贴显著提高了企业出口的国内附加值率（DVAR）。异质性分析表明，政府补贴对企业出口国内附加值率的影响具有显著的异质性。在贸易方式方面，其对纯一般贸易企业出口国内附加值率的影响大于混合型贸易企业和纯加工贸易企业；在企业所有制方面，其促进了民营企业出口国内附加值率的提升，但是，对国有企业和外资企业出口国内附加值率的影响并不显著。机制检验表明，创新激励效应是政府补贴影响企业出口国内附加值率的重要渠道。最后，行业出口国内附加值率的动态分解结果显示，资源再配置效应对行业出口国内附加值率提高的贡献度高达51%，其在政府补贴促进行业出口国内附加值率提高中发挥了重要作用。本章研究对于准确评估政府补贴的经济绩效，以及在全球价值链分工体系下如何利用政府补贴政策来提高企业出口竞争力具有一定的政策参考价值。

第一节 问题的提出

改革开放以来，在出口导向的贸易战略背景下，中国鼓励进口国外的先进技术和核心设备以生产出符合国际出口市场要求的产品。在上述政策的引导下，中国中间品进口的规模不断扩大，中间品进口占全部进口的比重由1995年的67.6%上升到2013年的78.6%，并且中间品采购不断向全球供应链的上游延伸。在中间品进口的带动下，中国的出口贸易规模得到迅速扩张，货物出口贸易额年均增长超过20%，并在2009年超越德国成为世界第一大货物贸易出口国。伴随着中间品进口规模的扩大，中国制造业企业迅速融入全球生产分工体系，成为"世界制造工厂"。庞大的出口贸易体量反映了中国制造业的巨大生产规模和制造业企业的迅速成长，但是，在全球价值链分工中，中国通过进口大量原材料和中间品获得的出口增长中内含了大量国外价值，贸易规模的扩张已经不能反映中国出口贸易的利得和出口竞争力的强弱。在当前形势下，出口国内附加值率成为我们准确理解企业在全球价值链中分工地位和出口竞争力的新标准（Koopman et al.，2012；盛斌和陈帅，2015；蒋庚华和陈海英，2018）。

当前，关于出口国内附加值率的相关研究，已经从测算方法的改进（Koopman et al.，2012；Dean et al.，2011；Upward et al.，2013；Kee and Tang，2016），逐步发展为对其影响因素的量化考察。已有大量文献分别从外商直接投资（张杰等，2013；张鹏杨和唐宜红，2018）、要素市场扭曲（高翔等，2018）、汇率变动（张文磊和陈琪，2010；余淼杰和崔晓敏，2018）、服务业开放（马弘和李小帆，2018）以及国家内部的行业市场结构（李胜旗和毛其淋，2017）等视角，全面考察了出口国内附加值率的影响因素，但是，却少有文献关注政府补贴在出口国内附加值率中的作用。

我们注意到，为了鼓励企业积极融入全球分工体系，提高企业的出口竞争力，中国政府加大了对制造业企业的扶持力度，其中，尤以政府补贴最为典型。据中国工业企业数据库统计，2013年获得政府补贴的企业数是1998年的5.3倍，在补贴金额方面，2013年工业企业获得补贴的额度是1998年的5.5倍，政府补贴在引导产业发展和企业竞争力升级中发挥了举足轻重的作用。目前，中国正处于产业转型升级和全球竞争激烈的重要历史时刻，面对新形势，如何发挥政府补贴在提高中国制造业企业出口竞争力中的作用成为需要我们研究的重要课题。近年来，中国制造业在全球价值链中的地位有所攀升，中国制造业企业出口国内附加值率在2000~2006年的上升幅度超过10%（Kee and Tang，2013；吕越等，2018）。那么，政府补贴对企业的出口国内附加值率到底产生了怎样的影响？其背后的作用机制如何？

本章致力于考察政府补贴对中国制造业企业出口国内附加值率的微观影响及其作用机制。在已有研究基础上，本章可能的拓展主要体现为：其一，本章使用倾向得分匹配（propensity score matching，PSM）方法进行样本匹配以降低样本选择偏误对本章估计结果的干扰，这在一定程度上丰富和深化了有关政府产业政策与企业出口竞争力的研究文献；其二，本章比较、研究了政府补贴对不同贸易方式和不同所有制企业出口国内附加值率影响的差异性，发现政府补贴对纯加工贸易企业国内附加值率的影响远远小于纯一般贸易企业和混合贸易企业，并且，其对纯一般贸易企业的积极影响最大，在所有制方面，政府补贴对国有企业和外资企业出口国内附加值率的影响较为微弱，但是，却显著提高了民营企业的出口国内附加值率；其三，通过构建中介效应模型深入检验了政府补贴影响企业出口国内附加值率的作用机制，发现创新激励效应是一个可能的影响渠道，这有利于增强我们关于政府补贴政策影响企业出口国内附加值率作用机理的认识。其四，通过对行业出口国内附加值率进行动态分解，我们从中观行业层面考察了行业出口国内附加值率的贡献来源及资源再配置效应在其中的作用，进而为中国在全球价值链背景下提高企业出口竞争力提供了有益的启示。

第二节　理论分析与研究假说

本章的研究是建立在一系列已有研究基础之上的。

第一类文献是关于出口国内附加值的相关研究。当前，关于出口国内附加值率的研究已经成为国际经济学领域的热点话题。早期文献主要聚焦于出口国内附加值率测算方法的改进方面，但相关研究均是基于国家层面的宏观数据进行。胡梅尔斯等（Hummels et al.，2001）是该领域的早期经典文献，提出的垂直专业化率测算方法（HIY 方法）奠定了后期出口国内附加值分析的方法论基础。但 HIY 方法没有对进口中间品中的一般贸易产品和加工贸易产品进行区分，导致基于同一投入比例的测算结果并不能准确地反映垂直专业化贸易的现实。鉴于此，库普曼等（Koopman et al.，2012）通过对进口中间品中的一般贸易产品和加工贸易产品设定不同的投入比例，对 HIY 方法进行了改进和修正，使测算得到的出口国内附加值率更加准确。但按照德昂等（Dean et al.，2011）对产品的分类，库普曼等（Koopman et al.，2012）的方法由于没有对进出口产品进行中间品或最终产品的划分，可能会高估中国的出口国内附加值率。在上述宏观测算方法的基础上，厄普瓦尔德等（Upward et al.，2013）基于中国数据在改进 HIY 方法的基础上，计算了企业层面的出口 DVAR，研究发现企业的出口国内附加值率在 2003 年之后逐年提高，与一般贸易企业相比，加工贸易企业的出口国内附加值率较低。张杰等（2013）基于类似的样本数据和方法测算了 2000～2006 年中国制造业企业的出口国内附加值率，并在此基础上进一步检验了外商直接投资对企业出口国内附加值率的影响。此外，毛其淋和许家云（2018）的研究也证实了外商直接投资企业进入对中国本土企业出口国内附加值率的积极影响。但遗憾的是，这些文献均忽略了政府补贴政策的作用，因此，对于企业出口国内附加值率变化机制的认识是不全面的。

第二类文献是关于政府补贴对企业出口或企业竞争力影响的考察。格尔克等（Görg et al.，2008）、吉尔马等（Girma et al.，2009）文献围绕政府补贴对企业出口贸易的影响进行了实证分析，结果均支持了政府补贴促进企业出口贸易发展的结论。其中，苏振东等（2012）分析发现，政府补贴对潜在出口企业和在位出口企业的影响均显著为正。施炳展等（2013）的研究认为，政府补贴显著促进了企业出口规模的扩大，但是，却降低了企业的平均出口价格，从而在某种程度上造成了中国低价竞争的出口贸易模式。此外，还有部分文献从企业生产率角度考察了政府补贴的经济绩效，包括邵敏和包群（2012）对中国企业的研究、贝尔尼尼和佩列格里尼（Bernini and Pelle-grini，2011）对意大利企业的研究等，这些文献基本上都认为政府补贴并未有效提升企业的生产率水平。此外，任曙明和张静（2013）以中国装备制造业企业为例，实证考察了政府补贴对企业成本加成率的影响，结果表明，政府补贴不利于企业竞争力的提升。毛其淋和许家云（2015）分析了政府补贴与企业新产品创新之间的关系，发现政府补贴不但有利于企业的创新水平提升，而且，可以延长企业新产品创新的持续期。许家云和毛其淋（2016）从企业市场存活的动态视角，集中考察了政府补贴对企业生存的影响，结果发现，政府补贴在总体上有利于降低企业退出市场的风险率，但适度的政府补贴延长了企业的生存时间，而高额度政府补贴则不利于企业生存。在上述文献中，尽管已有不少学者围绕政府补贴与企业出口之间的关系进行了系统分析，但仍然少有文献从企业出口国内附加值率的角度考察政府补贴的作用效果。如前所述，在全球价值链分工的背景下，企业的出口竞争优势更多取决于企业俘获产品附加价值的能力。因此，深入研究政府补贴对企业出口国内附加值率的影响及其作用机制在当前具有重要的现实意义。蔡承彬（2018）较早将政府补贴引入企业出口国内附加值的分析框架，分析发现，政府补贴有利于提高企业的出口国内附加值。但是，该文献并没有考察政府补贴影响企业出口国内附加值率的具体作用机制，同时也没有考虑样本选择偏误可能对估计结果的干扰。

通过对已有文献的梳理和总结，我们将政府补贴对企业出口国内附加值率的影响机制概括为创新激励效应。政府补贴作为企业总利润的一部分，在本质上可以通过增加企业的收益进而为创新活动提供资金支持。尤其是那些专门针对新产品开发和科研创新方面的专项补贴可以直接地降低企业进行新产品创新的成本和面临的风险，提高企业新产品创新的回报率，进而激励企业从事创新活动的动机。此外，政府补贴通过增加企业利润的方式使企业的内源融资约束得以缓解，内源融资约束的降低可以促进企业创新（Czarnitzki and Binz，2008；Brown et al.，2012；张杰等，2012）。而企业研发创新的增加，有利于提升企业的生产效率，使企业可以用较少的进口中间品生产出更多的出口最终品，降低了企业出口中所包含的国外增加值，从而提高了企业出口国内附加值率。

此外，值得注意的是，从微观基础来看，行业总体出口国内附加值率的变动是由存续企业内部出口 DVAR 的变动、存续企业市场份额的变动以及企业在出口市场上的进入行为和退出行为构成的，而存续企业市场份额的变动以及企业在出口市场上的进入行为和退出行为引致的出口国内附加值率变动体现为资源配置效应。根据我们对行业出口国内附加值率的动态分解结果推断，资源再配置效应可能在政府补贴影响行业出口国内附加值率中发挥重要作用。

第三节　模型、数据与指标测度

一、模型设定与数据

本章尝试就政府补贴对企业出口国内附加值率的影响进行实证分析。但是，在现实的经济生活中，企业能否获得政府补贴并非是随机的，其可能会受到企业自身市场生存能力和经营绩效的影响（邵敏和包群，2011）。并且，政府补贴和企业出口国内附加值率还可能会受到诸如企业生产率水平、企业利润率等因素的共同影响，从而导致本章样本选择的内生性以及由此产生的估计偏误。基于此，我们借鉴经典文献的做法，使用倾向得分匹配方法得到本章的分析样本，然后，构建倍差法模型进行计量分析。

首先，我们将样本中首次受到政府补贴的企业界定为处理组企业，样本中从未受到政府补贴的企业为对照组。① 具体地，我们设定二元虚拟变量 $Subsidy_i = \{0, 1\}$，如果企业 i 属于首次受到补贴的企业，$Subsidy_i = 1$，否则，$Subsidy_i = 0$。设定时间虚拟变量 $T_t = \{0, 1\}$，企业受到政府补贴

---

① 在此，我们借鉴德勒克尔（De Loecker，2007）设定政策处理变量的方法，将首次受到政府补贴的企业作为处理组，从而可以在面板数据的情形下避免错误匹配问题。

前，$T_t = 0$，企业受到政府补贴后，$T_t = 1$。y_{it}为被解释变量——企业出口DVAR（$dvar_{it}$）。Δy_{it}表示被解释变量在获得政府补贴前后两个时期的变化量，其中，Δy_{it}^1表示处理组企业因变量的变化量，Δy_{it}^0表示对照组企业因变量的变化量。从而，处理组企业的平均处理效应（ATT）可以表示为：

$$\lambda = E(\lambda_i \mid Subsidy_i = 1) = E(\Delta y_{it}^1 \mid Subsidy_i = 1) - E(\Delta y_{it}^0 \mid Subsidy_i = 1)$$

$$(7-1)$$

式（7-1）右边的第二项是一种"反事实"，其表示补贴企业 i 如果没有受到政府补贴其因变量的变化情况。接下来，我们使用最近邻匹配（nearest neighbor matching）方法来为获得补贴的企业寻找对应的非补贴企业。根据已有文献的做法，我们选取企业生产率（lp）、企业规模（size）、企业利润率（profit）、企业年龄（age）、外资企业虚拟变量（foreign）、行业赫芬达尔指数（HHI）、企业出口密集度（exp）、国有企业虚拟变量（state）以及企业研发创新指标（inno）[①] 等变量的滞后一期作为匹配变量，同时，我们将企业出口国内附加值率的滞后一期值纳入匹配变量集合。然后，基于以下 logit 模型进行估计：

$$P = Pr\{Subsidy_{it} = 1\} = \Phi\{X_{it-1}\} \qquad (7-2)$$

通过估计式（7-2）我们可以得到概率预测值（或倾向得分值）$\hat{p}$，$\hat{p}_i$表示处理组的倾向得分值，$\hat{p}_o$表示对照组的倾向得分值，最近邻匹配原则表示如下：

$$\Omega(i) = \min_o \|\hat{p}_i - \hat{p}_o\|, o \in (Subsidy = 0) \qquad (7-3)$$

在式（7-3）中，Ω（i）表示对照组企业的匹配集合，其与处理组企业一一对应。通过最近邻匹配，我们可以得到与处理组企业相对应的对照组企业集合 Ω（i），从而 E（$\Delta y_{it}^0 \mid Subsidy_i = 0$，$i \in \Omega$（i））可以作为E（$\Delta y_{it}^0 \mid Subsidy_i = 1$）的较好替代。基于此，式（7-1）可以进一步用式（7-4）表示：

$$\lambda = E(\lambda_i \mid Subsidy_i = 1) = E(\Delta y_{it}^1 \mid Subsidy_i = 1)$$
$$- E(\Delta y_{it}^0 \mid Subsidy_i = 0, i \in \Omega(i)) \qquad (7-4)$$

模型（7-4）对应的实证估计方程式为：

$$dvar_{it} = \alpha + \beta Subsidy_i \times T_t + \varepsilon_{it} \qquad (7-5)$$

同时，为了控制遗漏变量对估计结果的干扰，本章在式（7-5）中引

[①] 出口密集度（exp），用出口交货值与企业销售额的比值来衡量；国有企业虚拟变量（state），如果企业是国有企业将其赋值为1，否则，赋值为0。研发创新指标（inno），借鉴毛其淋和许家云（2014）、张杰和郑文平（2017）的做法，采用新产品销售额占企业总销售额的比重来衡量。

入了一组包括企业生产率（lp）、企业规模（size）、企业年龄（age）、外资企业虚拟变量（foreign）以及行业赫芬达尔指数（HHI）的控制变量集合 $\overset{u}{Z}_{it}$。此外，本章还控制了企业层面和年份层面的固定效应 ν_i、ν_t。本章将最终用于估计的倍差法模型设定为：

$$dvar_{it} = \alpha + \beta \cdot Subsidy_i \times T_t + \gamma \overrightarrow{Z}_{it} + \nu_i + \nu_t + \varepsilon_{it} \tag{7-6}$$

在式（7-6）中，$dvar_{it}$ 表示企业出口国内附加值率，可以衡量企业的出口竞争力，其测算方法将在下面进行详细介绍。ν_i 和 ν_t 分别表示企业固定效应和年份固定效应，ε_{it} 为随机干扰项。估计系数 β 刻画了政府补贴对企业出口 DVAR 的因果效应，如果 $\beta > 0$，表示与没有获得政府补贴的企业相比，处理组企业因为获得了政府补贴其出口 DVAR 实现了更大幅度的提升，从而政府补贴有利于企业出口 DVAR 的提升。

二、指标测度

（一）企业出口国内附加值率的测算

目前，国内外针对出口国内附加值率的研究普遍基于宏观层面的投入产出表方法，其中，最为典型的是由胡梅尔斯等（Hummels et al.，2001）提出的 HIY 方法。[①] 随后，库普曼等（Koopman et al.，2012）通过将标准的非竞争性投入产出表分解为一般贸易投入产出表和加工贸易投入产出表进而对 HIY 方法进行修正。但这些基于投入产出表的宏观测算方法，一方面，掩盖了企业间的异质性特征；另一方面，由于投入产出表的间断性（例如中国每五年更新一次）而无法得到连续年份的测算结果，更为重要的是，宏观层面的研究往往难以揭示其背后的决定机制。在本章中，我们借鉴张杰等（2013）、厄普瓦尔德等（Upward et al.，2013）以及基和唐（Kee and Tang，2013）的方法，基于中国工业企业数据库与中国海关贸易数据库的匹配数据来测算企业层面的出口国内附加值率，测算公式表示如下：

$$dvar_{it}^{\mathbb{R}} = \begin{cases} 1 - \dfrac{M_{it}^{AO} + M_{it}^{F}}{Y_{it}}, & \mathbb{R} = ord \\[3mm] 1 - \dfrac{M_{it}^{AP} + M_{it}^{F}}{Y_{it}}, & \mathbb{R} = pro \\[3mm] \varphi_O\left(1 - \dfrac{M_{it}^{AO} + M_{it}^{F}}{Y_{it}}\right) + \varphi_P\left(1 - \dfrac{M_{it}^{AP} + M_{it}^{F}}{Y_{it}}\right), & \mathbb{R} = mix \end{cases} \tag{7-7}$$

---

① 如前所述，该方法的一个特征在于，假定进口中间品在一般贸易出口品与加工贸易出口品中具有相同的投入比例。

在式（7-7）中，ord、pro 和 mix 分别表示纯一般贸易企业、纯加工贸易企业和混合型贸易企业；[1] φ_0 表示混合贸易企业以一般贸易方式进行出口的比例，与之类似，φ_P 表示混合贸易企业以加工贸易方式进行出口的比例；M_{it}^{AO} 表示一般贸易企业的实际中间品进口额；M_{it}^{AP} 表示加工贸易企业的实际中间品进口额；[2] M_{it}^F 表示企业使用的国内原材料含有的国外产品元素。有学者研究发现，中国加工贸易企业使用的国内原材料含有的国外产品份额在 5% ~ 10% 区间（Koopman et al.，2012）。因此，在测算过程中，我们通过将国内原材料含有的国外产品份额设定为 5% ,[3] 来剔除国内原材料中含有的这部分国外产品元素，以提高企业出口 DVAR 测算的准确度；Y_{it} 为企业产出，具体用企业总产值衡量。

（二）其他控制变量

我们使用工业总产值与企业就业人数的比值，衡量企业劳动生产率（lp）；[4] 用企业销售额的对数形式来衡量企业规模（size），并用工业品出厂价格指数对企业销售额进行了平减处理；用企业开业年份与当年年份差的绝对值来表示企业年龄（age）；外资企业虚拟变量（foreign），如果企业是外资企业将其赋值为 1，否则，赋值为 0；用行业赫芬达尔指数（HHI）来衡量市场竞争情况，计算公式可以表示为 $HHI_{jt} = \sum_{i \in j} (sale_{it}/sale_{jt})^2$，公式中的 $sale_{it}$ 表示企业 i 的销售额，$sale_{jt}$ 表示行业 j 的总体销售额，两者的比值表示企业 i 在行业 j 中的市场份额。HHI 的大小与市场竞争程度成反比，该值越小，表明市场竞争程度越高。

三、数据说明

本章的实证分析主要是基于以下两个数据库进行的：其一，由国家统计局提供的企业生产数据，即我们通常所称的中国工业企业数据库。该套数据提供了包括企业名称信息、工业生产状况（工业销售产值、就业人数等）、税收状况等 100 多个指标在内的详细统计信息。其二，来自中国海关贸易数据库，该数据提供了中国所有进出口企业的月度产品贸易数据，

---

① 其中，纯一般贸易企业为加工出口份额等于 0 的企业，纯加工贸易企业为加工出口份额等于 1 的企业，混合贸易企业为加工出口份额介于 0 ~ 1 区间的企业。

② 这里是指借鉴张杰等（2013）的修正方法，对贸易中间商问题进行处理之后得到的实际中间品进口额。

③ 需要说明的是，在下面的实证研究中，我们还尝试将国内原材料含有的国外产品份额设定为 10% 进行重新测算，以考察结果的稳健性。

④ 此外，我们截取 2000 ~ 2007 年的样本数据使用 OP 法、LP 法和 OLS 法来测算得到的企业生产率并进行了相应的稳健性检验，发现估计结果与基准估计结果较为相似。限于篇幅，在此没有给出测算企业生产率的具体步骤。

出于分析需要，我们将其加总得到年份层面的数据，用于识别加工贸易企业和构造企业进口方面的指标。考虑到两个数据库的编码系统不同，我们借鉴余（Yu，2015）的方法对中国工业企业数据库与中国海关贸易数据库的相关数据进行合并，合并后样本的时间跨度为 2000～2013 年，最终匹配成功的样本有 170000 家企业，占到了中国工业企业数据库中 883205 家企业的 19% 以及中国海关贸易数据库中 680937 家企业的 25%。

由于本章分析问题的需要，我们仅选取制造业行业进行考察，即对电力、燃气及水的生产和供应业数据以及采矿业数据进行了删除。在行业代码方面，考虑到中国在 2003 年正式实施新的《国民经济行业分类》，为了提高研究的严谨性，我们重新调整了中国工业行业分类（CIC）中的四位码，具体做法可参见勃兰特等（Brandt et al.，2012）。由于贸易中间商与其他制造业企业在进出口动机、生产行为等方面存在显著差异，为了得到准确的研究结论，我们进一步删除了贸易中间商样本。① 此外，与埃米蒂等（Amiti et al.，2012）以及余（Yu，2015）的方法类似，我们还对一些异常样本进行了处理。

四、基本描述

如果将不同类型的企业按照其出口比重计算各年度的加权出口国内附加值率，则可以直观地考察国内附加值率随着时间的变化趋势以及不同类型企业之间出口国内附加值率的显著差异。由表 7-1 可知，加工贸易企业的出口国内附加值率显著低于一般贸易企业，但在 2000～2008 年呈现出明显的上升趋势，相比之下，混合贸易企业的出口国内附加值率逐年下降，而一般贸易企业的出口国内附加值率则处于波动状态。受到国际金融危机的冲击，三种贸易方式企业的出口国内附加值率均在 2009 年出现显著下降，2010 年达到一个低点，之后缓慢回升。若按照企业所有制进行分类，外资企业的出口国内附加值率最低，国有企业次之，民营企业的出口国内附加值率略高于国有企业。这主要是由于在本章样本中，超过 52% 的外资企业都致力于不同程度的加工贸易出口，而国有企业和私营企业则极少从事加工贸易活动，因此，外资企业具有较低的出口国内附加值率，且在 2003～2008 年呈现逐年增长趋势，但受到金融危机的影响，外资企业的出口国内附加值率在 2009 年出现显著下降，2010 年达到一个低点，之后缓慢回升。与外资企业和民营企业相比，国有企业的出口国内附加值率受到金融危机的影响并不明显。

---

① 本章借鉴阿恩等（Ahn et al.，2011）的做法，将中国海关贸易数据库中的企业名称中包含"进出口""经贸""贸易""科贸""外经"等字样的企业归属为贸易中间商。

表7-1　　　　　　　　各年度不同贸易类型企业的加权 DVAR

年份	不同贸易方式			不同所有制		
	一般贸易企业	加工贸易企业	混合贸易企业	国有企业	外资企业	民营企业
2000	0.9378	0.5421	0.7137	0.8177	0.6639	0.8764
2001	0.9452	0.5579	0.7102	0.8236	0.6791	0.8866
2002	0.9479	0.5531	0.7065	0.8340	0.6872	0.8958
2003	0.9437	0.5397	0.7059	0.8284	0.6563	0.9031
2004	0.9468	0.5460	0.7035	0.8212	0.6796	0.9068
2005	0.9440	0.5912	0.6971	0.8346	0.6916	0.8991
2006	0.9468	0.6020	0.6937	0.8446	0.6971	0.9099
2007	0.9483	0.6026	0.6960	0.8461	0.7109	0.9132
2008	0.9492	0.6049	0.7079	0.8521	0.7139	0.9169
2009	0.9470	0.5971	0.6912	0.8550	0.7047	0.9103
2010	0.9460	0.6005	0.6989	0.8577	0.7039	0.9052
2011	0.9499	0.6059	0.7140	0.8623	0.7156	0.9176
2012	0.9501	0.6103	0.7198	0.8652	0.7198	0.9238
2013	0.9502	0.6105	0.7199	0.8676	0.7228	0.9301

注：笔者根据中国工业企业数据库和中国海关贸易数据库相关数据运用 Stata 软件计算整理而得。

第四节　基本估计结果

一、倾向得分匹配

为了确保本章倾向得分匹配结果的准确性和可靠性，我们的匹配变量需要满足匹配平衡性条件，即 $Subsidy_i \perp X_i | P(X_i)$。表7-2汇报了2000年处理组企业与对照组企业匹配变量的平衡性检验结果。[①] 观察表7-2，不难发现，本章选择的匹配变量在匹配后其 t 统计量的相伴概率均大于10%，即处理组企业与对照组企业在样本匹配后，其在匹配变量方面不存在显著差异。此外，表7-2的结果表明，各匹配变量匹配后的标准偏差绝对值几乎都小于5%，按照罗森鲍姆和鲁宾（Rosenbaum and Rubin，1985）20%的标准值，我们可以认为本章的匹配效果较好。整体来看，本章的样本匹配满足了平衡性假设，即本章选择的匹配变量和匹配方法是合适的。进一步地，我们将最近邻匹配后样本的倾向得分分布绘制在图7-1中，观察图7-1，我们容易发现，匹配之后得到的处理组企业和对照组企业其倾

---

① 我们也检验了其余年份处理组企业与对照组企业在配对前后的主要指标变化情况，发现均得到了可靠的配对效果。

向得分分布非常接近，再次证实了本章样本匹配的合理性。

表 7-2　　　　　　　　　　　匹配变量的平衡性检验结果

变量	处理	均值		标准偏差（%）	标准偏差减少幅度（%）	t 统计量	t 检验相伴概率
		处理组企业	对照组企业				
lp	匹配前	6.1293	5.9825	23.3	98.28	14.12	0
	匹配后	6.1293	6.1303	-0.4		-0.12	0.920
size	匹配前	9.9831	9.8216	35.2	99.15	26.7	0
	匹配后	9.9831	9.9839	-0.3		-0.32	0.769
profit	匹配前	0.0593	0.0621	-9.6	86.46	-5.71	0
	匹配后	0.0593	0.0596	-1.3		-1.27	0.251
age	匹配前	14.5238	13.6996	9.5	94.74	7.71	0
	匹配后	14.5238	14.5147	0.5		0.56	0.570
foreign	匹配前	0.3824	0.3613	9.8	71.43	7.30	0
	匹配后	0.3824	0.3819	2.8		1.86	0.057
HHI	匹配前	0.3116	0.3003	10.4	88.46	10.12	0
	匹配后	0.3116	0.3108	1.2		0.79	0.353
exp	匹配前	0.1960	0.1478	14.5	90.30	10.52	0
	匹配后	0.1960	0.1929	1.6		0.68	0.491
state	匹配前	0.2062	0.2026	0.9	58.50	0.63	0.532
	匹配后	0.2062	0.2073	-0.4		-0.18	0.86
inno	匹配前	0.0732	0.0573	10.53	89.60	10.05	0
	匹配后	0.0732	0.0720	1.1		0.73	0.478
dvar	匹配前	0.7535	0.6843	10.14	74.95	12.15	0
	匹配后	0.7535	0.7328	2.54		0.52	0.508

注：笔者根据中国工业企业数据库和中国海关贸易数据库相关数据运用 Stata 软件整理计算而得。

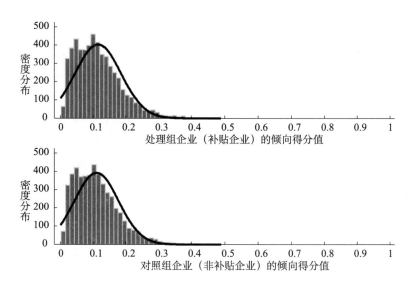

图 7-1　倾向得分概率分布

注：笔者根据中国工业企业数据库和中国海关贸易数据库相关数据运用 Stata 软件绘制而得。

二、基准回归结果

基于基准模型得到的政府补贴对企业出口国内附加值率影响的估计结果汇报在表 7-3 中。① 估计结果表明，交叉项 Subsidy×T 的估计系数均为正值，并且都通过了 1% 水平的显著性检验。这初步表明，与非补贴企业相比，获得政府补贴的企业其出口国内附加值率实现了更大幅度的提高，即政府补贴有利于提高企业的出口国内附加值率。对上述结果的可能解释是，政府补贴作为企业总利润的一部分，在本质上可以通过增加企业的收益进而为创新活动提供资金支持。尤其是针对新产品开发和科研创新方面的专项补贴可以直接降低企业进行新产品创新的成本和面临的风险，提高企业新产品创新的回报率，进而激励企业从事创新活动的动机。而企业研发创新的增加，有利于提升企业的生产效率，使企业可以用较少的进口中间品生产出更多的出口最终品，降低了企业出口中所包含的国外增加值，从而提高了企业出口国内附加值率。

进一步地，在估计系数基础上，我们计算了政府补贴对获得补贴的企业出口国内附加值率增长的贡献度，具体地，我们使用 Subsidy×T 对应的估计系数除以获得补贴企业出口国内附加值率在 2013 年与 2000 年的平均差额来计算，发现与没有获得补贴的企业相比，获得补贴的企业其出口国内附加值率增长了 20%。

此外，控制变量的结果表明，企业生产率水平越高、企业规模越大、市场竞争程度越大，则其出口国内附加值率越高。

表 7-3 基准估计结果

变量	(1)	(2)	(3)	(4)
Subsidy×T	0.0785***	0.0660***	0.0603***	0.0578***
	(4.62)	(4.31)	(4.26)	(4.16)
lp	0.0628***	0.0628***	0.0627***	0.0625***
	(6.75)	(6.74)	(6.74)	(6.71)
size	0.0259***	0.0260***	0.0260***	0.0262***
	(4.36)	(4.36)	(4.36)	(4.35)
age	0.0078***	0.0077	0.0091***	0.0100*
	(3.84)	(1.51)	(3.95)	(1.77)

---

① 考虑到在中国工业企业数据库中，企业获得政府补贴的过程是动态变化的，即有些企业只获得一次补贴，有些企业间断获得补贴，而有些企业则在样本期限内连续获得补贴。为了稳健起见，我们使用样本期内连续两次及以上、连续三次及以上以及连续八年获得补贴的企业样本对基准估计结果进行一组稳健性检验，发现基准回归结果的核心结论依然成立，这表明补贴连续性问题并未对基准回归结果核心结论带来实质性影响。

变量	（1）	（2）	（3）	（4）
foreign	0. 0493 ***	0. 0490 ***	0. 0496 ***	0. 0490 ***
	（9. 15）	（9. 12）	（9. 21）	（9. 17）
HHI	− 0. 0398 ***	− 0. 0391 ***	− 0. 0396 ***	− 0. 0376 ***
	（− 7. 55）	（− 7. 50）	（− 7. 49）	（− 7. 06）
常数项	− 1. 6241 ***	− 0. 9158 ***	− 1. 7322 ***	− 1. 2637 ***
	（− 7. 36）	（− 3. 33）	（− 4. 50）	（− 5. 76）
企业效应	No	Yes	No	Yes
年份效应	No	No	Yes	Yes
(Pseudo)R^2/R^2	0. 41	0. 45	0. 47	0. 53
观测值	412309	412309	412309	412309

注：圆括号内数值为纠正了异方差后的 t 统计量；***、** 和 * 分别表示在 1%、5% 和 10% 的显著性水平上显著。

三、稳健性分析

（一）样本选择偏差

本章旨在考察政府补贴对企业出口国内附加值率的影响，在前述研究中，我们直接对出口企业样本进行估计。然而，在现实经济生活中，有很多企业并不从事出口贸易，即企业是否进行出口贸易可能不是随机分布，如果直接基于出口企业样本进行估计，可能会产生样本选择偏误问题。基于此，接下来，我们采用赫克曼（Heckman，1979）两步法对潜在的样本选择偏差问题进行处理，先构建企业出口决策的 Probit 模型，估计得到逆米尔斯比率 MR（inverse Mill's ratio），然后，将逆米尔斯比率纳入企业出口国内附加值率的影响因素模型。具体模型设定为：

$$\Pr(\text{expdum}_{it} = 1) = \Phi(X'\beta) \tag{7-8}$$

$$d\nu ar_{it} = \alpha_0 + \alpha_1 \text{Subsidy}_i \times T_t + \alpha_2 MR_{it} + \gamma Z_{it} + \eta_i + \eta_t + \varepsilon_{it} \tag{7-9}$$

其中，expdum_{it} 表示企业是否选择出口的哑变量，若潜在的出口额 $\text{export}_{it}^* > 0$，则 $\text{expdum}_{it} = 1$；若 $\text{export}_{it}^* \leqslant 0$，则 $\text{expdum}_{it} = 0$。X 表示企业出口决策的影响因素集合。$\Pr(\text{expdum}_{it} = 1)$ 为企业 i 从事出口的概率，$\Phi(X'\beta)$ 为标准正态累积分布函数。式（7-9）表示修正的企业出口 DVAR 影响因素模型，其在基准模型的基础上进一步引入了由式（7-8）估计得到的逆米尔斯比率 $MR(MR = \varphi(X'\beta)/\Phi(X'\beta))$。若 MR 的估计系数显著不为 0，则表明存在样本选择偏误问题。

表 7-4 的第（1）列报告了赫克曼（Heckman，1979）两步法中第一阶段的估计结果，可以看到，Subsidy × T 的估计系数显著为正，表明政府

补贴促进了企业的出口参与，这与吉尔马等（Girma et al.，2009）、苏振东等（2012）以及施炳展等（2013）的研究结论是一致的。从第二阶段的估计结果［表7-4的第（2）列］来看，逆米尔斯比率MR的估计系数为正值，但并不显著，说明本章的估计样本中不存在明显的选择性偏误。此外，我们也注意到，在加入逆米尔斯比率MR之后，核心解释变量Subsidy×T的估计系数符号和显著性水平没有变化，并且，它们的系数大小与表7-3的第（4）列的估计结果十分接近，即再次表明，政府补贴显著提高了企业的出口国内附加值率，并且，后者的影响程度更大。

表7-4　　　　　　　　处理样本选择偏差和内生性问题的回归结果

变量	Heckman 两步法		2SLS 方法	差分方程 2SLS
	（1）	（2）	（3）	（4）
	expdum	dvar	dvar	dvar
Subsidy × T	0.0431 ***	0.0576 ***	—	—
	（10.63）	（6.65）		
Subsidy1	—	—	0.0616 ***	0.0577 ***
			（9.85）	（4.09）
Subsidy × T^{2000}	—	—	—	—
Subsidy × T^{2001}	—	—	—	—
Subsidy × T^{2002}	—	—	—	—
Subsidy × T^{2003}	—	—	—	—
Subsidy × T^{2004}	—	—	—	—
Subsidy × T^{2005}	—	—	—	—
Subsidy × T^{2006}	—	—	—	—
MR	—	0.0136	—	—
		（1.29）		
Kleibergen-Paap rk	—	—	136.7 ***	1013.2 ***
Kleibergen-Paap Wald rk	—	—	112.9 ***	954.7 ***
第一阶段 F 统计量	—	—	215.8	6700.1
控制变量	Yes	Yes	Yes	Yes
企业效应	Yes	Yes	Yes	Yes
年份效应	Yes	Yes	Yes	Yes
观测值	432678	412309	412309	306356
（Pseudo）R-squared	0.62	0.73	0.59	0.51

变量	同趋势检验 (5) dvar	重新测算 DVAR (6) dvar	PPML (7) dvar	Tobit (8) dvar
Subsidy × T	—	0.0627 *** (5.37)	0.0602 *** (4.75)	0.0586 *** (6.94)
Subsidy1	—	—	—	—
Subsidy × T^2000	0.0099 (1.33)	—	—	—
Subsidy × T^2001	0.0172 (1.12)	—	—	—
Subsidy × T^2002	0.0045 (1.13)	—	—	—
Subsidy × T^2003	0.0192 *** (5.12)	—	—	—
Subsidy × T^2004	0.0252 *** (5.30)	—	—	—
Subsidy × T^2005	0.0336 *** (5.80)	—	—	—
Subsidy × T^2006	0.0458 *** (5.13)	—	—	—
MR	—	—	—	—
Kleibergen-Paap rk	—	—	—	—
Kleibergen-Paap Wald rk	—	—	—	—
第一阶段 F 统计量	—	—	—	—
控制变量	Yes	Yes	Yes	Yes
企业效应	Yes	Yes	Yes	Yes
年份效应	Yes	Yes	Yes	Yes
观测值	33287	412309	412309	412309
(Pseudo) R-squared	0.43	0.69	0.65	0.67

注：圆括号内数值为纠正了异方差后的 t 统计量；***、** 和 * 分别表示在 1%、5% 和 10% 的显著性水平上显著，"—"表示无数据。

(二) 政府补贴的内生性

考虑到本章中企业的出口国内附加值率也可能反作用于企业获得政府补贴的情况，从而导致实证模型可能存在内生性问题，降低本章估计结果的准确性。为此，我们借鉴拉文和莱维内（Laeven and Levine, 2009）以及马光荣和李力行（2014）的方法，使用省级层面—行业层面平均的政府补贴指标作为企业层面政府补贴（Subsidy1）的工具变量。由于省级层面—行业层面平均的政府补贴依赖于各个行业的不同特征，而与企业自身特征无关，因此，相对较为外生。这里，我们进一步使用工具变量法进行回归，具体结果见表 7-4 的第（3）列，我们发现，核心解释变量的估计结果并没有发生实质的变化。即，政府补贴显著提高了企业的出口国内附加值率，本章估计结果较为稳健。

此外，我们还进行了多组针对工具变量合理性的相关检验。其一，基于克莱因别尔根和帕普（Kleibergen and Paap，2006）的拉格朗日乘数（LM）统计量在1%的显著性水平上拒绝了"工具变量识别不足"的原假设，表明本章的工具变量选取合理。其二，我们进一步使用克莱因别尔根和帕普（Kleibergen and Paap，2006）的 Wald rk F 统计量来检验工具变量与内生变量之间是否相关，结果也显著拒绝了工具变量是弱识别的假设。其三，在第一阶段回归中，所选工具变量的 t 值非常显著，很好地支持了工具变量的有效性。由此可以判断，本章选取的工具变量具有一定合理性。

此外，本节还使用差分 2SLS 法进行了一组稳健性检验，[①] 2SLS 估计结果报告在表 7-4 的第（4）列中。我们发现，政府补贴（Subsidy1）的估计系数为正，并且通过了 1% 的显著性检验。这再次表明政府补贴确实显著提高了企业出口国内附加值率。总体而言，在处理政府补贴变量的内生性问题之后，本章的核心结论依然成立。

（三）同趋势性假设检验

前面基准倍差法估计实际上是比较处理组企业出口国内附加值率与对照组企业出口国内附加值率在获得政府补贴前后的平均差异。另外，我们还需要对样本进行同趋势性检验，这里，我们将在 2003 年首次获得政府补贴的企业作为处理组企业，[②] 以此为例进行说明。具体的做法是，将基准倍差法模型中获得补贴的时间虚拟变量 T 替换为获得补贴前后三年的时间虚拟变量（即 T^{τ}，$\tau = 2000$，2001，2002，2003，2004，2005，2006），得到扩展后的倍差法模型如下：

$$\mathrm{d}var_{it} = \alpha + \sum_{\tau = 2000}^{2006} \beta_{\tau} \mathrm{Subsidy}_i \times T^{\tau} + \gamma \vec{Z}_{it} + \nu_i + \nu_t + \varepsilon_{it} \quad (7-10)$$

在式（7-10）中，T^{τ} 为各年份时间虚拟变量，如果是第 τ 年，则该变量取值为 1，否则，取值为 0。对式（7-10）进行估计可以检验处理组企业出口国内附加值率与对照组企业出口国内附加值率在补贴之前是否满足同趋势线假设，它是倍差法估计的重要识别假设。

表 7-4 的第（5）列报告了对式（7-10）的估计结果。我们发现，在 2003 年之前，双重交叉项的估计系数为正但均不显著。这表明，处理组

---

① 根据特雷夫莱（Trefler，2004），先对式（7-6）进行一阶差分，然后，采用滞后 1 期补贴（Subsidy$_{it-1}$）作为补贴差分项（ΔSubsidy$_{it}$）的工具变量，对差分模型进行 2SLS 估计。

② 使用其他年份的估计结果也满足同趋势性假设，限于篇幅，这里没有汇报估计结果，如需备索。

企业出口国内附加值率与对照组企业出口国内附加值率在获得政府补贴之前并没有明显差异，即在政策冲击发生之前满足同趋势性假设。有趣的是，从2003年开始，双重交叉项的估计系数显著为正，并且，估计系数绝对值逐渐增大。这意味着，在获得政府补贴之后，政府补贴显著促进了企业出口国内附加值率的提高，该效应随着时间推移不断增强。这证实了本章倍差法估计满足同趋势性假设。

（四）更多的稳健性检验

在这一部分，我们还进行了多组稳健性检验，以进一步确保估计结果的可靠性。第一，我们在假定国内原材料含有的国外产品份额为10%和国内原材料中含有的国外产品份额为0两种情形下，重新计算了企业的出口国内附加值率指标；第二，我们分别采用泊松虚拟极大似然法（PPML）和Tobit方法处理零值问题。表7-4后三列的估计结果表明，本章的核心结论依然成立。

四、异质性分析

（一）区分不同贸易方式的异质性分析

中国的出口贸易存在典型的加工贸易特征，2000~2013年，加工贸易出口的平均比重为39.5%。[①] 对企业出口国内附加值率进行描述性统计后发现，纯加工贸易企业的出口国内附加值率远远低于纯一般贸易企业和混合型贸易企业，并且，纯一般贸易企业的出口国内附加值率最高。这里，我们更感兴趣的问题是，政府补贴对这三类企业出口国内附加值率的影响是否有差异？为揭示这一问题，我们利用式（7-6）对纯加工贸易企业、纯一般贸易企业和混合贸易企业样本进行估计，结果分别报告在表7-5的第（1）~（3）列。结果显示，在三类子样本中政府补贴的估计系数均显著为正，表明政府补贴对三种类型企业出口国内附加值率的提高均有促进作用，进一步比较发现，政府补贴对纯一般贸易企业出口国内附加值率的影响大于混合型贸易企业和纯加工贸易企业，其中，对纯加工贸易企业出口国内附加值率的影响最小。这验证了第二章的理论假设2-10，对其可能的解释是：加工贸易的特征本质上是"两头在外"的生产方式，即其用以加工生产成品的原材料与零配件或生产设备购自国外，而加工生产的成品又销往国外（Manova and Zhang，2009；钱学锋等，2013），因此，加工贸易是由"大进口""大出口"的贸易形式来驱动的。由于加工贸易企业

---

① 笔者根据历年《中国统计年鉴》计算而得。

大多从事简单的加工组装、贴牌生产，效率和创新密集度相对较低（戴觅等，2014），在一定程度上限制了政府补贴通过创新激励效应对其出口国内附加值率积极影响的发挥，从而导致政府补贴对加工贸易企业出口国内附加值率的积极影响相对小于其他贸易类型企业。

表 7 - 5　　　　　　　　　　区分不同贸易方式的估计结果

变量	(1) 纯加工贸易企业	(2) 纯一般贸易企业	(3) 混合贸易企业
Subsidy × T	0.0387 *	0.0687 ***	0.0630 ***
	(1.73)	(8.15)	(5.60)
lp	0.0476 ***	0.0429 ***	0.0533 ***
	(6.82)	(7.16)	(5.90)
size	0.0205 ***	0.0315 ***	0.0365
	(4.73)	(5.86)	(1.18)
age	0.0093 **	0.0121 ***	0.0082 ***
	(2.00)	(4.76)	(5.31)
foreign	0.0104 ***	0.0221 ***	0.0197 ***
	(3.24)	(3.57)	(5.69)
HHI	− 0.0428 ***	− 0.0712 ***	− 0.0808 ***
	(− 3.55)	(− 5.70)	(− 7.12)
企业效应	Yes	Yes	Yes
年份效应	Yes	Yes	Yes
观测值	131936	169045	111328
R-squared	0.51	0.59	0.61

注：圆括号内数值为纠正了异方差后的 t 统计量；*** 、 ** 和 * 分别表示在 1% 、5% 和 10% 的显著性水平上显著。

（二）企业所有制的异质性

根据企业所有制类型的差异，我们将样本划分为国有企业、外资企业和民营企业三种类型的子样本，其中，外资企业包括外商独资企业、中外合资企业和中外合作企业等类型。表 7 - 6 报告了相应的估计结果，从中可以看出，政府补贴显著促进了民营企业出口国内附加值率的提升，但并没有对国有企业出口国内附加值率和外资企业出口国内附加值率产生明显作用，估计系数并不显著。这验证了第二章的理论假设 H2 - 10，这主要是因为，民营企业的资本更具流动性、管理体系更具灵活性和创新性，政府补贴可以极大地缓解民营企业的融资约束，激励企业创新的积极性和动机，较好地改善企业的生产效率，使企业可以用较少的进口中间品生产出更多的出口最终品，并最终提高企业的出口国内附加值率。大部分外资企业在中国从事加工贸易生产活动，而加工贸易企业大多从事简单的加工组装和贴牌生产，同时，外资企业出于核心技术垄断和技术保护的考虑，往往将技术含量、创新密集度低的生产环节设在中国，导致政府补贴对外资企业的研发激励效应较为微弱。此外，国有企业由于承担了较多的政策性负担和社会职责（林毅夫等，1997），政府补贴引致的创新激励效应较为有限。

表 7 - 6　　　　　　　　　区分不同所有制的估计结果

变量	(1)	(2)	(3)
	国有企业	外资企业	民营企业
Subsidy × T	0.0549	0.0375	0.0727 ***
	(1.53)	(1.07)	(7.26)
lp	0.0463 ***	0.0166 *	0.0337 ***
	(5.62)	(1.85)	(5.36)
size	0.0674 ***	0.0625 ***	0.0712 ***
	(3.73)	(4.75)	(4.83)
age	0.0147 ***	0.0211	0.0167 ***
	(5.04)	(0.015)	(5.12)
HHI	− 0.0653 ***	− 0.0587 ***	− 0.0366 ***
	(− 7.53)	(− 4.72)	(− 4.96)
企业效应	Yes	Yes	Yes
年份效应	Yes	Yes	Yes
观测值	80006	133982	198321
R-squared	0.60	0.66	0.73

注：圆括号内数值为纠正了异方差后的 t 统计量；*** 、** 和 * 分别表示在 1%、5% 和 10% 的显著性水平上显著。

第五节　政府补贴如何影响企业出口国内附加值率：影响渠道

本章研究发现，政府补贴有利于企业出口国内附加值率的提升，并且，对不同贸易方式企业和不同所有制企业存在显著差异。那么，政府补贴究竟如何影响企业的出口国内附加值率，其具体的作用机制如何？为了回答上述问题，该部分我们将基于中介效应模型进行详细的计量检验。结合中介效应模型的思路，我们构建以下三个回归方程：

$$\mathrm{d}var_{it} = \alpha + \beta \mathrm{Subsidy}_i \times T_t + \vec{\gamma}\vec{Z}_{it} + \nu_i + \nu_t + \varepsilon_{it} \qquad (7-11)$$

$$\mathrm{inno}_{it} = \alpha_1 + \beta_1 \mathrm{Subsidy}_i \times T_t + \vec{\gamma_1}\vec{Z}_{it} + \nu_i + \nu_t + \varepsilon_{it} \qquad (7-12)$$

$$\mathrm{d}var_{it} = \alpha_2 + \beta_2 \mathrm{Subsidy}_i \times T_t + \kappa \mathrm{inno}_{it} + \vec{\gamma_2}\vec{Z}_{it} + \nu_i + \nu_t + \varepsilon_{it} \qquad (7-13)$$

其中，下标 i 和 t 分别表示企业和年份；与前面类似，inno_{it} 表示企业 i 在第 t 年的研发创新指标，我们借鉴张杰和郑文平（2017）的做法，采用新产品销售额占企业总销售额的比重来衡量。

表 7-7 报告了政府补贴对企业出口 DVAR 的影响渠道检验结果。其中，式（7-11）与式（7-6）相同，表 7-7 的第（1）列是式（7-6）即基准模型的估计结果，因此，它与表 7-3 的第（4）列的回归结果相同；表 7-7 的第（2）列是对模型（7-12）进行估计的结果。进一步地，表 7-7 的第（3）列进一步报告了模型（7-13），即加入中介变量 inno 之后的估计结果。

表 7-7　　　　　　　　　　影响渠道检验结果

变量	（1）dvar	（2）inno	（3）dvar
Subsidy × T	0.0578 *** (4.16)	0.2139 *** (3.66)	0.0397 ** (2.17)
inno	—	—	0.0850 *** (7.92)
控制变量	Yes	Yes	Yes
企业效应	Yes	Yes	Yes
年份效应	Yes	Yes	Yes
R-squared	0.53	0.52	0.66
观测值	412309	412309	412309

注：圆括号内数值为纠正了异方差后的 t 统计量；*** 、** 和 * 分别表示在 1%、5% 和 10% 的显著性水平上显著，"一"表示无数据。

表 7-7 的第（1）列结果表明，在不考虑企业创新状况的情况下，政府补贴显著提高了企业的出口国内附加值率。表 7-7 的第（2）列考察了政府补贴对企业创新的影响，与前面理论分析一致，回归结果证实了政府补贴对企业的创新作用，即政府补贴显著提高了企业的创新能力；表 7-7 的第（3）列在第（1）列的基础上进一步引入了创新指标。观察估计结果不难发现，企业创新指标 inno 的估计系数为正，并且通过了 1% 水平的显著性检验，即企业创新能力的提高有利于提高企业的出口国内附加值率。本国企业研发创新的增加有利于扩大企业的生产范围，国内市场可提供的中间品种类增加，其相对进口中间品的价格降低，而国内中间品种类的增加及价格的降低会促使企业使用国内中间品替代进口中间品，并最终提高企业的出口国内附加值率。

进一步地，我们对表 7-7 的第（1）列和第（3）列中 Subsidy × T 的估计系数进行对比，不难发现，Subsidy × T 的估计系数绝对值在加入创新中介变量之后显著降低，并且，估计系数的显著性水平也远低于第（1）列。由此，我们可以初步断定"创新激励效应"中介效应的存在，即政府补贴通过"创新激励效应"机制作用于企业的出口国内附加值率。

接下来，我们使用索贝尔（Sobel，1987）的方法来对中介效应的存在性进行严格的计量检验，其原假设是 $\beta_1\kappa = 0$，如果能够拒绝原假设则说明本章的中介效应显著。其基本步骤是：一是计算乘积项 $\beta_1\kappa$ 的标准差：$s_{\beta_1\kappa} = \sqrt{\hat{\beta}_1^2 s_{\beta_1}^2 + \hat{\kappa}^2 s_\kappa^2}$，公式中的 s 表示相应估计系数的标准差；二是使用表 7 - 7 中的估计结果计算得到 $Z_{\beta_1\kappa}$ 的值，结果表明，其相伴概率小于 0.1，在 10% 的水平上显著，该结果表明"创新激励效应"是政府补贴影响企业出口 DVAR 的渠道变量。

进一步地，我们还借鉴弗里德曼等（Freedman et al.，1992）的方法进行了一组补充检验，其原假设是 $\beta - \beta_2 = 0$，如果能够拒绝原假设则说明"创新激励效应"是政府补贴影响企业出口国内附加值率的中介变量，即本章的中介效应显著。根据表 7 - 7 的第（1）列和第（3）列的估计结果，计算得到 $\beta - \beta_2$ 的标准差为 0.0120，Z 统计量为 5.41，并且在 1% 的水平上显著。从而我们可以在 1% 的显著性水平上拒绝 $\beta - \beta_2 = 0$ 的原假设，再次验证了"创新激励效应"中介效应的存在性。

具体来看，前面理论分析表明，政府补贴对企业出口国内附加值率的影响可能主要是通过创新激励效应发挥作用的。接下来，我们将企业中间品进口替代（input）作为被解释变量，通过引入 Subsidy × T 和 Subsidy × T × inno 分别考察政府补贴对企业出口 DVAR 的影响效应。其中，企业中间品的进口替代指标无法直接测度，我们使用企业中间品投入总额减去企业中间品进口额得到企业的国内中间品投入，然后，用企业国内中间品投入与企业中间品进口额的比值来近似表示中间品的进口替代水平，该比值提高，说明企业倾向于使用国内中间品来代替进口中间品。

表 7 - 8   作用渠道的再检验

变量	input	input
	（1）	（2）
Subsidy × T	− 0.0070	− 0.0231
	（− 1.36）	（− 1.54）
inno	—	0.1239 ***
		（3.97）
Subsidy × T × inno	—	0.0317 ***
		（6.25）
控制变量	Yes	Yes
企业效应	Yes	Yes
年份效应	Yes	Yes
观测值	425618	425618
R^2	0.68	0.73

注：圆括号内数值为纠正了异方差后的 t 统计量；*** 、** 和 * 分别表示在 1% 、5% 和 10% 的显著性水平上显著，"—"表示无数据。这里，省略了控制变量的估计结果，如需备索。

表 7 - 8 中的第 (1) 列估计结果显示，Subsidy × T 的估计系数为负，但是并不显著。而 Subsidy × T × inno 的估计系数在第 (2) 列中显著为正，表明政府补贴创新激励效应的重要性，即政府补贴激励了中国制造业出口企业的创新行为，扩大了本国企业的生产范围和国内市场可提供的中间品种类，促使企业更多地使用国内中间品来替代进口中间品，并最终提高了企业的出口国内附加值率。

第六节　进一步研究：贸易自由化与行业出口国内附加值率变动

前面我们基于微观企业视角研究发现，政府补贴通过融资约束缓解引致的创新激励效应促进了企业出口国内附加值率的提升，并且，对不同贸易方式和不同所有制企业存在显著差异，其对一般贸易企业和民营企业的积极影响更大。出于研究完整性和稳健性的考虑，我们进一步将分析的视角由微观企业视角提升到中观行业层面，借鉴格里利兹和雷格夫（Griliches and Regev，1995）的方法，在对行业出口国内附加值率进行动态分解的基础上，考察政府补贴对行业出口国内附加值率的影响以及资源再配置效应在其中发挥的作用，从而可以为我们深入理解政府补贴与行业出口国内附加值率之间的关系提供微观基础。借鉴经典文献的方法，行业总体出口国内附加值率的变动可以分解为"企业内效应"（within firm effect）、"企业间效应"（across firm effect）、"进入效应"（entry effect）、"退出效应"（exit effect）四部分，上述四个部分构成了行业出口国内附加值率变动的微观基础。具体来看，上述四个部分分别指，存续企业内部出口国内附加值率的变动、存续企业市场份额变动引致的出口国内附加值率变动、企业进入引致的出口国内附加值率变动以及企业退出市场引致的出口国内附加值率变动。而存续企业市场份额的变动以及企业在出口市场上的进入行为和退出行为引致的行业出口国内附加值率变动体现为资源配置效应。

那么，我们不禁要问，中国制造业行业总体出口国内附加值率的变动主要是由哪种效应导致的，以及政府补贴更多的是通过哪种效应影响行业出口国内附加值率的变动？接下来，本章将围绕上述问题进行详细分析。

一、行业出口国内附加值率的动态分解

我们先按照式（7 - 14）计算行业总体的出口国内附加值率：

$$DVAR_{jt} = \sum_{i \in Ind_j} qs_{it} dvar_{it} \qquad (7-14)$$

在式（7-14）中，下标 i、下标 j 和下标 t 分别代表企业、三位码行业和年份；Ind_j 表示行业 j 所包含的企业集合；qs_{it} 表示行业 j 中企业 i 的出口额所占的比例。进一步地，行业总体出口国内附加值率在前后两期的变化额可用式（7-15）表示：

$$\Delta DVAR_{jt} = \sum_{i \in (C,EN)} qs_{it} \cdot dvar_{it} - \sum_{i \in (C,EX)} qs_{it-1} \cdot dvar_{it-1} \qquad (7-15)$$

在式（7-15）中，C、EN 和 EX 分别表示持续出口企业、新进入出口市场企业和退出出口市场企业的集合。然后，我们借鉴格里利兹和雷格夫（Griliches and Regev，1995）对生产率的分解思路，建立以下动态分解恒等式：

$$\Delta DVAR_{jt} = \underbrace{\sum_{i \in C} \overline{qs_i} \Delta dvar_{it}}_{\text{within-firm}} + \underbrace{\sum_{i \in C} \Delta qs_{it} (\overline{dvar_i} - \overline{DVAR_j})}_{\text{across-firm}}$$
$$+ \underbrace{\sum_{i \in EN} qs_{it} (dvar_{it} - \overline{DVAR_j})}_{\text{enter}} - \underbrace{\sum_{i \in EX} qs_{it-1} (dvar_{it-1} - \overline{DVAR_j})}_{\text{exit}} \qquad (7-16)$$

在式（7-16）中，下标 i、下标 j 和下标 t 分别代表企业、三位码行业和年份；上划线表示变量在前后两期的平均值：$\overline{exs_i}$ =（qs_{it-1} + qs_{it}）/ 2，$\overline{dvar_i}$ =（$dvar_{it-1}$ + $dvar_{it}$）/2，$\overline{DVAR_j}$ =（$DVAR_{jt-1}$ + $DVAR_{jt}$）/2。式（7-16）右边的第 1 项表示"企业内效应"，即在市场份额固定的前提下，由存续企业自身国内附加值率水平变动所引致的总体出口国内附加值率变动，用 $\Delta DVAR_{jt}^1$ 来表示；across-firm 表示"企业间效应"，是指由持续存在的企业市场份额变动引致的行业出口国内附加值率的变动，我们用 $\Delta DVAR_{jt}^2$ 来表示；entry 表示"进入效应"，是指由企业进入出口市场引致的行业出口国内附加值率变动；exit 表示"退出效应"，是指由企业退出出口市场所引致的行业出口国内附加值率变动。其中，"进入效应""退出效应"的和可以称为"进入退出效应"或狭义的资源再配置效应，用 $\Delta DVAR_{jt}^3$ 表示；"企业间效应""进入效应""退出效应"三项的和，构成了广义的资源再配置效应，我们用 $\Delta DVAR_{jt}^4$ 表示。

我们将基于样本数据得到的行业出口国内附加值率的动态分解结果汇报在表 7-9 中。第（1）列结果表明，行业出口国内附加值率在 2000 ~ 2013 年的年平均增长幅度为 0.0198，从各分解项来看，退出效应的增长幅度为 0.0228，其对行业出口国内附加值率增长的贡献度大于其他分解项，达 115.59%。即退出出口市场的企业具有较低的出口国内附加值率和市场竞争力，从而其退出行为可以提升行业整体的出口国内附加值率；企业内效应的作用仅次于退出效应，其增长幅度为0.0097，对行业整体出口国内附加值率增长的贡献度为49.11%，即在市场份额不变的前提下，持续出口企业对行业出口竞争力的提升贡献了较大力量；企业间效应的年平均增长幅度为0.0026，为行业总体出口国内附加值率的增长贡献了13.16%，说明出口国内附加值率或竞争力较强的企业通过获得更多的市场份额也实现了竞争力提升；与上述三种效应相反，表7-9结果表明，进入效应在样本期内出现了下降，并且，其对行业出口国内附加值率的贡献为负值，即新进入出口市场的企业出口国内附加值率或竞争力较低，从而拉低了行业整体的出口竞争力。[①] 表7-9的第（6）列结果表明，进入退出效应整体实现了0.00745的增长，并且，在行业出口国内附加值率增长中的贡献度达到37.72%。在此基础上，通过加总进入退出效应与企业间效应，我们得到广义的资源再配置效应为0.01，其对样本期内行业出口国内附加值率的增长贡献了50.89%，超过了企业内效应的作用。综合上述数据，我们认为，资源再配置效应是行业出口国内附加值率增长中的重要力量。

表7-9　　　　　　　行业出口国内附加值率变动的分解结果

总变动	企业内效应	企业间效应	进入效应	退出效应	进入退出效应	再配置效应
（1）	（2）	（3）	（4）	（5）	（6）=（4）+（5）	（7）=（3）+（6）
0.01975	0.0097	0.0026	−0.01538	0.0228	0.00745	0.01005
（100.00）	（49.11）	（13.16）	（−77.87）	（115.59）	（37.72）	（50.89）

注：圆括号内数值表示各个效应项对行业出口国内附加值率变动的贡献率，单位为%，其余数值表示各个效应项的大小。

二、贸易自由化对行业出口国内附加值率变动的影响

在上述行业动态分解基础上，本部分我们通过构建计量模型来为政府补贴影响行业出口国内附加值率变动提供来自各个分解项的经验证据。具体实证模型设定如下：

$$d\nu ar_{jt} = \alpha + \beta_1 \times Subsidyi_{jt} + \beta_2 \times HHI_{jt} + \nu_j + \nu_t + \varepsilon_{jt} \qquad (7-17)$$

在式（7-17）中，下标j表示三位码行业，t表示年份；$d\nu ar_{jt}$为因变量，在不同的回归模型中分别用$\Delta DVAR_{jt}$、$\Delta DVAR_{jt}^{\kappa}$（$\kappa = 1, 2, 3, 4$）来表

[①] 其可能的原因是，一方面，新进入国际市场的企业受到自身规模的限制，难以获得规模经济效益；另一方面，新进入企业对出口市场运作机制相对陌生，需要花一定经费与时间成本来构建其产品分销渠道，进而，相较于存续出口企业表现出较低的市场竞争力。

示；Subsidyi$_{jt}$表示 j 行业获得的政府补贴总额（对数形式）；ν_j 为行业固定效应，用于控制不随时间变化的行业特征因素；ν_t 为时间固定效应，用于控制对行业而言共同的宏观经济因素对行业出口国内附加值率的影响；此外，我们还控制了行业赫芬达尔指数（HHI$_{jt}$）。ε_{jt}表示随机扰动项。

对式（7-17）的实证估计结果汇报在表 7-10 中。第（1）列~第（5）列分别汇报了以行业总体出口 DVAR、企业内效应、企业间效应、进入退出效应以及资源再配置效应为被解释变量的估计结果。具体来看，政府补贴的估计系数在第（1）列显著为正。这表明，与前面基于微观数据的结果对应，政府补贴显著促进了行业出口国内附加值率的提升。与第（1）列估计结果类似，政府补贴在第（2）列中的回归系数依然为正，并且通过了 5% 水平的显著性检验。即在市场份额不变的情况下，政府补贴显著促进了持续出口企业出口国内附加值率的提升，这进一步为前面实证结果提供了来自中观行业层面的实证依据。在企业间效应的估计模型中［表 7-10 第（3）列］，倍差法变量的估计系数并不显著，说明企业市场份额变动并没有引致行业出口国内附加值率的明显变动，企业间效应的作用较为有限。第（4）列针对企业进入退出效应的估计结果表明，政府补贴对企业进入退出效应的影响较为显著，通过加速企业在出口市场上的进入和退出显著促进了行业总体出口国内附加值率的提升。根据表 7-9 的分解结果，这种积极作用主要来源于政府补贴加速了企业在出口市场上的优胜劣汰，通过淘汰出口国内附加值率较低的企业，为出口国内附加值率较高的企业创造了更多的市场空间，从而实现了行业出口国内附加值率的整体提升。表 7-10 第（5）列汇报了政府补贴对资源再配置效应的影响，观察估计结果，不难发现政府补贴通过资源再配置效应对行业出口国内附加值率的增长产生了积极作用。通过比较第（1）列与第（5）列中政府补贴变量的估计系数，我们认为资源再配置效应在政府补贴提高行业出口国内附加值率中发挥了重要作用。

表 7-10　　　　　　　政府补贴与行业出口国内附加值率变动

变量	OLS 估计				
	（1）	（2）	（3）	（4）	（5）
	总体效应	企业内效应	企业间效应	进入退出效应	再配置效应
Subsidyi	0.0571***	0.0173**	0.0033	0.0365***	0.0398***
	(4.62)	(2.12)	(1.27)	(3.80)	(5.74)
HHI	0.0583	-0.0258	0.0226	0.0615	0.0841
	(1.32)	(-1.52)	(0.66)	(1.48)	(0.56)

变量	OLS 估计				
	（1）	（2）	（3）	（4）	（5）
	总体效应	企业内效应	企业间效应	进入退出效应	再配置效应
常数项	0.0122	0.0052	0.0039	0.0031	0.0070
	（0.43）	（0.61）	（0.75）	（0.59）	（1.37）
行业固定效应	Yes	Yes	Yes	Yes	Yes
年份固定效应	Yes	Yes	Yes	Yes	Yes
观测值	1820	1820	1820	1820	1820
R-squared	0.097	0.203	0.185	0.087	0.065

注：圆括号内数值为纠正了异方差后的 t 统计量； *** 、 ** 和 * 分别表示在 1%、5% 和 10% 的显著性水平上显著。

第七节 小 结

本章在全球分工生产背景下，基于出口国内附加值视角，深入研究了政府补贴对制造业企业全球价值链升级的微观影响及其作用渠道。研究发现，政府补贴显著提高了企业的出口国内附加值率，与没有获得补贴的企业相比，获得补贴的企业其出口国内附加值率增长了 20%，并且，上述结论在处理样本选择偏差、政府补贴的内生性等问题之后依然稳健。异质性分析表明，政府补贴对企业出口国内附加值率的影响因企业贸易方式和所有制的不同而存在显著差异。具体地，在贸易方式方面，政府补贴对纯一般贸易企业出口国内附加值率的影响大于混合型贸易企业和纯加工贸易企业。在所有制方面，政府补贴显著促进了民营企业出口国内附加值率的提升，但是，对国有企业和外资企业出口国内附加值率的影响并不显著。进一步地，我们使用中介效应模型考察了政府补贴对企业出口国内附加值率的影响渠道，发现政府补贴主要通过创新激励效应对企业出口国内附加值率产生影响。本章最后在中观行业层面对行业出口国内附加值率的增长进行了动态分解，结果表明，企业内效应和资源再配置效应的贡献度分别为49% 和 51%。在动态分解基础上，我们进一步基于行业数据进行计量检验，发现政府补贴有利于行业总体出口国内附加值率的提升，并且资源再配置效应在政府补贴影响行业出口国内附加值率增长中发挥了重要作用。

本章从研究视角和研究方法上丰富和拓展了政府补贴与企业出口国内附加值率方面的研究文献，为深入理解中国企业融入价值链问题提供新的思路，同时，也为事后客观评估中国政府补贴的经济效果提供了微观证据。更为重要的是，本章的研究结论具有明晰的政策含义。

首先，本章研究表明，政府补贴对企业出口国内附加值率有显著的提升作用，这说明，在当前全球价值链分工体系下，政府补贴已成为企业提升自身出口竞争力的有效政策渠道。企业应当充分、合理地利用政府补贴资金，同时，企业必须加快技术开发中心建设，加大研发投入，并不断培育和发展具有自主知识产权的关键技术，以此推进企业生产环节逐步由价值链低端向价值链中高端升级，并实现出口附加值提高。其次，本章发现，政府补贴对加工贸易企业出口国内附加值的积极影响远远小于一般贸易企业，因此，鼓励国内一般贸易企业进口高质低价且多样化的中间品可以有效整合全球资本、技术等高级要素资源，通过技术溢出效应培育并完善国内中间品市场，进而提升加工贸易企业的出口国内附加值率，这对于实现中国加工贸易转型升级具有重要的意义。再次，研究表明，政府补贴对民营企业出口国内附加值的积极影响大于国有企业和外资企业，因此，应该合理增大对民营企业的政府补贴力度，为企业发展创造公平的市场环境，充分发挥政府补贴对企业出口竞争力的积极效应。最后，政府应充分认识产业扶持政策对中国企业在全球价值链中地位的攀升具有积极的促进作用，应该致力于制定合理的企业补贴政策，以充分发挥政府这只"看得见的手"的积极作用：一方面，政府要对企业的出口国内附加值进行科学评估，以此作为是否进行补贴的依据之一，补贴额度与补贴方式也要紧密结合企业上一轮获得政府补贴后的经济绩效；另一方面，要定期对企业在获得政府补贴之后的经济绩效（包括企业的新产品创新水平、企业的中间品进口质量以及企业的出口国内附加值和价值链嵌入水平等）进行量化评估，并根据评估结果决定下一期政府补贴的力度和方向。

第八章 结 论

政府补贴对本国制造业企业竞争力的影响意义非凡,直接关系到中国对外贸易的持续发展以及经济发展的动力问题。围绕政府补贴对制造业企业竞争力的微观行为是如何进行传导和体现的问题,本书全面、系统地考察了政府补贴对中国制造业企业竞争力的影响,在理论分析的基础上,分别从企业市场存活、企业创新、企业风险承担、企业进口绩效以及企业出口国内附加值率五个方面展开研究。本章对前面的研究进行总结,归纳和概括本书的主要结论,并在此基础上得到相应的政策含义;最后,就本书在研究过程中存在的不足和局限性进行说明,并对未来该领域的研究进行展望。

第一节 主要结论

一、关于政府补贴与制造业企业市场存活

第一,政府补贴在总体上降低了企业退出市场的风险率,即倾向于延长企业的经营持续时间。第二,我们还考察了不同强度的政府补贴对企业生存的异质性影响,发现只有适度的政府补贴显著地延长了企业经营的持续期,而高额度补贴则提高了企业退出市场的风险率,即倾向于抑制企业的市场存活。第三,我们进一步采用中介效应模型进行传导机制检验,发现创新激励弱化是高额度政府补贴抑制企业市场存活的重要渠道。第四,在治理环境越好的地区,政府补贴对企业生存的平均促进作用就越大,并且,高额度补贴对企业生存也能起到一定促进作用,即治理环境强化了政府补贴对企业生存的改善作用。此外,我们还发现,生产率越高、规模越大的企业具有相对更长的经营持续时间。

二、关于政府补贴与制造业企业新产品创新

政府补贴对中国企业新产品创新的激励效应，在总体上并不明显。但进一步研究表明，不同强度的政府补贴对企业新产品创新的影响效应存在显著差异，即适度的政府补贴显著地激励了企业新产品创新，而高额度政府补贴却抑制了企业新产品创新。我们研究的另一个主要发现是，好的知识产权保护制度不仅对企业新产品创新具有直接的促进作用，而且强化了政府补贴对企业新产品创新的激励效应。最后，我们还采用基于倾向得分匹配的生存分析方法进一步考察政府补贴对企业新产品创新持续时间的影响。结果表明，政府补贴在总体上延长了企业新产品创新的持续时间，但这主要体现在适度补贴上，而高额度补贴倾向于缩短企业新产品创新的持续时间；此外，我们还发现，在知识产权保护制度越完善的地区，政府补贴对企业新产品创新持续时间的延长效应也越明显。

三、关于政府补贴与制造业企业风险承担

第一，政府补贴并未在总体上明显提高中国企业的风险承担水平。第二，不同额度的政府补贴对企业风险承担的影响存在显著的异质性，即适度的政府补贴提高了企业风险承担水平，而过高的政府补贴则降低了企业风险承担水平。这一核心结论在采用因变量的其他衡量方法、改变测算时段长度、使用不同的估计模型以及换用其他方法对样本进行配对之后依然稳健。第三，中介效应模型检验表明，研发激励的弱化是高额度补贴降低企业风险承担水平的重要影响渠道。

四、关于政府补贴与制造业企业出口绩效

政府补贴不但提高了企业进口的可能性，而且显著促进了企业的进口额、进口产品种类以及进口产品质量的提高。进一步地，引入生存分析方法的研究表明，政府补贴在总体上延长了企业的进口持续时间，但对纯中间品进口企业的积极影响大于纯资本品进口企业和混合型进口企业。我们研究的另一个发现是，政府补贴主要通过缓解企业进口的融资约束来促进企业的进口参与。最后，我们还考察了政府补贴通过进口对企业生产率、企业出口规模和企业出口产品质量的影响，发现政府补贴对企业绩效主要通过进口的规模效应起作用，而进口的质量效应并不显著。

五、关于政府补贴与制造业企业出口国内附加值

政府补贴显著提高了企业出口的国内附加值率（DVAR），与没有获得政府补贴的企业相比，获得补贴的企业出口国内附加值率增长了20%。异质性分析表明，政府补贴对企业出口国内附加值率的影响具有显著的异质性。在贸易方式方面，其对纯一般贸易企业出口国内附加值率的影响大于混合型贸易企业和纯加工贸易企业；在企业所有制方面，其促进了民营企业出口国内附加值率的提升，但是，对国有企业出口国内附加值率、外资企业出口国内附加值率的影响并不显著。机制检验表明，创新激励效应是政府补贴影响企业出口国内附加值率的重要渠道。最后，行业出口国内附加值率的动态分解结果显示，资源再配置效应对行业出口国内附加值率提高的贡献度高达51%，其在政府补贴促进行业出口国内附加值率提高中发挥了重要作用。该结论对于准确评估政府补贴的经济绩效及在全球价值链分工体系下如何利用政府补贴政策来提高企业出口竞争力具有一定的政策参考价值。

第二节　政策启示

近年来，中国面临部分发达国家"逆全球化"思潮和保护主义倾向抬头的严峻国际形势，在此背景下，中国的产业补贴政策受到来自美国等发达国家的巨大压力。那么，政府补贴如何在适应新的国际环境的同时，发挥其对制造业企业竞争力提升的积极作用？本书在理论研究和实证研究的基础上，结合政府补贴和中国制造业企业竞争力升级的现实，围绕企业自主创新、政府补贴制度设计、加工贸易发展和进口贸易政策方面提出一些政策启示。

一、增强企业自主创新能力

第一，企业应该充分利用政府补贴资金加快技术研发的基础性建设，不断增加研发支出费用，同时，持续性地开发和掌握自主知识产权的核心技术。企业需要提高产业结构调整升级的速度，优化产品的生产结构。在未来相当长的一段时间内，中国将不断加快参与全球价值链分工的速度。届时，低附加值产品的进出口方或者生产方理应抓住这一时机，积极参与

到新一轮的经济全球化浪潮中，充分发挥政府补贴资金的积极作用，主动引进国外先进的生产技术和精良的生产设备，引导企业自身完成设备的优化升级，据此可以显著地降低生产成本，提高自身产品的技术水平和生产环节的附加值。

第二，企业应当注重提高规模经济效应。未来，加快实现产品的标准化生产并且统一产品规格，由此带来的规模经济能够在很大程度上降低企业生产成本，提升企业整体的技术水平和研发强度。这将大大地提升企业的核心竞争力，实现政府补贴对企业创新激励效应的最大化。当然，基于我国廉价的劳动力、低廉的原材料和低成本的资源消耗等竞争优势，中国当前阶段的出口贸易大部分集中在低技术水平和不利贸易条件下的产品和服务。另外，就贸易结构模式来讲，目前，中国较大比例的出口企业有市场集中度低和企业绩效表现差的问题，或者是生产过程有规模不经济、生产规模没能达到有效规模等问题，阻碍企业创新能力的提升。据此，我们认为应当加快建立现代企业制度，力图实现企业生产过程中的规模经济并且能够使得企业完成合理并购。与此同时，通过市场化改革实现企业间的高效合作和资源的优势互补，达到产业集聚的经济效果。这将使中国在推进国内贸易发展的历史背景下，制造业企业能够有效地优化产业布局结构，进而升级自身的核心竞争力。

二、完善补贴制度设计

补贴政策作为应对市场失灵和解决经济发展不平衡问题的手段之一，被包括美国在内的许多国家和地区普遍使用。多年来，中国一直认真遵守世界贸易组织关于补贴政策的各项规则。加入世界贸易组织以来，中国一直积极推进国内政策领域的合规性改革，切实履行世界贸易组织《补贴与反补贴措施协议》的各项义务。中国遵守世界贸易组织关于补贴的透明度原则，按照要求定期向世界贸易组织通报国内相关法律、法规和具体措施的修订调整和实施情况（《关于中美经贸摩擦的事实与中方立场》，2018）。在当前部分发达国家保护主义倾向抬头和指责中国补贴政策的严峻形势下，中国应继续不断完善政府补贴的制度设计。

政府在选择补贴对象并实施补贴时，有必要密切关注企业为提升竞争力所做的前期准备，另外，补贴的实施过程中必须有跟进措施，以此来平衡政府和企业掌握的信息情况，确保政府补贴的规模和时机适当，起到激励和引导企业竞争力升级的作用。健全的政府补贴制度，必须建立事前、事中、事后一系列相关制度，保障政府补贴能够有效地促进企业竞争力提高。

政府要对企业的整体状况（如企业的生产率水平、企业出口产品质量以及企业的出口国内附加值和价值链嵌入水平等）进行科学评估，以此作为是否进行补贴的依据，补贴额度与补贴方式要与企业的实际需求相挂钩；补贴的资格评审机制要公开和透明，并要加强监督力度；同时，还要对补贴企业在受补贴之后的绩效进行定期评估，并根据审核结果决定是增加补贴力度还是减少补贴力度抑或是终止补贴。

三、实施积极的鼓励进口政策

扩大进口贸易已经成为中国新的贸易战略。2016 年，国家"十三五"规划纲要明确了扩大进口规模、优化进口结构和提高进口质量的重要战略地位。① 2018 年 7 月，国务院办公厅转发《关于扩大进口促进对外贸易平衡发展的意见》，强调在稳定出口的同时进一步扩大进口，促进对外贸易平衡发展的重要性。2018 年，首届中国国际进口博览会的开幕，再次向世界释放了中国进一步提升进口贸易水平的信号。据中国海关统计，中国进口贸易规模从 1978 年的 109 亿美元跃升至 2017 年的 18410 亿美元，成为全球第二大货物贸易进口国。与此同时，进口贸易占 GDP 的比例从 1978 年的 12% 增长到 2017 年的 18%，进口对中国经济发展的重要性日益凸显。而政府补贴将在助力中国扩大进口贸易中发挥重要作用。

积极实施差别性的鼓励进口政策，重点鼓励一般贸易企业和本土制造业企业积极参与进口贸易。支持民营企业对国外先进技术和关键零部件的进口，通过产品种类效应、技术溢出效应以及产品质量的"干中学"效应，促进进口企业融入并提升其在全球价值链中的地位。引导、加大对一般贸易企业和民营企业的研发资助力度，增强企业自主创新能力。基于中国制造业企业的发展现状，适度减少一般贸易企业在产品生产环节的税收优惠政策，相应地强化对企业创新研发、品牌建设等环节的税收减免以及创新财政资助政策。对支持一般贸易企业和民营企业发展高附加值环节和自主创新能力提升的政策有效性进行定期评估，并根据评估结果适时调整相关政策的力度和方向。

---

① 2016 年国家"十三五"规划纲要全文，https：//www. cma. org. cn/attachment/2016322/1458614099 605. pdf.

四、完善知识产权保护制度

本书研究显示，政府补贴的新产品创新激励效应能否得到有效发挥还与所在地的知识产权保护制度密切相关。这意味着，继续加强和完善地区的知识产权保护制度不仅可以直接促进企业进行新产品创新，而且可以强化政府补贴对企业新产品创新的激励作用，因此，对于提升政府补贴的效率具有重要意义。在过去的十几年中，中国在知识产权保护方面取得了巨大进步。根据《2017 年中国知识产权发展状况评价报告》显示，中国知识产权发展水平位居世界中上游，2016 年由第 14 位上升至第 10 位；《中国美国商会年度商务环境调查报告》指出，2011~2018 年，其会员企业在中国运营面临的众多挑战中，知识产权侵权行为的挑战逐渐减弱，其排名由第 7 位下降为第 12 位，中国在知识产权保护方面取得的成效得到了国际社会的普遍肯定。未来，为了更好地发挥知识产权保护制度在政府补贴促进制造业企业竞争力提升中的作用，政府应该在加强知识产权保护制度建设的同时健全知识产权共享机制。根据企业与高校、研究机构开展科研合作的领域差异，研究制定具有广泛指导性的成果共享和成果转移的管理办法；规范知识产权归属与纠纷的诉讼流程、处理方式，完善不同类型企业平等参与合作项目开发、有效化解冲突的制度环境。

此外，本书研究的另一个重要发现是，良好的地区治理环境不仅对企业生存具有直接的促进作用，而且还能强化政府补贴对企业生存的改善作用。这意味着，通过"减少政府对企业的干预"以及"提高政府服务质量"的方式来改善地区治理环境，对于促进中国企业生存和提升政府补贴的效率具有至关重要的意义。

第三节 本书的不足和将来的研究方向

第一，本书结合政府补贴和异质性企业的经典文献和中国实际，主要选取"企业市场存活""企业创新""企业风险承担""企业进口绩效"以及"企业出口国内附加值率"五个角度进行研究。然而，政府补贴对制造业企业竞争力的影响还可能体现在其他方面。例如，企业全球价值链嵌入、企业规模分布和员工收入、企业利润等。很显然，对这些问题的研究有助于深化我们对于政府补贴对制造业企业竞争力微观影响的认识，同时，也能更全面地考察政府补贴和企业竞争力之间的关系以及客观评估政府补贴对企业竞争力的影响，因此，本书的研究视角和研究维度还有待于进一步拓宽。

第二，现实中政府补贴的种类较多，根据《WTO 补贴与反补贴协定》，研发、生产等直接补贴和土地优惠、税收减免等不同补贴形式对企业行为的影响存在很大不同。但是，受到本书所使用的样本数据的限制，我们无法获得企业得到的补贴种类的具体信息，从而不能具体考察不同形式的政府补贴对企业竞争力的差异性影响。因此，进一步研究不同具体形式的政府补贴对制造业企业行为的不同影响，是我们未来的重要研究方向。

第三，本书个别章节选择的样本时间截至 2007 年。正如书中所说，十几年间中国制造业的发展环境、发展水平、技术水平、产业结构等各方面都发生了显著变化，因此，使用截至 2007 年的数据，在一定程度上削弱了研究结论对当前经济发展的参考价值。本书使用中国海关贸易数据库和中国工业企业数据库的相关匹配数据进行实证分析，但由于受到笔者所拥有的两个数据库样本年份的限制，本书选取了能够选择的最优时间段作为实证分析的样本时间段。如果在今后获得更新的相关数据，我们会进一步研究政府补贴与企业竞争力的相关问题。

第四，政府补贴对企业进口和企业绩效的影响会受到中国要素市场扭曲问题的制约（杨洋等，2015），考虑到本书的研究重点，我们没有从"要素市场扭曲"的角度对此做进一步研究，而将要素市场扭曲纳入分析框架，而深入分析其在中国政府补贴影响企业竞争力中的作用将是该主题研究的一个重要拓展方向。

参考文献

［1］安同良、周绍东、皮建才：《R&D 补贴对中国企业自主创新的激励效应》，载于《经济研究》2009 年第 10 期。

［2］蔡承彬：《政府补贴对企业出口国内附加值的影响研究》，载于《宏观经济研究》2018 年第 7 期。

［3］蔡卫星、高明华：《政府支持、制度环境与企业家信心》，载于《北京工商大学学报（社会科学版）》2013 年第 5 期。

［4］陈林、朱卫平：《出口退税和创新补贴政策效应研究》，载于《经济研究》2008 年第 11 期。

［5］陈勇兵、蒋灵多：《外资参与、融资约束与企业生存——来自中国微观企业的证据》，载于《投资研究》2012 年第 6 期。

［6］陈勇兵、李燕、周世民：《中国企业出口持续时间及其决定因素》，载于《经济研究》2012 年第 7 期。

［7］楚明钦、丁平：《中间品、资本品进口的研发溢出效应》，载于《国际贸易问题》2013 年第 4 期。

［8］戴觅、余淼杰、Madhura Maitra：《中国出口企业生产率之谜：加工贸易的作用》，载于《经济学（季刊）》2014 年第 2 期。

［9］邓子梁、陈岩：《外商直接投资对国有企业生存的影响：基于企业异质性的研究》，载于《世界经济》2013 年第 12 期。

［10］樊纲、王小鲁、朱恒鹏：《中国市场化指数：各地区市场化相对进程报告》，经济科学出版社 2010 年版。

［11］樊琦、韩民春：《政府补贴对国家及区域自主创新产出影响绩效研究——基于中国 28 个省域面板数据的实证分析》，载于《管理工程学报》2011 年第 3 期。

［12］高翔、刘啟仁、黄建忠：《要素市场扭曲与中国企业出口国内附加值率：事实与机制》，载于《世界经济》2018 年第 10 期。

［13］蒋庚华、陈海英：《全球价值链参与率与行业内生产要素报酬差

距——基于 WIOD 数据库的实证研究》，载于《世界经济与政治论坛》2018 年第 2 期。

[14] 江小涓：《中国开放三十年的回顾与展望》，载于《中国社会科学》2008 年第 6 期。

[15] 李春涛、宋敏：《中国制造业企业的创新活动：所有制和 CEO 激励的作用》，载于《经济研究》2010 年第 5 期。

[16] 黎欢、龚六堂：《金融发展、创新研发与经济增长》，载于《世界经济文汇》2014 年第 2 期。

[17] 刘海洋、孔祥贞、马靖：《企业的购买行为吗？——基于讨价还价理论的分析》，载于《管理世界》2012 年第 10 期。

[18] 刘啟仁、黄建忠：《产品创新如何影响企业加成率》，载于《世界经济》2016 年第 11 期。

[19] 逯宇铎、戴关虹、刘海洋：《延长企业生存时间：单向贸易还是"双向国际化"》，载于《数量经济技术经济研究》2014 年第 2 期。

[20] 逯宇铎、陈金平、陈阵：《中国企业进口贸易持续时间的决定因素研究》，载于《世界经济研究》2015 年第 5 期。

[21] 陆国庆、王舟、张春宇：《中国战略性新兴产业政府创新补贴的绩效研究》，载于《经济研究》2014 年第 7 期。

[22] 陆铭、陈钊：《分割市场的经济增长——为什么经济开放可能加剧地方保护？》，载于《经济研究》2009 年第 3 期。

[23] 马光荣、李力行：《金融契约效率、企业退出与资源误置》，载于《世界经济》2014 年第 10 期。

[24] 毛其淋、盛斌：《中国制造业企业的进入退出与生产率动态演化》，载于《经济研究》2013 年第 4 期。

[25] 毛其淋、许家云：《政府补贴对企业新产品创新的影响——基于补贴强度"适度区间"的视角》，载于《中国工业经济》2015 年第 9 期。

[26] 聂辉华、谭松涛、王宇锋：《创新、企业规模和市场竞争：基于中国企业层面的面板数据分析》，载于《世界经济》2008 年第 7 期。

[27] 钱学锋、王胜、黄云湖、王菊蓉：《进口种类与中国制造业全要素生产率》，载于《世界经济》2011 年第 5 期。

[28] 任保全、刘志彪、任优生：《全球价值链低端锁定的内生原因及机理——基于企业链条抉择机制的视角》，载于《世界经济与政治论坛》2016 年第 5 期。

[29] 任曙明、张静：《补贴、寻租成本与加成率——基于中国装备制

造企业的实证研究》，载于《管理世界》2013 年第 10 期。

　　[30] 邵敏、包群：《地方政府补贴企业行为分析：扶持强者还是保护弱者?》，载于《世界经济文汇》2011 年第 1 期。

　　[31] 邵敏、包群：《政府补贴与企业生产率：基于我国工业企业的经验分析》，载于《中国工业经济》2012 年第 7 期。

　　[32] 盛斌、陈帅：《全球价值链如何改变了贸易政策：对产业升级的影响和启示》，载于《国际经济评论》2015 年第 1 期。

　　[33] 施炳展、逯建、王有鑫：《补贴对中国企业出口模式的影响：数量还是价格?》，载于《经济学（季刊)》2013 年第 12 卷第 4 期。

　　[34] 施炳展：《中国企业出口产品质量异质性：测度与事实》，载于《经济学（季刊)》2013 年第 1 期。

　　[35] 施炳展、邵文波：《中国企业出口产品质量测算及其决定因素》，载于《管理世界》2014 年第 9 期。

　　[36] 石梦菊、张新国：《劳工标准与企业生存能力的关系研究》，载于《中南财经政法大学学报》2014 年第 3 期。

　　[37] 史宇鹏、和昂达、陈永伟：《产权保护与企业存续：来自制造业的证据》，载于《管理世界》2013 年第 8 期。

　　[38] 苏振东、洪玉娟、刘璐瑶：《政府补贴是否促进了中国企业出口?——基于制造业企业面板数据的微观计量分析》，载于《管理世界》2012 年第 5 期。

　　[39] 孙灵燕、李荣林：《融资约束限制中国企业出口参与吗?》，载于《经济学（季刊)》2011 年第 1 期。

　　[40] 田巍、余淼杰：《企业出口强度与进口中间品进口自由化：来自中国企业的实证研究》，载于《管理世界》2013 年第 1 期。

　　[41] 田巍、余淼杰：《中间品进口自由化和企业研发：基于中国数据的经验分析》，载于《世界经济》2014 年第 6 期。

　　[42] 王红领、李稻葵、冯俊新：《FDI 与自主研发：基于行业数据的经验研究》，载于《经济研究》2006 年第 2 期。

　　[43] 王华、赖明勇、柴江艺：《国际技术转移、异质性与中国企业技术创新研究》，载于《管理世界》2010 年第 12 期。

　　[44] 王俊：《R&D 补贴对企业 R&D 投入及创新产出影响的实证研究》，载于《科学学研究》2010 年第 9 期。

　　[45] 万华林、陈信元：《治理环境、企业寻租与交易成本——基于中国上市公司非生产性支出的经验证据》，载于《经济学（季刊)》2010 年

第 9 卷第 2 期。

[46] 王永进、施炳展：《上游垄断与中国企业产品质量升级》，载于《经济研究》2014 年第 4 期。

[47] 吴小康、于津平：《外商直接参与、间接溢出与工业企业生存》，载于《国际贸易问题》2014 年第 4 期。

[48] 吴延兵：《中国哪种所有制类型企业最具创新性?》，载于《世界经济》2012 年第 6 期。

[49] 肖兴志、何文韬、郭晓丹：《能力积累、扩张行为与企业持续生存时间——基于我国战略性新兴产业的企业生存研究》，载于《管理世界》2014 年第 2 期。

[50] 谢千里、罗斯基、张轶凡：《中国工业生产率的增长与收敛》，载于《经济学（季刊)》2008 年第 7 卷第 3 期。

[51] 许家云、毛其淋：《政府补贴、治理环境与中国企业生存》，载于《世界经济》2016 年第 2 期。

[52] 许家云：《中间品进口贸易与中国制造业企业竞争力》，经济科学出版社 2018 年版。

[53] 杨洋、魏江、罗来军：《谁在利用政府补贴进行创新? ——所有制和要素市场扭曲的联合调节效应》，载于《管理世界》2015 年第 1 期。

[54] 叶宁华、包群：《信贷配给、所有制差异与企业存活期限》，载于《金融研究》2013 年第 12 期。

[55] 尹志锋、叶静怡、黄阳华、秦雪征：《知识产权保护与企业创新：传导机制及其检验》，载于《世界经济》2013 年第 12 期。

[56] 余淼杰：《中国的贸易自由化与制造业企业生产率》，载于《经济研究》2010 年第 12 期。

[57] 余淼杰、李晋：《进口类型、产品差异化与企业生产率》，载于《经济研究》2015 年第 8 期。

[58] 余淼杰：《加工贸易、企业生产率和关税减免——来自中国产品面的证据》，载于《经济学（季刊)》2011 年第 10 卷第 4 期。

[59] 余淼杰、袁东：《贸易自由化、加工贸易与成本加成——来自我国制造业企业的证据》，载于《管理世界》2016 年第 9 期。

[60] 余明桂、回雅甫、潘红波：《政治联系、寻租与地方政府财政补贴有效性》，载于《经济研究》2010 年第 3 期。

[61] 张杰、周晓艳、李勇：《要素市场扭曲抑制了中国企业 R&D?》，载于《经济研究》2011 年第 8 期。

［62］张杰、芦哲、郑文平、陈志远：《融资约束、融资渠道与企业R&D投入》，载于《世界经济》2012年第10期。

［63］张杰、郑文平、陈志远、王雨剑：《进口是否引致了出口：中国出口奇迹的微观解读》，载于《世界经济》2014年第6期。

［64］张杰、郑文平：《政府补贴如何影响中国企业出口的二元边际》，载于《世界经济》2015年第6期。

［65］张杰、郑文平、陈志远：《进口与企业生产率——中国的经验证据》，载于《经济学（季刊）》2015年第14卷第3期。

［66］张杰、翟福昕、周晓艳：《政府补贴、市场竞争与出口产品质量》，载于《数量经济技术经济研究》2015年第4期。

［67］Acemoglu D. , F. Zilibotti. "Was Prometheus Unbound by Chance? Risk, Diversification, and Growth", Journal of Political Economy, 1997, 105 (4): 709 - 751.

［68］Acs Z. J. , D. B. Audretsch. "Small Firms in U. S. Manufacturing: A First Report", Economics Letters, 1989, 31 (4): 399 - 402.

［69］Agarwal R. , D. Audretsch. "Does Start-up Size Matter? The Impact of Technology and Product Life-cycle on Firm Survival," Journal of Industrial Economics, 2001, 49 (1): 21 - 44.

［70］Aghion P. , Harris C. and J. Vickers. "Competition and Growth with Step-by-step Innovation: An Example", European Economic Review, 1997, 41 (3 - 5): 771 - 782.

［71］Aghion P. , Harris C. , Howitt P. and J. Vickers. "Competition, Imitation and Growth with Step-by-Step Innovation", Review of Economic Studies, 2001, 68 (3): 467 - 492.

［72］Aghion P. , Bloom N. , Blundell R. , Griffith R. and Howitt P. "Competition and Innovation: An Inverted-U Relationship", Quarterly Journal of Economics, 2005, 120 (2): 701 - 728.

［73］Ahern K. R. , A. Dittmar. "The Changing of the Boards: The Impact on Firm Valuation of Mandated Female Board Representation", Quarterly Journal of Economics, 2012, 127 (1): 137 - 197.

［74］Ahn J. A. , Khandelwal K. and S. J. Wei Shang-Jin. "The Role of Intermediaries in Facilitating Trade", Journal of International Economics, 2011, 84 (1): 73 - 85.

［75］Amiti M. , J. Konings. "Trade Liberalization, Intermediate Inputs, and Productivity: Evidence from Indonesia", American Economic Review, 2007, 97 (5): 1611-1638.

[76] Amiti M., Itskhoki O. and Konings J. "Importers, Exporters, and Exchange Rate Disconnect", NBER Working Paper No. 18615, 2012.

[77] Anderson M., R. Banker, R. Huang and S. Janakiraman. "Cost Behavior and Fundamental Analysis of SG&A Costs", Journal of Accounting, Auditing & Finance, 2007, 22: 1-28.

[78] Audretsch D. B., E. Santarelli and M. Vivarelli. "Start-up Size and Industrial Dynamics: Some Evidence from Italian Manufacturing", International Journal of Industrial Organization, 1999, 17 (7): 965-983.

[79] Baldwin J., B. Yan. "The Death of Canadian Manufacturing Plants: Heterogeneous Responses to Changes in Tariffs and Real Exchange Rates," Review of World Economics, 2011, 147 (1): 131-167.

[80] Baker M., J. Wurgler. "Behavioral Corporate Finance: An Updated Survey", NYU Working Paper No. FIN-11-022. 2012.

[81] Banholzer W. F., L. J. Vosejpka. "Risk Taking and Effective R&D Management", Working Paper. 2011.

[82] Bas M. "Input-trade Liberalization and Firm Export Decisions: Evidence from Argentina." Journal of Development Economics, 2012, 97 (2): 481-493.

[83] Baumol W. J. "Entrepreneurship: Productive, Unproductive, and Destructive," Journal of Political Economy, 1990, 98 (5): 893-921.

[84] Bernard A. B., J. B. Jensen. "Why Some Firms Export?", Review of Economics and Statistics, 2004, 86 (2): 561-569.

[85] Bernard A. B., Jensens J. B., Redding S. J. and P. K. Schott. "Trade, Product Turnover and Quality: The Margins of US Trade", American Economic Review, 2009, 99 (2): 487-493.

[86] Bernini C., G. Pellegrini. "How are Growth and Productivity in Private Firms Affected by Public Subsidy? Evidence from a Regional Policy", Regional Science and Urban Economics, 2011, 41 (3): 253-265.

[87] Blalock G., Veloso F. M. "Imports, Productivity Growth and Supply Learning", World Development, 2007, 35 (7): 1134-1151.

[88] Boubakri N., J. Cosset and W. Saffar. "The Role of State and Foreign Owners in Corporate Risk-Taking: Evidence from Privatization", Journal of

Financial Economics, 2013, 108 (3): 641-658.

[89] Brandt L., J. Van Bieseboreck and Y. Zhang. "Creative Accounting or Creative Destruction? Firm-level Productivity Growth in Chinese Manufacturing", Journal of Development Economics, 2012, 97 (2): 339-351.

[90] Broda C., Weinstein D. E. "Globalization and the Gains from Variety", Quarterly Journal of Economics, 2006, 121 (2): 541-585.

[91] Brown J. R., G. Martinsson and B. C. Petersen. "Do Financing Constraints Matter for R&D?", European Economic Review, 2012, 56 (8): 1512-1529.

[92] Bustos P. "Trade Liberalization, Exports, and Technology Upgrading: Evidence on the Impact of MERCOSUR on Argentinian Firms", American Economic Review, 2011, 101 (1): 304-340.

[93] Catozzella A., M. Vivarelli. "Beyond Additionality: Are Innovation Subsidies Counterproductive?", IZA Discussion Paper No. 5746. 2011.

[94] Cefis E., M. Marsili. "Survivor: The role of innovation in firms' survival," Research Policy, 2006, 35 (5): 626-641.

[95] Chatterjee A., R. Dix-Carneiro. "Multi-Product Firms and Exchange Rate Fluctuations", American Economic Journal: Economic Policy, 2013, 59 (2): 77-110.

[96] Che Yi, Yi Lu and Zhigang Tao. "Institutional Quality and Firm Survival," SSRN Working Paper Series. 2011.

[97] Chen B., H. Ma. "Import Variety and Welfare Gain in China", Review of International Economics, 2012, 20 (4): 807-820.

[98] Cockburn I., S. Wagner. "Patents and the Survival of Internet-related IPOs," NBER Working Papers No. 13146. 2007.

[99] Cohen W. M. "Fifty Years of Empirical Studies of Innovative Activity and Performance", in Hall. B. H. and N. Rosenberg, Handbook of the Economics of Innovation, North-Holland, 2010: 129-213.

[100] Coles J., N. Daniel and L. Naveen. "Managerial Incentives and Risk-Taking", Journal of Financial Economics, 2006, 79 (2): 431-468.

[101] Colombo M. G. and M. Delmastro. "A Note on the Relation between Size, Ownership Status and Plant's Closure: Sunk Costs vs. Strategic Size Liability," Economics Letters, 2000, 69 (3): 421-427.

[102] Czarnitzki D., H. L. Binz. "R&D Investment and Financing Con-

straints of Small and Medium-Sized Firm", ZEW Discussion Papers No. 08 - 047. 2008.

[103] Damijan J. P. , Č. Kostevc. "Learning from Trade Through Innovation: Causal Link Between Imports, Exports and Innovation in Spanish Microdata", Oxford Bulletin of Economics and Statistics, 2015, 77 (3): 408 - 436.

[104] De Loecker J. "Product Differentiation, Multiproduct Firms, and Estimating the Impact of Trade Liberalization on Productivity", Econometrica, 2007, 79 (5): 1407 - 1451.

[105] De Loecker J. , Warzynski F. "Markups and Firm-level Export Status", American Economic Review, 2012, 102 (6): 2437 - 2471.

[106] De Loecker J. , Goldberg P. K. , Khandelwal A. K. and Pavcnik N. "Prices, Markups and Trade Reform", Econometrica, 2016, 84 (2): 445 - 510.

[107] Dean J. M. , Fung, K. C. and Wang, Z. "Measuring Vertical Specialization: The Case of China", Review of International Economics, 2011, 19 (4): 609 - 625.

[108] Dewett T. "Linking Intrinsic Motivation, Risk Taking, and Employee Creativity in an R&D Environment", R&D Management, 2007, 37 (3): 197 - 208.

[109] Eaton J. , Jensen J. B. , Kortum S. and A. B. Bernard. "Plants and Productivity in International Trade", American Economic Review, 2003, 93 (4): 1268 - 1290.

[110] Eckaus R. S. "China's Exports, Subsidies to State-owned Enterprises and the WTO", China Economic Review, 2006, 17 (1): 1 - 13.

[111] Ekholm K. , Moxnes A. and Ulltveit-Moe K. H. "Manufacturing Restructuring and the Role of Real Exchange Rate Shocks", Journal of International Economics, 2012, 86 (1): 101 - 117.

[112] Elliott R. J. R. , Jabbour L. and L. Y. Zhang. "Firm Productivity and Importing: Evidence from Chinese Manufacturing Firms", Canadian Journal of Economics, 2016, 49 (3): 1086 - 1124.

[113] Ethier W. "National and International Returns to Scale in the Model Theory of International Trade. " American Economic Review, 1982, 72 (3): 389 - 405.

[114] Esteve-Pérez S. , V. Pallardó-López and F. Requena-Silvente.

"The Duration of Firm-destination Export Relationships: Evidence from Spain, 1997—2006", Economic Inquiry, 2012, 51 (1): 1 - 22.

[115] Faccio M. , M. Marchica and R. Mura. "CEO Gender, Corporate Risk-Taking, and the Efficiency of Capital Allocation", Working Paper, Purdue University. 2012.

[116] Faccio M. , M. Marchica and R. Mura. "Large Shareholder Diversification and Corporate Risk-Taking", Review of Financial Studies, 2011, 11: 3601 - 3641.

[117] Falk M. , R. Falk. "Do Foreign-Owned Firms Have a Lower Innovation Intensity Than Domestic Firms?", Austrian Institute of Economic Research Working Paper. 2006.

[118] Fama E. F. , M. H. Miller. "The Theory of Finance, Dryden Press". 1972.

[119] Fan H. , Li Y. A. and Luong T. A. "Input-trade Liberalization and Markups", Working Paper. 2015.

[120] Feenstra R. , Z. Li and M. Yu. "Exports and Credit Constraints under Private Information: Theory and Application to China", Review of Economics and Statistics, forthcoming. 2013.

[121] Feenstra R. C. , Li Z. and Yu M. "Exports and Credit Constraints under Incomplete Information: Theory and Evidence from China", Review of Economics and Statistics, 2014, 96 (4): 729 - 744.

[122] Felbermayr G. J. , W. Kohler. "Exploring the Intensive and Extensive Margin of World Trade", Review of World Economics, 2006, 142 (4): 642 - 674.

[123] Feng L. , Li Z. Y. and Swenson D. L. "The Connection between Imported Intermediate Inputs and Exports: Evidence from Chinese Firms", Journal of International Economics, 2016, 101: 86 - 101.

[124] Fiegenbaum A. , H. Thomas. "Attitudes toward Risk and the Risk-Return Paradox: Prospect Theory Explanations", Academy of Management Journal, 1988, 31 (1): 85 - 106.

[125] Fontana R. , L. Nesta. "Product Innovation and Survival in a High-Tech Industry," Review of Industrial Organization, 2009, 34 (4): 287 - 306.

[126] Freedman L. , B. Graubard and A. Schatzkin. "Statistical Valida-

tion of Intermediate Endpoints for Chronic Diseases," Statistics in Medicine, 1992, 11 (2): 167 - 178.

[127] Gayle P. G. "Market Concentration and Innovation: New Empirical Evidence on the Schumpeterian Hypothesis", Center for Economic Analysis, University of Colorado, Working Paper No. 01 - 14. 2001.

[128] Geroski P. A. "What Do We Know about Entry?," Journal of Industrial Organization, 1995, 13 (4): 421 - 440.

[129] Girma S. , H. Görg and J. Wagner. "Subsidies and Exports in Germany: First Evidence from Enterprise Panel Data", IZA Discussion Papers No. 4076. 2009.

[130] Girma S. , Gong Y. , H. Görg and Z. Yu. "Can Production Subsidies Explain China's Export Performance? Evidence from Firm-level Data", Scandinavian Journal of Economics, 2009, 111: 863 - 891.

[131] Goldberg P. , Khandelwal A. , Pavcnik N. and P. Topalova. "Trade Liberalization and New Imported Inputs", American Economic Review, 2009, 99 (2): 494 - 500.

[132] Goldberg P. K. , Khandelwal A. K. , Pavcnik N. and Topalova P. "Imported Intermediate Inputs and Domestic Product Growth: Evidence from India", Quarterly Journal of Economics, 2010, 125 (4): 1727 - 1767.

[133] Goldberg P. K. , Khandelwal A. K. , Pavcnik N. and Topalova P. "Trade Liberalization and New Imported Inputs", American Economic Review, 2011, 99 (2): 494 - 500.

[134] Goldberg P. K. , Pavcnik N. "Distributional Effects of Globalization in Developing Countries", Journal of Economic Literature, 2007, 45 (1): 39 - 82.

[135] Grossman G. M. , Helpman E. "Trade, Knowledge Spillovers, and Growth." European Economic Review, 1991, 35 (2 - 3): 517 - 526.

[136] González X. , Pazó C. "Do public subsidies stimulate private R&D spending?", Research Policy, 2008, 37 (3): 371 - 389.

[137] Görg H. , E. Strobl. "Multinational Companies, Technology Spillovers and Plant Surviva", Scandinavian Journal of Economics, 2003, 105 (4): 581 - 595.

[138] Görg H. , E. Strobl. "The Effect of R&D Subsidies on Private R&D", Economica, 2007, 74 (294): 215 - 234.

[139] Görg H. , M. Henry and E. Strobl. "Grant Support and Exporting Activity", Review of Economics and Statistics, 2008, 90 (1): 168 – 174.

[140] Gorodnichenko Y. , J. Svejnar and K. Terrell. "Globalization and Innovation in Emerging Markets", IZA Discussion Paper No. 3299. 2008.

[141] Griliches Z. , Regev H. "Firm Productivity in Israeli Industry: 1979—1988", Journal of Econometrics, 1995, 65 (1): 175 – 203.

[142] Grossman G. , Helpman E. "Protection for Sale", American Economic Review, 1994, 84 (4): 833 – 850.

[143] Grossman G. M. , Helpman E. "Quality Ladders in the Theory of Growth", Review of Economic Studies, 1991, 58 (193): 43 – 61.

[144] Gwartney J. , R. Lawson and R. Holcombe. "The Size and Functions of Government and Economic Growth", Working Paper. 1998.

[145] Guadalupe M. , Wulf J. "The Flattening Firm and Product Market Competition: The Effect of Trade Liberalization on Corporate Hierarchies", American Economic Journal: Applied Economics, 2010, 2 (4): 105 – 127.

[146] Hall B. H. "The Financing of Research and Development", Oxford Review of Economic Policy, 2002, 18 (1): 35 – 51.

[147] Hallak J. C. , Schott P. K. "Estimating Cross-Country Differences in Product Quality. " Quarterly Journal of Economics, 2011, 126 (1): 417 – 474.

[148] Harris R. , C. Robinson. "Industrial Policy in Great Britain and its Effect on Total Factor Productivity in Manufacturing Plants, 1990—1998", Scottish Journal of Political Economy, 2004, 51 (4): 528 – 543.

[149] Heckman J. J. "Sample Selection Bias as a Specification Error", Econometrica, 1979, 47 (1): 153 – 161.

[150] Heckman J. J. , Ichimura H. and Todd P. E. "Matching as an Econometric Evaluation Estimator: Evidence from Evaluating a Job Training Programme" Review of Economic Studies, 1997, 64 (4): 605 – 654.

[151] Helpman E. , Melitz M. and Y. Rubinstein. "Estimating Trade Flows: Trading Partners and Trading Volumes", National Bureau of Economic Research. 2007.

[152] Hess W. , M. Persson. "The Duration of Trade Revisited: Continuous-time versus Discrete-time Hazards", Empirical Economics, 2012, 43: 1083 – 1107.

[153] Hilary G. , K. W. Hui. "Does Religion Matter in Corporate Deci-

sion Making in America?", Journal of Financial Economics, 2009, 93 (3): 455 – 473.

[154] Hovakimian G. "Determinants of Investment Cash Flow Sensitivity", Financial Management, 2009, 38 (1): 161 – 183.

[155] Hu A. , Jefferson G. H. and J. Qian. "R&D and Technology Transfer: Firm-level Evidence from Chinese Industry", Review of Economics and Statistics, 2005, 87 (4): 780 – 786.

[156] Hummels D. , P. J. Klenow. "The Variety and Quality of a Nation's Exports", American Economic Review, 2005, 95 (3): 704 – 723.

[157] Jefferson H. , G. Rawski and Y. Zhang. "Productivity Growth and Convergence across China's Industrial Economy", China Economic Quarterly, 2008, 7 (3): 809 – 826.

[158] John K. , L. Litov and B. Yeung. "Corporate Governance and Risk-Taking", Journal of Finance, 2008, 63 (4): 1679 – 1728.

[159] Kanwar S. , R. Evenson. "Does Intellectual Property Protection Spur Technological Change?", Oxford Economic Papers, 2003, 55 (2): 235 – 264.

[160] Kahneman D. , A. Tversky. "Prospect Theory: An Analysis of Decision under Risk", Econometrica, 1979, 47 (2): 263 – 291.

[161] Kasahara H. , Rodrigue J. "Does the use of Imported Intermediates Increase Productivity? Plant-level Evidence. " Journal of Development Economics, 2008, 87 (1): 106 – 118.

[162] Katrak H. "Imports of Technology, Enterprise Size and R&D-based Production in a Newly Industrializing Country: The Evidence from Indian Enterprises", World Development, 1994, 22 (10): 1599 – 1608.

[163] Kee H. L. , Tang H. "Domestic Value Added in Exports: Theory and Firm Evidence from China. " World Bank Working Paper. 2013.

[164] Khandelwal A. "The Long and Short of Quality Ladders", Review of Economics Studies, 2010, 77 (4): 1450 – 1476.

[165] Kini O. , R. Williams. "Tournament Incentives, Firm Risk, and Corporate Policies", Journal of Financial Economics, 2012, 103 (2): 350 – 376.

[166] Kleibergen F. R. , Paap R. "Generalized Reduced Rank Tests using the Singular Value Decomposition", Journal of Econometrics, 2006, 133 (1): 97 – 126.

[167] Klenow P. J. , Rodriguez-Clare A. "Quantifying Variety Gains

from Trade Liberalization", Mimeo. 1997.

[168] Klemperer P. "How Broad Should the Scope of Patent Protection Be?", RAND Journal of Economics, 1990, 21 (1): 113 – 130.

[169] Koopman R. , Wang Z. and Wei Shang-Jin. "Estimating Domestic Content in Exports when Processing Trade is Pervasive", Journal of Development Economics, 2012, 99 (1): 178 – 189.

[170] Kraemer K. , Linden G. and J. Dedrick. "Capturing Value in Global Networks: Apple's iPad and iPhone", Working Paper, University of California. 2011.

[171] Kugler M. , Verhoogen E. "Prices, Plant Size, and Product Quality." Review of Economic Studies, 2012, 79 (1): 307 – 339.

[172] Laeven L. , R. Levine. "Bank Governance, Regulation, and Risk Taking", Journal of Financial Economics, 2009, 93 (2): 259 – 275.

[173] Li W. , M. Yu. "Nature of Ownership, Market Liberalization, and Corporate Risk—taking", China Industrial Economics, 2012, 12: 115 – 127.

[174] Linden G. , Kraemer K. and Dedrick J. "Who Captures Value in a Global Innovation System? The Case of Apple's iPod", Manuscript, Personal Computing Industry Center, UC Irvine. 2007.

[175] Liu H. , X. Kong and J. Ma. "Have Subsidies Distorted the Buying Behavior of China's Industrial Enterprises? —An Analysis Based on the Bargaining Theory", Management World, 2012, 10: 119 – 129.

[176] Lu Y. , L. Yu. "Trade Liberalization and Markup Dispersion: Evidence from China's WTO Accession. " American Economic Journal: Applied Economics, 2015, 7 (4): 221 – 253.

[177] Melitz M. J. "The Impact of Trade on Intra-Industry Reallocations and Aggregate Industry Productivity", Econometrica, 2003, 71 (6): 1695 – 1725.

[178] Minetti R. , Zhu S. C. "Credit Constraints and Firm Export: Microeconomic Evidence from Italy", Journal of International Economics, 2011, 83 (2): 109 – 125.

[179] Mody A. , K. Yilmaz. "Imported Machinery for Export Competitiveness", World Bank Economic Rreview, 2002, 16 (1): 23 – 48.

[180] Murphy K. M. , A. Shleifer and R. W. Vishny. "Why Is Rent-Seeking So Costly to Growth?", American Economic Review, 1993, 83 (2): 409 – 414.

[181] Nevo A. "Measuring Market Power in the Ready-to-Eat Cereal Industry", Econometrica, 2001, 69 (2): 307 - 342.

[182] Noria G. L. "The Effect of Trade Liberalization on Manufacturing Price Cost Margins: The Case of Mexico, 1994—2003", Working Paper. 2013.

[183] Olley S. and Pakes A. "The Dynamics of Productivity in the Telecommunications Equipment Industry", Econometrica, 1996, 64 (6): 1263 - 1297.

[184] Pérez S. , A. Llopis and J. Llopis. "The Determinants of Survival of Spanish Manufacturing Firms," Review of Industrial Organization, 2004, 25 (3): 251 - 273.

[185] Schor A. "Heterogeneous Productivity Response to Tariff Reduction: Evidence from Brazilian Manufacturing Firms", Journal of Development Economics, 2004, 75 (2): 373 - 396.

[186] Sobel M. "Direct and Indirect Effects in Linear Structural Equation Models", Sociological Methods Research, 1987, 16 (1): 155 - 176.

[187] Rose A. K. "The Foreign Service and Foreign Trade: Embassies as Export Promotion", The World Economy, 2007, 30 (1): 22 - 38.

[188] Rosenbaum P. R. , D. B. Rubin. "Constructing a Control Group Using Multivariate Matched Sampling Methods That Incorporate the Propensity Score", American Statistician, 1985, 39 (1): 33 - 38.

[189] Shepherd B. , Stone S. "Imported Intermediates, Innovation, and Product Scope: Firm-level Evidence from Developing Countries", MPRA Working Paper. 2012.

[190] Shleifer A. , R. W. Vishny. "Politicians and Firms", Quarterly Journal of Economics, 1994, 109 (4): 995 - 1025.

[191] Sobel M. "Direct and Indirect Effects in Linear Structural Equation Models", Sociological Methods Research, 1987, 16 (1): 155 - 176.

[192] Tassey G. "Policy Issues for R&D Investment in a Knowledge-Based Economy", Journal of Technology Transfer, 2004, 29 (2): 153 - 185.

[193] Trefler D. "The Long and Short of the Canada-U. S. Free Trade Agreement", American Economic Review, 2004, 94 (4): 870 - 895.

[194] Upward R. , Z. Wang and J. H. Zheng. "Weighing China's Export Basket: The Domestic Content and Technology Intensity of Chinese Exports", Journal of Comparative Economics, 2013, 41 (2): 527 - 543.

[195] Van Beveren I. . "Footloose Multinationals in Belgium?," Review

of World Economics, 2007, 143 (3): 483 - 507.

[196] Wagner J. "Exports, Imports and Firm Survival: First Evidence for Manufacturing Enterprises in Germany", IZA Discussion Paper No. 5924. 2011.

[197] Wang Y. L. "Exposure to FDI and New Plant Survival: Evidence in Canada", Canadian Journal of Economics, 2013, 46 (1): 46 - 77.

[198] Weber A. , C. Zulehner. "Female Hires and the Success of Start-up Firms", American Economic Review, 2010, 100 (2): 358 - 361.

[199] Xu Jiayun, Qilin Mao. "The More Subsidies, the Longer Survival? Evidence from Chinese Manufacturing Firms", Review of Development Economics, 2018, 22 (2): 685 - 705.

[200] Yu M. J. "Processing Trade, Tariff Reductions and Firm Productivity: Evidence from Chinese Firms", Economic Journal, 2015, 125: 943 - 988.

后　记

　　本书的写作前后经历了四年多的时间，从清华大学博士后到 2017 年底入职南开大学 APEC 研究中心，从助理研究员到副研究员，回首整个过程，感慨良多，需要感谢的人太多。

　　感谢我的博士生导师南开大学佟家栋教授。佟老师是国内知名的经济学者，是国家级教学名师和国家"跨世纪优秀人才"，在国际贸易领域和国际金融领域有很高的造诣。南开大学三年的博士学习为我的经济学研究奠定了坚实基础，老师严谨的学术态度和忘我的工作态度帮我树立了良好的学术榜样。大量阅读文献是经济学研究的关键途径，佟老师开设的国际文献阅读课选取国外经典和前沿文献，通过对这些文献的剖析和讨论，加深了我对经济学研究的理解，帮助我掌握了经济学研究的最新方法、理论。文献课上老师旁征博引，引经据典，结合经济理论深刻剖析中国经济现实问题，让我看到了作为经济学者严谨治学的时代担当。这里也要感谢温柔善良的师母赵薇老师多年来所给予的关心与照顾，师母的关怀让我倍感温暖和感动。

　　感谢我的博士后合作导师胡鞍钢教授。胡老师是国内国情研究的开创者和奠基人，是我从事国情研究的领路人。胡老师严谨的治学态度、渊博的专业知识和忘我的工作精神令学生汗颜，是学生学习的榜样。胡老师教育我学会做人方能立学，学会感恩方能立人，知识为民、知识报国是我们国情人的时代使命和责任。衷心感谢博士后期间胡老师在工作、生活上的指导与关心，肯定与鼓励。

　　还要感谢我的工作单位南开大学 APEC 研究中心，研究中心是为落实"亚太经合组织领导人教育倡议"，由中国外交部、商务部、教育部和南开大学共建的国家级智库机构，于 1995 年正式成立。1999 年，南开大学 APEC 研究中心被评为教育部首批人文社会科学重点研究基地之一。中心作为国内高校系统 APEC 问题研究的牵头单位，一直密切跟踪 APEC 合作中的重大问题，开展综合性的基础理论研究和决策咨询服务。通过参加中心的学术活动和政策咨询研究，提高了我将经济学理论研究应用于解决经济问题的能力。感谢我的同事刘晨阳教授、孟夏教授、李文韬副教授、于晓燕副教授、张靖佳副教授、罗伟副教授、张雪老师、吴洪宝老师及云健老师在平常给予的帮助与鼓励。

这里，我要特别地感谢我的先生毛其淋博士。他勤奋踏实，学术成果丰硕，是我学术道路上最亲密的合作伙伴，本书的部分内容就是和他一起合作完成的，他还对书稿进行了细致的校对并提出了很多宝贵的修改建议。在紧张的学术时间之外，他还尽可能多地抽出时间陪伴我和孩子，照顾父母和家人，感谢一路有你！在本书写作过程中，还迎来了我的宝贝毛思羽小朋友，她聪明可爱、懂事乖巧，使我在枯燥的书稿写作中倍感幸福和温暖，希望你健康成长，成为幸福快乐的乖宝宝。感谢我的父母、兄弟姐妹以及公公婆婆，你们不求回报地给予我最无私的关爱，谨以此书献给我最亲爱的家人！

本书有幸获得国家社会科学基金后期资助项目（19FJYB049）和南开大学文科发展基金项目（ZB21BZ0302）的支持，资金的支持使本书的研究质量得到了显著提升，在此，特别致谢。感谢经济科学出版社推荐本书申请国家社会科学基金后期资助项目，经济科学出版社是中华人民共和国财政部主办主管的国家一级出版社和"全国百佳图书出版单位"，是全国规模最大、影响广泛的经济类专业出版社之一。同时，要特别感谢经济科学出版社的王柳松老师对本书的认真编辑加工，她的严谨和负责使本书得以快速且顺利地出版。

本书的出版既是对以往学术成果的总结，也是新的学术生活的开始，希望自己心存感恩，不负韶华，继续保持对学术的热爱和追求，不惧风雨奋勇向前。

许家云
2020 年 1 月 6 日